**DRC** 国务院发展研究中心学术指导
中国发展出版社编辑出版

中国智库 CHINA THINK TANK

第5辑

# 20家跨国公司建言中国改革

中国改革利益攸关方真诚建言
促进中国经济持续健康发展

包月阳 主编

中国发展出版社
CHINA DEVELOPMENT PRESS

**图书在版编目（CIP）数据**

20家跨国公司建言中国改革（《中国智库》第5辑）/ 包月阳主编.
一北京：中国发展出版社，2014.6

ISBN 978-7-5177-0176-7

Ⅰ.①20… Ⅱ.①包… Ⅲ.①中国经济—问题—研究
Ⅳ.①F12

中国版本图书馆CIP数据核字（2014）第124553号


书　　　名：20家跨国公司建言中国改革（《中国智库》第5辑）
著作责任者：包月阳
出 版 发 行：中国发展出版社
　　　　　　（北京市西城区百万庄大街16号8层　100037）
标 准 书 号：ISBN 978-7-5177-0176-7
经 销 者：各地新华书店
印 刷 者：北京科信印刷有限公司
开　　　本：787mm×1092mm　1/16
印　　　张：11.5
字　　　数：210千字
版　　　次：2014年6月第1版
印　　　次：2014年6月第1次印刷
定　　　价：35.00元

联 系 电 话：（010）68990646 68990692
购 书 热 线：（010）68990682 68990686
网 络 订 购：http://zgfzcbs.tmall.com
网 购 电 话：（010）68990639 88333349
本 社 网 址：http://www.develpress.com.cn
电 子 邮 件：cheerfulreading@sina.com

# 中国改革利益攸关方的声音

包月阳

　　本期《中国智库》编发了一组20家跨国公司对中国改革与发展的建议。这些为中国改革建言献策的文章摘编自参加"中国发展高层论坛2014"的跨国公司为论坛提供的专题报告。

　　由国务院发展研究中心主办、中国发展研究基金会承办的中国发展高层论坛已经举办15届。论坛从2000年初创时就具有显著的国际性特点，经过15年的经营，已经成为中国与世界对话交流的重要平台。中国政府的部长们借此向外界发声，全球企业界、经济学界、国际组织的人士借此了解中国政府决策的动向，同时与中国政界、学界、企业界交流互动，并向中国政府提出建议。15年来，跨国公司一直是论坛的积极参与者，前来参会的知名跨国公司有日益增多之势，且大都是由公司的董事长或CEO出席。智谷趋势研究中心曾经梳理过最近5年参加这个论坛的企业情况，从2010年至今，应邀在中国发展高层论坛上发言的企业代表有300余人次，分别来自150多家中外企业，其中国外企业占2/3左右。近五年来，应邀在中国发展高层论坛发言（含多次发言）的外国企业至少有92家。

　　中国发展研究基金会秘书长卢迈先生告诉我，跨国公司十分重视为中国发展高层论坛提供专题报告的工作，都是为此成立专门机构进行认真研究，提交的报告中，有不少颇有价值的见解。我浏览了跨国公司为本届论坛提交的二十余篇研究报告，对其中的多篇报告印象深刻，如《下一个十年的中产阶级》（麦肯锡）、《发展混合所有制，完善现代企业制度》（波士顿咨询公司与

中国发展研究基金会）、《机遇之城》（普华永道和中国发展研究基金会）、《中国能源改革建议书》（壳牌），以及西门子对中国金融市场自由化、城镇化与智慧基础设施、医疗健康体系、天然气发电等问题的一系列改革建议，均不乏真知灼见，有些操作性建议令人耳目一新。

　　跨国公司是中国发展的受益者和建设者，是中国改革开放的利益攸关方，这是它们重视通过中国发展高层论坛向中国方面提出政策建议的主要原因。1979~2011年，我国累计吸收外商直接投资11643.92亿美元。2011年，在规模以上工业企业中，外商投资企业数占17.6%，总产值占25%，从业人数占28%（参见《大调整时代的世界经济》，P75，中国发展出版社2013年6月出版）。在外商投资企业中，大型跨国公司占有越来越重要的地位。一个有趣的发现是，中国发展高层论坛举办以来的这15年，也是跨国公司中国投资业务加速发展的15年。这与中国于2001年12月正式加入世界贸易组织有关。入世之前，中国对跨国公司设立独资企业有较多限制，只有产品全部出口或者引进先进技术的企业才允许外方拥有100%的股权。2002年，外商独资企业在中国吸收外资累计所占份额为37%。入世之后，外商独资企业在每年吸收外资金额中的比重一直保持在50%以上，2006年上升到73.8%，2010年达到76.6%（参见《加入WTO十年后的中国》，P299，中国发展出版社2012年5月出版）。

　　跨国公司来华投资的主要目的是发展产业，赚取利润。为此，它们希望中国经济健康稳定地发展，为它们提供旺盛的需求；同时希望有一个良好的经营环境。跨国公司对华建言献策大都表现出建设性、专业性、具体化、与自身利益有较高相关性的特点。从关注的焦点来说，由于跨国公司对中国的投资大多采用绿地投资方式（又称创建投资或新建投资），很少采用并购方式，这使它们对于中国的市场竞争环境尤为关心。2008年国际金融危机以来，跨国公司在华发展战略出现明显调整，一是把销售网络进一步向内陆延伸，同时进行适应本地化的研发；二是开始更多地把成熟技术、重要技术转移到中国；三是更多地在中国设立研发区域总部或海外总部。这种战略调整的意图，也在跨国公司在本届论坛上的发言以及为论坛提供的专题报告中有所体现，它们不仅仍然关注是否存在投资、销售、生产要素使用等方面的壁垒或不平等待遇，对于中国保护知识产权的努力也更加看重，希望政府采取更大力度的措施惩罚侵权行为，保护和鼓励企业技术创新积极性。

　　不必讳言，跨国公司的建言献策首先是基于自身利益，大都是从自身视角出发的。但总体上，在华投资的跨国公司是中国经济社会的积极建设者和良好参与者，因为中国经济的持续健康发展符合它们的利益，中国好起来，它们有钱可赚。反过来，跨国公司在中国发展得好，也会为

中国创造更多的财富和就业机会，并有益于推进中国的技术进步、管理进步、产业升级、结构调整。跨国公司是成熟市场经济的"老运动员"，已经适应了规范的市场经济竞争环境，它们对中国经济改革方略的积极参与，对于我们建设更加规范的市场经济有益。听一听这些利益攸关方的建议，既是应有的态度，也是一种现实需要。对于政策制定者而言，至少有开阔眼界的作用。

　　每年的中国发展高层论坛都有一个重要环节：总理会见论坛外方代表并与他们对话。今年的总理会见环节，向总理当面提出建议的全部是跨国公司负责人。李克强总理用坦诚的语言回应这些客人们：中国欢迎外企来华投资兴业的主要考虑是，中国需要他们带来先进的理念、先进的技术，更希望他们带来平等的竞争（参见本期专稿《放宽市场准入，鼓励公平竞争——李克强总理会见中国发展高层论坛2014年年会境外代表述评》）。我想，李总理的回应，将激励这些中国改革的利益攸关方更加积极地参与中国的改革发展，并为中国的改革贡献更多的智慧。

---

　　在"中国发展高层论坛2014"年会上，本届论坛主席、国务院发展研究中心主任李伟展示跨国公司和国际组织提交的研究报告。（摄影/张玉雷）

## 智库特稿

## 20家跨国公司建言中国改革

2014年3月23~24日，"中国发展高层论坛2014"在钓鱼台国宾馆举行。本届论坛的主题是"全面深化改革的中国"。

（摄影/张玉雷）

# 探索中国特色新型智库发展之路

国务院发展研究中心主任、研究员　李伟

党的十八届三中全会通过的《中共中央关于全面深化改革若干重大问题的决定》（以下简称《决定》）明确提出：加强中国特色新型智库建设，建立健全决策咨询制度。近年来，习近平总书记两次对智库建设作出重要批示，指出智库是国家软实力的重要组成部分，要高度重视、积极探索中国特色新型智库的组织形式和管理方式；要紧紧围绕推进全面深化改革等重大任务，关注重要领域和关键环节改革，不断增强综合研判和战略谋划能力，提高决策咨询服务质量和水平。这既是三中全会《决定》提出全面深化改革总目标"完善和发展中国特色社会主义制度，推进国家治理体系和治理能力现代化"的重要内涵，更是建设中国特色新型智库的根本方向和总体要求。

## 一、 智库是现代国家治理体系的重要组成部分

智库又称"思想库"，一般是指研究公共政策的专业机构，主要职能是提供高质量的思想产品，为公共决策者解决经济、社会、政治、外交等方面的问题出谋划策。

现代意义上的智库产生于19世纪的西方国家，是社会分工精细化和决策科学化、民主化的结果。上世纪中叶以来，随着技术进步、世界政治力量格局和经济秩序持续发生重大变化，各国面临的形势和环境复杂性前所未有，人类社会发展史上曾以个体形式为主的谋士、幕僚的能力已远远不能适应决策者面临的挑战，迫切需要以团队形式的智库为决策者提供更高质量的专业咨询和政策方案。各类智库由此得到快速发展，决策咨询服务水平不断提高，政策影响力日益扩大，决策层与智库的关系愈加紧密。智库逐渐成为国家治理体系的重要组成部分，在国家治理中发挥着越来越重要的作用。据有关机构统计，至2013年全球各类比较活跃的智库已达6826家。美国在二战前只有布鲁金斯学会、胡佛研究所等20多家智库，至2013年智库的数量已增至1828家，形成了与美国社会治理体制相适应、较为完善的决策咨询体系。

现代意义上的智库主要是以专业、客观、独立的方式，提出公共政策主张，帮助决策者

制定和推行政策，并就有关政策进行论证、评估。由于社会治理体制、文化传统、发展阶段等原因，西方发达国家多以政府体制外的社会性智库为主；而在东亚地区，一些主要经济体政府在上世纪后期，主动建立大量智库，形成了以"官办"智库为主的东亚特色。无论智库的属性如何，都在当代国家的发展和治理中发挥着重要作用。西方国家政府或政党提出政纲和各类法案、议案，通常都会与智库进行深入讨论和反复论证，有时直接采用智库的建议方案。美国大西洋理事会在里根执政期间完成了《今后十年的对华政策》，报告中的主要观点成为当时美国政府处理中美关系的重要依据。美国兰德公司对苏联第一颗卫星发射时间、越战撤军、中美建交、古巴导弹危机、德国统一等国际重大事件的成功预测和战略研判，奠定了其在美国政府决策中的地位和世界著名智库的声誉。可以说，二战后美国政府推出的每一项重大战略的背后，都可以找到智库的影子。另外，西方国家的议员们在立法机构就各类公共政策发言或辩论，背后往往是不同智库主张之间的交锋。日本综合研究所提出的"综合安全保障战略"，指导日本顺利渡过了第二次石油危机。以韩国开发研究院（KDI）为代表的数十家官办智库，为韩国实现工业化、现代化出谋划策，做出社会公认的贡献。不难看出，智库的质量与水平已经成为现代国家治理能力的重要体现。

综合来讲，现代智库的作用主要体现在四个方面：一是资政辅政。以思想库和参谋助手的角色，为决策者提供政策思路和建议方案以影响决策；并对有关行动方案和实施效果作出论证、评估，为政策实施向社会作出必要的说明和引导。二是启迪民智。通过深入广泛的调研和听取社会各界的意见，以专家学者的角色，撰写文章、出版论著、发表评论、开展研讨，对社会公众进行政策的传播和普及。三是平衡分歧。在利益群体和诉求多元化的环境下，智库借助其客观、公正的立场提出政策观点，为不同群体的利益诉求提供相互交流平台。比如，欧盟的一些重大决策，因受到各种利益诉求（既有各成员国的利益诉求，也有欧盟整体的利益诉求）的影响，不易达成一致。欧盟的智库把不同利益主体纳入到一个平台中进行辩论，智库不断进行协调、沟通，使各方逐渐达成共识。四是聚贤荐才。西方国家的智库充分发挥人才"旋转门"作用。政府经常在智库的研究人员中选拔高级官员，而离任的政府高级官员中也有相当一部分进入智库开展政策研究工作，继续发挥专长和影响力。官员在政府和智库之间的角色转换，进一步密切了政府与智库的联系，强化了智库对政府决策的影响力。

## 二、 建设高质量中国特色新型智库是时代要求

在中国革命和建设前期，我们党就高度重视决策咨询和调查研究工作，但尚未形成较为专业、完整的团队形式的智库。上世纪七十年

代后期，尤其是改革开放以来，我国相继成立了中国社会科学院、国务院发展研究中心（以下简称发展中心）等政策理论咨询研究机构。据上海社会科学院统计，至今中国社会比较活跃的各类智库有200多家（不包括高校智库），初步形成了官方智库为主，高校智库、企业智库和民间智库共同发展的格局。围绕党和国家的重大战略部署以及我国经济社会发展中的热点和难点问题，各类智库认真履行职责，产生了一批具有较高政策价值和重大影响的研究成果，推动了决策科学化、民主化进程，为我国改革开放和社会主义现代化建设事业贡献了智慧和力量。有些智库在国际上也产生了较大的影响力。

当今世界，无论是政治格局还是经济格局都处在一个广泛而深刻的历史大变革中，任何一个国家的发展和治理都必将融入其中。尤其是我国正处于全面深化改革的攻坚期和经济增长阶段的转换期，世情、国情、党情发生着深刻的变化，所面临的发展机遇和严峻挑战前所未有，无论是改革方案还是重大政策制定的社会利益相关性、复杂性，都不亚于以往任何时期，党中央、国务院对科学决策、民主决策、依法决策以及决策正确度的要求越来越高。可以毫不夸张地说，大变革的新时代已经发出了呼唤智库彰显能量的最强音，历史赋予智库的任务无疑更为艰巨、责任更加重大。过去，中国智库是应改革开放之运而生；当今，正是中国智库顺改革开放之势而为的大好时期。

与时代新要求相比，我国智库发展相对滞后。一是对中国特色新型智库的组织形式和管理方式的探索刚刚起步，智库作为国家软实力的重要组成部分，既缺乏制度性保障，也未能得到系统性体现；二是智库对决策的影响多处于若即若离状态，在党和国家科学、民主决策体系中缺乏制度化、规范化、程序化的安排。三是中国智库多以官方、半官方为主，智库本身难以平衡体制属性与政策研究独立性之间的关系。四是智库研究成果向决策咨询、社会效益转化的渠道不畅，效率有待提高。五是中国智库总体而言，战略谋划和综合研判能力不足，政策研究质量和水平有限，尚不适应新时期决策的需要。要改变这一状况，使中国智库真正承担起时代赋予的重任，必须从国家治理体系和治理能力现代化的高度，重视建设中国特色新型智库，一方面应从国家层面、社会层面创造有利于智库健康发展的环境和条件；另一方面，各类智库要自强自立，有声有为，积极参与决策，正确影响决策。我国各类智库既要遵循决策咨询工作规律，充分吸收借鉴国际先进经验，探索和创新组织形式和管理方式，增强战略谋划能力和综合研判能力，不断提高决策咨询服务水平，更要充分认识我国政治体制和决策机制与西方国家有着明显差异，建设新型智库必须符合我国国家治理体系的特点，符合国情、党情、社情，符合中国特色社会主义制度的根本要求。通过建设高质量的中国特色新型智库，力争为各级党政组织及各类经济实体的决策提供管用的政策建议和咨询意见，提升国家软实力，推进国家治理体系和治理能力现代化。

## 三、 勇当中国特色新型智库建设弄潮儿

"弄潮儿向涛头立，手把红旗旗不湿。"在全面深化改革，推进国家治理体系和治理能力现代化的时代浪潮中，发展中心要认真贯彻习近平总书记重要批示精神，以改革创新的精神，紧抓机遇，勇于开拓，积极探索，勇当中国特色新型智库建设的"弄潮儿"。

### （一）准确把握中国特色新型智库的职责定位

发展中心是直接为党中央、国务院经济社会发展重大决策提供研究咨询服务的体制内智库。我们建设中国特色新型智库，就是要通过全面深化改革，建立科学高效、充满生机活力的体制机制；加强决策服务和专业能力建设，打造高层次的政策研究人才队伍；建立适应经济全球化新形势的对外交流平台，提升统筹利用国内外各类智库资源和专业人才的能力。为此，要准确把握职能定位，遵循决策咨询工作规律。结合中央决策对智库需求的新特点，我们尝试开展"国家新型智库建设创新工程"建设，推进机构设置、科研机制、人才管理等方面的改革，着力提升研究质量和水平。一是在做好全局性、综合性、战略性、长期性重大问题研究的同时，着力加强对当前经济社会发展重点难点问题的研究。二是加强政策研究的问题导向，着力提高政策建议对决策的实际应用价值。三是依托高水平的专家队伍，面向公众和国际社会解读国家重大公共政策，着力提高政策解读的准确性、影响力和社会效果。四是发挥智库的客观性和专业性优势，探索做好经济社会发展有关改革方案、重大政策及实施效果的第三方评估工作，着力提升评估的规范性、正确性和专业化水平。

### （二）勇于创新中国特色新型智库体制机制

制度创新是发展中心建设中国特色新型智库的关键。一是建立高质量完成中央交办研究任务的保障体系。紧密围绕中央关注的重大问题，从准确把握决策需求、快速组织开展研究、提高成果质量、加强政策建议的及时性和管用性等方面建立完整有力的服务保障程序。二是完善重大课题选题机制。在做好决策需求分析的基础上，根据问题导向和趋势导向相结合的原则，规划年度重点研究课题。探索成立由国内外一流专家组成的顾问委员会，拓展选题视野和研究思路。三是建立灵活有效的科研组织机制。实行课题负责人制度，根据课题需要组建跨部门、跨领域课题组，集中优势力量并有效整合国内外研究资源参与决策咨询研究。四是实行研究成果分类送审制度和质量把关制度。每一项上报的研究成果，都要经过研究部门主要负责人审核、分管领导审改和主要领导审定三级质量把关，每级审稿都要有明确具体修改意见，把成果质量责任严格落实到研究的全过程及各个层次。五是形成竞争导向的科研评估机制。提高科研组织、课题评审和业

绩评价的透明度，强化竞争，提高评审标准和淘汰率，加大对优秀成果的激励力度。

### （三）不断加强中国特色新型智库能力建设

根据服务决策、适度超前、相对独立的智库建设要求，我们不断致力于加强四个方面能力建设。一是提高综合研判和战略谋划的能力。这是新形势下智库适应决策需求的核心能力。世界已经进入大数据时代，智库要善于运用现代化的信息技术和研究方法，善于透过各种繁杂的、甚至相互矛盾的现象和信息，"去伪存真，去粗取精，由此及彼，由表及里"，见微知著、见机于先，努力把握事物发展的内在规律和本质，及时发现经济社会发展中具有苗头性、趋势性的重大问题，前瞻性地作出战略谋划。二是提出科学可行政策建议的能力。任何政策咨询建议，最终都要落脚到管用、可操作上，而且要经得起实践和历史的检验。好的政策，一定是理论和实践相结合、动机和效果相一致的政策。从某种意义上说，政策的正确程度与政策制定者的综合能力是成正比，而智库政策咨询能力正是这一综合能力的重要组成部分。提升智库的这一能力，其一要夯实学术理论根基；其二要提高自身政策水平；其三要深入社会实践；其四要前三者紧密结合、相互支撑。三是推动政策形成和实施的能力。任何矛盾的产生、发展、解决既是事物发展的必然时间过程，也是事物矛盾转化、消除、所需条件逐步具备的过程，俗语曰"瓜熟蒂落"、

"水到渠成"，既是"过程论"，也是"条件具备论"。智库的作用，就是力求掌握充分的信息、数据，以令人信服的分析、推理和研究结论，把应对经济社会发展矛盾的政策建议提供给决策层，对政策设计的实现目标以及实现动机与效果相统一的现实条件做出透彻且合乎实际的阐述，积极推动有关政策的形成与实施。这也是智库决策影响力的直接表现。四是增强重大政策解读传播的能力。不仅要在国内提升政策解读的准确性、影响力，而且要加强国际交流合作，积极参与国际智库对话，开展政策对外解读，广泛传播中国的实践经验和政策观点，增强在全球主流媒体和国际组织平台中的话语权。如发展中心每年主办的中国发展高层论坛，已经成为中国政府、国际企业界、学界和国际组织间交流沟通的重要平台。

### （四）加强中国特色新型智库人才队伍建设

建设中国特色新型智库，培养和造就一批德才兼备的专业和管理人才是关键所在。智库作为思想库影响力的实质在于研究人员的影响力，在于人才团队的影响力。人才队伍建设，无疑是发展中心建设中国特色新型智库各项工作的重中之重。在发展中心内部，我们将致力于营造既坚持原则，又宽松活跃，"小荷'尽'露尖尖角"、人皆可才的人才成长环境，进而增强发展中心人才的吸引力。我们倡导研究人员要具备高度的责任感、使命感和荣誉感，具有优良的精神品质；要秉持"唯实求

真、守正出新"的政策研究价值观，坚持实事求是、"不唯上只唯实"的精神；要树立科学严谨、客观务实的思想作风，坚持独立思考、勇于创新的品质。在发展中心外部，做好政策研究有关保密工作的同时，我们将继续坚持开门办智库，在政策研究过程中尽可能吸收政府官员、企业高管、著名专家担任顾问或课题组成员；更多组织与世界银行、壳牌等国际著名研究机构、企业联合开展如《2030年的中国》、《推进高效、包容、可持续的城镇化》、《中国中长期能源发展战略研究》、《中国天然气发展战略研究》等重大项目研究；我们把"引进来"与"走出去"相结合，建立顾问委员会、各领域顶尖专家库、访问学者研究制度；我们将进一步通过举办高层次论坛、组织高水平的学术报告会等多种形式，充分发挥发展中心体制内智库大平台的优势，加强与国内外各类智库和经济社会发展各个领域著名专家学者的联系、交流、合作，相互学习，相互借鉴，共同提高。

建设中国特色新型智库，是以习近平同志为总书记的党中央全面审视国家发展大势和未来决策环境做出的重要部署，是增强国家治理能力和国家软实力的战略举措。我们将紧密团结在以习近平同志为总书记的党中央周围，深入贯彻落实党的十八大和十八届三中全会精神，拼搏进取，开拓创新，努力开创政策咨询研究工作新局面，为实现中华民族伟大复兴的中国梦做出新的更大的贡献！

（原载《人民日报》2014年4月22日，在本刊发表时作者作了修改）

# 关于中国发展包容性金融的几点建议

万事达卡国际组织

## 一、包容性金融对包容性增长的重要意义

过去30多年，中国的扶贫工作取得了卓越的成绩。1981年，中国2/3的人口日均消费水平不足1美元；至2010年，中国以惊人的效率使6.8亿人脱贫——这比拉丁美洲现有人口总数还多——从而使中国的贫困率从1980年的84%降至如今的不足10%。30年间，中国脱贫人口总数约占全球绝对贫困人口下降总数的3/4。中国政府在减贫方面取得了辉煌的成就，无论是扶贫规模、投入资金，还是在过去20多年中绝对贫困人口数的持续减少，堪称全球典范。

中国自20世纪80年代初期以来实现了经济的持续增长，这一方面使政府有能力投入大量资源来消除绝对贫困，但另一方面也带来了收入差距扩大，并造成人们获取机会不平等和社会流动性差的问题。这不仅是中国面临的问题，欧美等发达国家也一直在努力解决包容性增长的难题。欧盟制定的《欧洲2020战略》旨在实现明智的、可持续的包容性增长，其目标为：帮助至少两千万贫困人口脱离贫困和

社会排斥，并将20～64岁人群的就业率提高到75%。美国总统奥巴马将美国社会流动性的降低与收入差距的扩大联系起来，他指出，出身20%收入底层的群体所获得提升和发展机遇的几率远低于来自高收入水平家庭的群体。他还注意到，巨大的收入差距让美国人不再信任美国的制度，由此产生的文化分歧对美国绝非益事。

造成这种不平等的一个重要原因是人们获取及使用金融产品和服务的水平存在显著差距。基于包容性金融对减少贫困、促进共同繁荣的重要意义，世界银行已将其列为核心工作之一。世界银行近日宣布了一项新计划，至2020年，所有劳动适龄人口都能借助技术创新（如电子账户、电子移动钱包）享用广泛的金融产品和服务。甚至连国际清算银行（BIS）这样的标准制定机构，在制定金融部门政策时都将公平性纳入其中，以实现包容性增长。对包容性增长的关注表明，一个排斥金融的现金社会是不透明的，会给金融稳定造成风险。

本文将关注中国领导层如何通过发展包容性金融来降低不平等，实现包容性增长。根据

世界银行的估算，64%的中国成年人在金融机构拥有账户，这反映了中国在银行基础服务的可及性方面所取得的巨大成绩。但如果将包容性金融狭义地理解为拥有银行账户，那将错失巨大的机会。完整的包容性金融意味着整个金融体系的可及性和使用度，包括支付、借款、投资和保险。中国各地在发展包容性金融方面都蕴含机会。中国仍有很多人口生活在农村地区，基本的金融服务在这些地区的普及度远不如城市。中国银行业监督管理委员会（"银监会"）2011年发布的数据显示，约1700个乡镇尚无银行网点。在城镇地区，即使在有银行账户的人群中，较复杂的金融产品如信贷、投资和保险的普及也不足。此外，在中国，包容性金融的机会并不局限于个人领域，中小企业同样缺少完整的金融服务。万事达卡在2013年为中国发展高层论坛撰写的白皮书中对此有所涉及，中国中小企业最大的发展制约之一即是缺少低成本的融资渠道。虽然中小企业在GDP中占比不小，但是中小企业贷款仅占银行贷款总额的20%~25%。

在成功地使国家摆脱了绝对贫困后，中国领导层正在为实现更加包容的增长而努力。这在中国政府制订的发展目标中也有所体现：到2020年全面建成小康社会（实现国内生产总值和城乡居民人均收入比2010年翻一番），使国家的发展更平衡和更具包容性。2013年底召开的十八届三中全会，定下了继续推进市场化改革的基调，涵盖财政和农村领域改革，以实现更开放、更具包容性的可持续经济发展。这份

大胆的经济改革计划涵盖放开价格管制、对私营和外资企业开放市场、国有企业改革、财政改革、通过土地改革和户籍制度改革推进城镇化进程、加大对农民财产和土地权益的关注，使城乡居民共享公共服务。此外，中国也一直积极参与全球对话和国际合作，通过参加2010年20国集团（G20）国家建立的"金融包容性全球合作计划"（GPFI）等途径发展包容性金融。

本文将在全球案例研究的基础上，探讨如何通过引导市场创新并释放市场活力，实现包容性金融的发展。

## 二、 发展包容性金融的三原则

中国领导层对在经济发展中更注重市场规律并实现更大的包容性已经彰显出坚定的决心。然而，如何提升金融包容性同时保持国家政治、经济和社会稳定，仍旧任重道远。在发展包容性金融、获得收益并最大程度减少其对社会体系可能带来的影响方面，万事达卡在全球积累了丰富的与国家政府及机构合作的经验。

对中国来说，有三点原则尤为重要，这不仅适用于消费者，也适用于企业，尤其是中小企业。但需要提请中国领导层注意，没有私营部门的积极参与，发展包容性金融难以成功。政府可以产生大部分资金流动并通过政策进行激励。私营部门则通过创新、服务网络、效率和专业知识来触及金融体系未覆盖的群体。因

此，这三点原则实现的基础是政府与私营部门的通力合作，这对于发展包容性金融至关重要。

这三点原则是：

### （一）必须分层次满足用户的金融需求

发展包容性金融不能一蹴而就，而应循序渐进。原因有二：其一，用户的金融需求具有不同的优先顺序。基本的需求，例如拥有资金账户以及进行电子支付，一般是最重要的部分。其次重要的是借贷、投资、长期储蓄和保险等更为复杂的需求。在任何市场中，消费者的金融需求层次的基础都是：①拥有一个安全的交易账户，以接收和持有资金；②基于日常需求的电子支付（点对点支付和账单支付）。在此之上的其他复杂需求的重要性，如借贷、投资、长期储蓄、保险等，则因市场而异。金融产品在全球40%收入最低的成年人中的覆盖率也印证了需求层次这一观点（见图1）。

其二，按照金融需求层次发展包容性金融更易获得成功，原因在于：①人们更重视对基本需求的满足，因此更易接受相应的解决方案。②更重要的是，按照层次顺序满足人们的需求，能让更多的需求更有可能得到满足。例如，如能对用户支付进行记录，相关信息可用于对该用户进行风险评估并据此

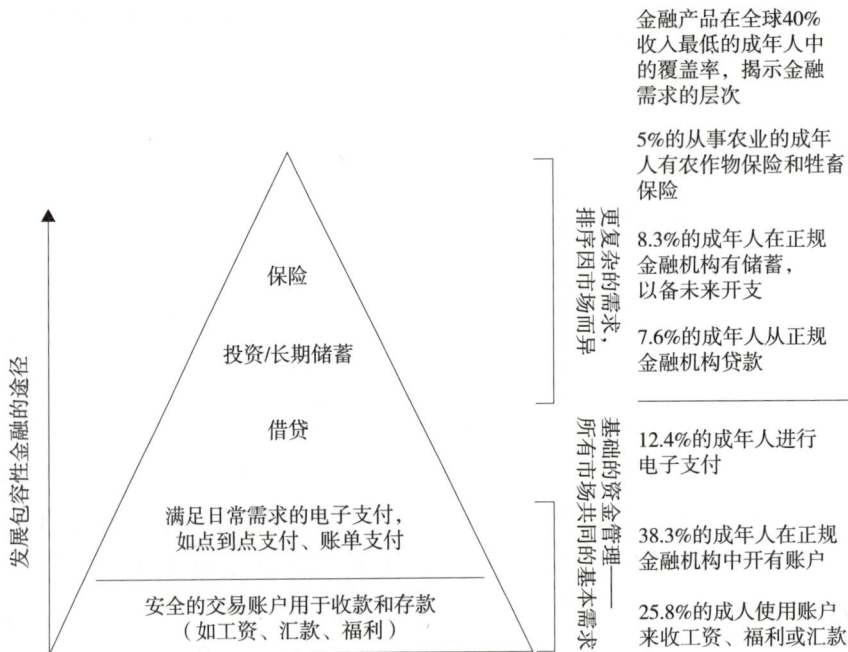

**图1　金融需求层次**

资料来源：2014年万事达卡顾问服务，2011年世界银行全球金融包容性指数数据库。

对其发放贷款。获得信用的用户将有更大的机会创造财富并进行储蓄，进而催生出对保险产品的需求。

包容性金融对中国的重要意义在于其不仅适用于农村地区，在城市也具有广泛的相关性。中国人口拥有不同层次的金融需求。农村地区的大多数人都没有正规的银行账户，处于需求层次的底部。城镇居民的需求层次更高一些，尽管有固定的银行账户，但很多人仍然很少使用复杂的金融产品，如投资。大多数人把钱存进国有银行。由于政府设置的利率上限，存款回报率要明显低于富裕群体通过更复杂的金融产品如投资信托的获利。利用这种市场断层，中国最大的电子商务公司阿里巴巴推出了一款面向大众的基金产品，其回报率是银行利率的两倍多。在该产品推出后的前三个星期，阿里巴巴就吸收了10亿美元，且其基金总额仍在以每天4500万美元的速度不断增加。

随着中国不断发展包容性金融，领导层应着重关注两个方面：

认识到金融需求层次的存在以及民众处于不同需求层次这一事实。首先，根据需求层次推广相符的金融产品，可事半功倍；其次，这将确保包容性金融的实现不仅局限于农村，也能覆盖城镇地区。

意识到政府在发展包容性金融中的关键作用，但政府不是唯一推动力。私营部门的作用也非常重要，发展包容性金融的成功关键是政府和私营部门的紧密合作。

## （二）在需求的每一个层次都必须同时注重金融产品的可及性及使用度

第二个原则是，在需求的每一个层次都必须同时强调金融产品服务的可及性和使用度，以实现包容性金融的益处。若人们不使用金融产品，即使拥有这些产品也无法真正受益。"可及"是指对金融产品具有正式所有权，"使用"是指实际表现出对产品的使用。因此，发展包容性金融，不仅要更多人拥有金融产品，更要推动用户对金融产品的使用，才能真正实现包容性金融的益处。当前，可及性和使用度之间存在很大的鸿沟。举例而言，全球40%收入最低的成年人中，仅38%在正规金融机构拥有账户，其中仅68%通过银行账户来收取和持有资金。中国的情况也大体类似，64%的成年人有正规的金融账户，而其中仅48%通过账户来收取和持有资金。

中国领导层可以通过以下三个方面来缩小金融产品可及性和使用度之间的差距：

从思想上认识到，金融产品的使用和金融产品的拥有一样，需要主动采取措施进行强调和衡量。全球范围内，大多数推动包容性金融的举措都只强调可及性（例如一个银行账户）的重要，并默认人们会自动使用这些金融产品。但事实并非如此。这也体现在当前"拥有金融产品"和"真正使用金融产品"之间的巨大落差。

确保所有政府参与的金融往来都强调金融产品的使用。例如，要求政府津贴和工资都以电子转账的方式存入相关人员的账户。包括美国、尼日利亚、印度、南非在内的发达及发展中国家都在努力朝这个方向迈进。

制定为金融活动的参与者（如消费者、商户、供应商）创造价值的政策，鼓励人们使用金融产品。韩国政府很早就采取激励措施以减少现金的使用。在1988年汉城奥运会之前，韩国政府就开始对接受银行卡的企业实施税收优惠，对拒绝接受银行卡的企业进行审计。针对消费者的激励措施包括彩票和税收优惠。最近，韩国政府还允许使用银行卡缴纳学费及其他公共服务费用，进一步鼓励金融产品的使用。

### （三）非银行机构在市场驱动下的创新将发挥重要作用

在发展包容性金融的过程中，银行仍将发挥关键作用。银行通过调整自身架构，提供手机银行、代理银行等服务，推陈出新，以较低成本服务尚无银行账户的群体。

仅靠政府不行，同样，仅有银行的努力也不够。鉴于银行现有的基础架构和客户群，依赖银行去提供所需的新商业模式、创新和产品并不现实。非传统的市场参与者或非银行机构在这一过程中扮演着重要角色，其作用同样不容小觑。这些机构主要依靠创新开发区别于银行服务的新产品。当前中国的互联网金融浪潮就是一个市场引导创新的例子，用户可以通过支付宝等金融工具来借贷和理财。当然，机会远不止于此。

万事达卡在2013年为中国发展高层论坛撰写的白皮书里探讨了为什么在全球范围内，包括中国，中小企业都是创新的关键驱动者。大多数非银行金融机构初创时都是中小企业，对中国领导层而言，为中小企业的繁荣发展创造环境并解决它们目前面临的两大发展障碍十分重要。这两大障碍是：①缺少低成本的融资渠道；②金融供应链低效。万事达卡在2013年的白皮书中所探讨的可供领导层采纳的一些措施包括：

①消除国有企业相对于中小企业的结构性优势。已有包括英国在内的多个成功范例，通过国有企业私有化的方式实现这一转变，且未在此过程中引发政治动荡。

②建立倾向于中小企业的融资体系，着重加强小型/地方银行的发展，增强中小企业的融资能力以及大银行的放贷动力。

③当前利率制度使得国有企业贷款对银行极具吸引力，需要对此进行改革。

④金融供应链的严重低效在跨境贸易中被放大，通过支付创新可降低这一问题。

以下是全球范围内的创新案例，对探索中国适用的模式或能有所启发。这些案例重点展示如何满足位于需求层次底层的三项重要的金融需求。

## 三、如何满足最重要的金融需求？以下是几个可供中国借鉴的国际案例

### （一）确保农村人口拥有交易账户

城镇化加速是过去十年中国最主要的发展趋势。城镇地区人口比例已从2002年的35%增至2013年的53%，并将在2020年达到61%。这意味着自2002年起，有2.5亿多人生活在城镇地区。尽管这一变化极大促进了经济并改善了数千万人口的经济状况，但在人口的物理流动过程中并未伴随相应的金融流动，导致城镇化的积极意义无法全部实现。中国已为城市本地居民建立了比较完善的基础设施服务制度（如拥有银行账户），但外来人口却因种种限制在这一方面举步维艰，甚至一小部分原本在家乡持有银行账户的城市外来人口也由于银行产品的不可移动性被迫放弃其原有账户。

中国需加快发展步伐，确保全体民众及企业都能享有基础金融服务，比如拥有金融交易账户。建立一个金融服务平台能以最具成本效率的方式实现农村地区的金融服务覆盖，其可移动性也能保证城镇化进程中人口迁移所产生的金融账户转移。基于中国已高达85%的移动电话渗透率，移动金融服务当是达成此目标的重要助推。

近期的数据反映出移动支付在中国市场的指数级增长。阿里巴巴集团旗下的支付宝实现了500%的年同比增长率，年交易量达9000亿人民币，阿里巴巴已跃升为全球最大的移动支付公司。类似的创新参与者如微信也正在通过移动解决方案转变点对点支付模式。毋庸置疑，在中国，移动金融服务正在加速发展，其中私营企业的成绩引人注目。但移动金融的影响仍主要辐射城镇地区，偏远地区的群体才刚刚开始体会其益处。移动金融还未以有效的方式触及农村地区尚未享有金融服务的群体。在中国，问题在于是否可以依托移动电话渗透率为更广大地区，尤其是尚未享有金融服务的群体提供支付及其他金融服务，以及如何实现。单凭私营部门或中国政府很难实现这一目标，中国需要一种公私合作模式，可以为所有利益相关方提供有效的激励措施。

已有多个国家在移动金融服务方面成绩斐然，除满足基础金融需求之外，还提供如借贷及储蓄等更复杂的金融解决方案以满足人们更高层次的金融需求。肯尼亚移动支付服务商M-Pesa即是典范。M-Pesa初始仅提供境内汇款服务，以方便城市外来人员向其在农村的家人汇款，随后其业务范围扩展到储蓄和贷款。自其2007年推出后的几年中，M-Pesa在肯尼亚成年人群中的覆盖率已超过70%，每年实现的支付量占肯尼亚全国消费支付总量的10%以上。此外，其储蓄和借贷服务m-Shwari推出后的半年内，累计储蓄额已相当于银行储蓄总额的1%以上，覆盖接近全国10%的人口的400多万个贷款账户。

M-Pesa并非一枝独秀，表1中是全球范围内的其他成功案例。

# Financial Market [金融市场]

**表1　其他成功移动货币服务提供商**

| 国家 | 解决方案 | 推出时间 | 用户数量（万） | 无银行账户人口中占比（%） |
|---|---|---|---|---|
| 津巴布韦 | EcoCash | 2011 | 300 | 58 |
| 哥伦比亚 | Daviplata | 2011 | 190 | 16 |
| 海地 | TchoTcho | 2007 | 70 | 14 |
| 孟加拉国 | bKash | 2011 | 800 | 12 |
| 巴基斯坦 | EasyPaisa | 2009 | 740 | 8 |

资料来源：世界银行（World Bank）、全球移动通信协会（GSMA）、Financial Inclusion.org、解决方案新闻稿、万事达卡顾问服务。

尽管移动货币服务发展迅猛，但在全球100多个移动货币服务中，活跃用户超过100万人或普遍覆盖国内无银行账户人口的仍不足10%。分析表明，众多成功的移动货币服务都着眼于其解决方案的可及性和使用度，来自于非银行机构、中小企业和私营部门的创新：

①公私合作，有利、适度的监管环境，政府提供指导与支持，既不过度限制也不放任其"野蛮生长"。

②设计初衷为针对金融需求层次（见图1）中的基础金融需求提供解决方案，积累一定用户量后会增加其他相关功能以满足更高层次的金融需求。

③众多的分销网点——如移动网络代理商网点。

④为包括商户、消费者以及服务分销商在内的所有参与者提供可创造价值的创新商业模式。

⑤传统银行业及传统支付方式在服务无银行账户群体方面的局限性，例如交易规模较小。

这些移动支付服务仍然非常注重提高用户的使用度。例如，在很多案例中，解决方案提供商意识到"闭环机制"（Closed Loop）明显限制了用户的使用。"闭环机制"是指移动支付服务要求付款人和收款人都必须拥有同一移动支付提供商的账户；如果收款人使用另一个移动支付服务（此时为"开环机制"，Open Loop）将无法付款。因此越来越多的移动支付服务正转向"开环机制"。M-Pesa目前提供与其移动钱包关联的开环支付卡。西联汇款（Western Union）在意大利、万事达卡在非洲也推出了许多"开环机制"的支付服务。此外，全球交通支付系统（如日本的Suica卡、香港的八达通卡、纽约的Metro Card）都已意识到"开环机制"的益处，也正作出转变。

万事达卡在2013年为中国发展高层论坛撰写的白皮书中强调，中国实施开放性支付制度及标准对于保持中国经济增长、实现全球领先地位十分重要。实际上，这对于发展包容性金融、实现包容性增长也同样重要。在推动针对农村地区人口的移动支付服务的发展过程中，确保移动支付服务的开放性与互通性显得尤为关键。

## （二）实现全面数字化——扩大电子支付应用范围，减少现金使用

中国在从现金过渡到电子支付方面取得了长足进步，但90%的交易仍采用现金支付（按

交易笔数，而非交易额统计）。现金提取耗费时间，携带风险较高且易滋生腐败。据调查，现金成本消耗了高达1.5%的GDP。通过采用电子支付来减少现金使用将促进经济增长，并提升金融包容性。在减少现金使用方面，中国可借鉴一些成功案例。

支付卡的大幅增长成为中国电子支付领域的关键驱动力。2006年至2011年，借记卡和信用卡的交易量增长了五倍，其中借记卡的交易量占88%。为加快发展并更多地取代现金交易，中国需着眼于扩大商户受理度。这一方面，中国与美国这样的发达国家相比仍有很大提升空间，美国成年人口中POS终端机的普及率比中国高六倍。

移动交易终端机（M-POS），例如始于美国的Square及在瑞典兴起的iZettle，能够帮助小微型商户迅速地以最具成本效率的方式通过手机接受银行卡支付。即便在美国这样一个传统商户受理度很高的市场，Square的表现也十分出色。自2010年推出以来，Square已扩展到加拿大和日本市场，每年可处理150亿美元的支付，商户数量高达200万个。同样，iZettle自2011年上市以来，已拓展到挪威、丹麦、芬兰、英国、德国、西班牙、墨西哥和巴西市场。

中国的中小企业数量接近美国的两倍，因此鼓励M-POS发展将促进中国的商户受理度。移动交易终端的高可及性和使用度需要融合下列关键因素：

①弹性技术成本（例如便宜的接收器和移动数据网络）。

②简化定价与包装（例如统一费用，降低甚至无安装费用及商户账户要求）。

③演变的风险模式（例如整合社交媒体、消费限额等非传统数据）。

④高效的分销模式（例如在线网络/移动网络，零售商网点）。

⑤商户与消费者之间对于电子支付益处的广泛认知。

市场中现金的另一主要来源是工资等形式的报酬支付。包括中国在内的全球很多雇主都以现金方式向无银行账户的员工付薪。中国占40%的底层收入人群中，超过80%领取现金薪水。不过这一情况正在发生改变，世界各地的私营企业主及公共部门都开始认识到现金交易的成本以及电子支付的益处。在俄罗斯，大部分无银行账户的员工通过工资卡领取薪水。阿联酋于2009年通过了《工资保障制度法》（Wage Protection System Law），要求500多万名无银行账户的外国员工通过工资卡领取工资。

在如下情形中，通过支付卡付薪的机制拥有更高的可及性及使用度：

①在金融包容性和节约行政成本的驱动下，政府/大企业领导层通过卡片领薪。

②自动取款机（ATM）和POS终端的大量安装保证资金使用便利。

③工资支付过程中利益链各方多赢。

④工资卡功能的进一步增强鼓励了卡片的后续使用，并为所有电子支付的参与者创造更

大价值，例如，汇款、账单支付并提供与之伴随的社会认同。

现金的另一关键来源是其在全球范围内B2B供应链中扮演的重要角色。买家与供应商之间对于现金的依赖造成了效率低下、高风险及流动性等挑战。巴西一家饮料分销商在供应链中用电子支付取代现金后，成本节约了40%以上：

①该公司员工摒弃了纸质账本，在巡店时仅携带一台智能设备，记录进货需求。

②供应商代表随后来门店补货时也通过便携式POS终端机接受对方通过银行卡支付。

③零售商会提供一张银行卡用以在交货完成后专门支付分销商费用，分销商也可以使用其个人或公司银行卡进行交易。

④支付通过便携式POS终端机完成。

以下是高可及性和使用度的数字化B2B供应链解决方案的关键成功因素：

①实物商品依赖供应链的高速流通（如易腐货物）以及零售商分散的行业。

②风险稳定的环境，分销商接受通过支付卡与零售商进行收支往来。

③受理电子支付的移动POS终端经济可靠。

④可为包括分销商和商户在内的所有利益相关者创造价值的经济模式。

以上探讨的三个案例表明：

①公私合作的价值——例如，在阿联酋，政府通过了工资保障法，私营部门则提供相应的解决方案（如工资卡）。

②非银行机构或中小企业在推动市场主导创新中的作用（如iZettle、Square）。

③必须关注可及性和使用度——例如，工资卡在俄罗斯的成功是因为政策和激励措施促使雇主们关注工资卡的使用，而非仅靠可及性来保障。

## （三）借贷——为中小企业和消费者提供更佳、更有效的信贷方案

在2013年中国发展高层论坛上，万事达卡白皮书就中小企业融资所面临的挑战及其对创新和整体经济增长造成的阻碍进行了探讨。中小企业和消费者贷款难也阻碍了中国更具包容性的发展。我们将首先回顾2013年白皮书中所探讨的这些挑战并进行展开讨论，探索中小企业和消费者融资难题的解决之道。

在中国，只有最符合资格的中小企业才可以获得银行贷款。因此，虽然中小企业在GDP中占比不小，但是中小企业贷款仅占银行贷款总额的20%～25%。不仅如此，中小企业贷款利率更是远高于大型企业。举例而言，中小企业银行贷款利率约为大型企业所享受利率的两倍（即中小企业的贷款利率通常为中国人民银行制定的基准贷款利率上浮20%～50%，而大型企业则可以享受高达基准利率下浮30%的折扣）。即使在这样的利率水平下，许多中小企业也无法获得银行融资，不得不求助于贷款利率更高的所谓"民间借贷"。在消费者方面，根据世界银行发布的2011年《全球金融包容性指数》报告，中国占40%的下层收入人群中，

只有8%的成年人能够从正规机构获得贷款，而英国和美国的这一比例分别为12%和17%。

这种情况在农村地区更为严重。尽管2007年以来中国政府推出多项金融政策，致力于促进农业、农村和农民（"三农"）的发展，但在过去几年中，四大商业银行因为风险回报因素撤回了县级以下地区的投资。目前在这些地区只有农村信用合作社（RCC）为农民提供信贷，且能提供的贷款仅为每户人民币500元左右。一些城市银行和商业银行也通过它们的内部资金系统，将从农村地区汇集的资金转移到大城市和其他经济发达地区。此类活动导致存款大量外流，并造成农村地区融资困难。因而，一些乡镇企业，主要是农民被迫从当地人手中借高息贷款来满足资金需求。

造成这一问题的主要原因是银行发放贷款所需的常规信息不足。对消费者而言，中国央行管理的征信局仅覆盖了约30%的人口，即便与其他发展中经济体如巴西（50%）相比，这一比例也处于低水平。与诸如美国的发达市场不同，该信息还仅限于消费者的不良记录，大大限制了贷款人在放贷过程中正确评估风险的能力。此外，大量消费者没有正式的信用记录（即"缺乏信用记录"）。这些人群包括最近进入劳动力市场的人士（如毕业生、重返职场的家庭主妇）和移民。相对大企业而言，中小企业缺乏充足的资本、良好的盈利纪录或政府担保来保护其免受损失。

万事达卡2013年白皮书讨论了中小企业贷款难题的部分解决之道，包括开发当地银行业务模式，授权进行非传统贷款方式，如创新支付手段。鉴于其对中小企业和消费者的广泛适用性，本文将进一步探讨利用非传统方式借贷这一思路。

为缓解中小企业和消费者的融资难题，中国可鼓励采取多种非传统和创新技术。Cignifi公司已经开发出一套算法系统，通过分析用户的手机使用习惯（手机通话、短信和数据使用）来评估其生活方式和相应的信贷风险。该模型基于对超过一亿手机用户的数据分析，为移动用户计算其"Cignifi风险评分"，衡量用户的贷款违约风险。Cignifi已经帮助巴西、智利和墨西哥的放贷机构，在未产生额外信贷风险的情况下将贷款获批率提升了25%。

Lenddo是一个直接贷款机构，它为发展中国家的新兴中产阶层开发了一个网上平台，帮助用户通过社交网络来建立其贷款资质。其理论前提是，在线社交网络难以造假。Lenddo的会员通常是拥有正式工作、受过良好教育但没有银行账户的中产阶级人士。潜在借款者的贷款资质"Lenddo评分"主要基于以下三个因素：①社交媒体活动（Facebook、Yahoo、Gmail、Twitter和LinkedIn）；②密切接触者的品格参考；③过去的表现，如申请人是否曾在Lenddo贷款。自2011年推出以来，Lenddo在全球范围内已拥有25万多名会员，目前主要活跃于哥伦比亚和菲律宾。

Entrepreneurial Finance Lab（EFL）专注于中小企业贷款，其开发的电脑化信贷申请工具采用心理测试分析企业家精神特质。这项需时40～45分钟的测试采用问答题形式。申请者30～60分钟后即可知道其EFL测试结果。EFL已在全球22个国家的五个发卡机构推出，主要在非洲和拉丁美洲市场，数据表明拖欠率降低了35%～40%，通过利率减半实现了2.5亿美元贷款额，平均每笔贷款金额为7500美元。

最后，电子支付能更好地提供可能对放贷产生影响的信息。如阿里巴巴利用其支付机制，已经成功地拓展到中小企业贷款领域。通过查看中小企业的销售信息控制信贷风险，阿里巴巴的中小企业融资业务迅速增长，并深受其中小企业客户的青睐。2013年一季度，共有25000家在线零售商成功获取贷款，平均贷款额达11000元。紧随阿里巴巴之后，贝宝（PayPal）也在最近推出了自己的中小企业贷款举措。

基于非传统数据的借贷具有显著的发展潜力，但其成功需要合适的环境。如果中国考虑进一步鼓励这一举措，有几个因素对成功至关重要，领导层必须认识到，对非银行机构或中小企业以及公私合作提供的解决方案和创新内容而言，可及性和使用度具有重要性：

①隐私权法，力争在保护隐私和鼓励借贷方利用个人数据发展创新贷款解决方案之间取得适当的平衡。

②支持性的监管环境，使非传统金融机构可参与放贷并获得成功。

③广泛部署可覆盖更广泛人口的数字基础设施，其高度安全性保证了高使用率。

④非银行机构或中小企业在推动市场主导创新中的作用（如Lenddo、EFL）。

## 四、总结

为确保实现更具包容性的增长，中国需要发展更高层次的包容性金融。分析表明，以下三点原则对中国领导层进一步发展包容性金融有所裨益：

①金融需求必须分层次解决，拥有一个支付交易账户并有能力进行电子支付是最基本的需求。在中国，人们的金融需求处于不同层次，因此，金融包容性问题绝非仅限于农村地区。此外，政府不能仅靠一己之力，与私营部门的合作也非常重要。

②各层次金融需求的各个阶段都必须强调金融产品的可及性和使用度。政府在缩小可及性和使用度二者的差距方面可发挥重要作用。

③银行将在推动包容性金融进程中继续扮演重要角色，但非银行机构的创新也不容忽视。中国的领导层须专注于创造可供这些公司茁壮成长的环境。

基于对全球的案例研究，我们建议中国采取多项措施发展包容性金融，以确保中国的经济增长更具包容性。

（本文由中国发展研究基金会授权刊发）

# 建立中国更为高效和现代的金融体系

瑞士再保险公司

## 一、全球趋势与国际经验

根据定义，"金融自由化"是指减少政府对金融服务业的影响，并增加业内（通常指银行业、保险业和资本市场）的内部竞争。通过开放市场并引入新竞争者，现有公司将必须提高效率，否则将面临失去市场份额的风险。这样，客户能够获得更低的价格和更优质的服务，而总体经济也能够从中受惠。

发达经济体的金融自由化可以追溯至20世纪80年代。当时在所谓的"大爆炸"式的改革中，英国政府取消了对伦敦证交所的管制。欧盟建立单一市场则通过废除对价格和产品的控制权，使金融服务业进一步自由化。美国1999年废止《格拉斯—斯蒂格尔法案》（Glass-Steagall Act），使得银行可以在同一个实体名下接收存款、提供贷款并承销证券。不过，据

信这也促使形成了最近的全球金融危机。20世纪90年代后期和21世纪初，日本在所谓的"大爆炸"式的改革中，对多家大型银行和保险公司进行了重组，旨在刺激停滞不前的日本经济。

在大多数新兴市场，国有银行和保险公司继续占主导地位，但是近年来影响力有所减弱。政府已经开始开放市场，引入外国竞争。不过在某些情况下，保护主义措施依然存在。

金融危机之后，政府为一些金融机构提供了紧急救助，监管机构也努力加强了监管标准，这必然会增加政府对行业的影响力，从而减少竞争，并在某些情况下扭曲资源分配。这种对金融服务业的"重新管制"，至少在发达经济体，将会导致营商成本增加，盈利降低，并可能会对社会造成不利影响。

以下部分将简要回顾主要发达市场的金融

市场自由化经验，这将有助于指明中国未来的发展之路。

## （一）伦敦"大爆炸"式的改革

20世纪80年代，玛格丽特·撒切尔领导下的英国政府启动了一波自由化浪潮，影响到劳斯莱斯、英国航空和英国电信等公司。1986年，政府决定解除对证券交易所的管制，推动自动化交易并废止固定佣金制度。进一步的金融和经济改革使得伦敦再次成为可与纽约比肩的国际主要金融中心之一。

对于保险公司而言，"大爆炸"改革[①]营造了有利于交叉销售保险产品的环境。继股市自由化之后，投资银行收购了大多数股票经纪公司；零售银行则扩大了产品范围，通过收购或内部发展业务，与寿险公司、一般保险公司和建房互助协会展开竞争或合作，来营销寿险、个人险种和办理抵押贷款等。在这些新的"金融超市"中，借助现成的客户沟通渠道，逐渐兴起的银行保险业取得了更高的利润，因为他们向现有客户销售新产品比向全新客户销售更容易。

## （二）欧洲单一市场

欧洲一体化可追溯至20世纪50年代，当时法国、德国、比利时、意大利、卢森堡和荷兰设立了欧洲煤钢共同体。单一市场最终于1993年成立，其中，人员、资金、商品和服务可以自由流动，以刺激竞争和贸易，并提高效率。

单一市场有助于确保市场自由化，并通过以下方式尽可能惠及企业和消费者：

①取消贸易障碍和对实物的海关监管。

②统一各国关于公司跨境贸易的限制。

③改变欧盟的公共采购规则。

④修改立法，以便人们可以到其他成员国定居和工作。

⑤取消服务业障碍，允许企业提供跨境服务。

对于非寿险业或一般保险业而言，单一欧盟保险市场的建立始于1973年，当时颁布的首个理事会指令（73/239/EEC）旨在协调有关承保和从事寿险以外的直接保险业务的法律、法规和管理规定（相关寿险业的首个理事会指令于1979年发布）。

1994年[②]，引入了由成员国对总部位于其境内的保险公司进行单一授权和金融监督的制度（"母国控制原则"）。这种由总部所在成员国签发的授权是真正的"欧洲护照"，使得保险公司可以在欧共体内任何地区从事保险业务——通过在其他成员国开设代理或分支机构，从所在国或另一个成员国直接提供服务。该单一许可监督体系之所以能付诸实现是因为共同体的保险立法高度统一，尤其是在审慎监管方面。成员国还被要求废止对保费价格以及保单条件事先通知/验证的控制要求。

---

① http://citeseerx.ist.psu.edu/viewdoc/download?doi=10.1.1.198.8487&rep=rep1&type=pdf

② http://ec.europa.eu/internal_market/smn/smn11/sp11_en.htm

### （三）美国废止《格拉斯—斯蒂格尔法案》

1933年的《格拉斯—斯蒂格尔法案》是在大萧条时期颁布的，以便分离商业银行和投资银行业务，这使得银行不再能够利用存款人的资金承担过多风险。1999年，经过几十年的游说，这一法案被废止。废止这一法案的其中一个理由是银行业的市场份额被证券公司蚕食。此外，由于银行所从事的证券业务本质上风险较低，所以将商业和投资银行业务结合起来可增加银行的多样性，而且有助于美国银行与外国对手竞争。

《格拉斯—斯蒂格尔法案》的废止引发了一波银行并购潮，如1999年的花旗与Travelers、2000年的JP摩根与大通的交易等。这些金融综合企业能够利用其巨大的资产负债表向客户提供贷款和投资银行服务。然而，这种安排也可能会导致利益冲突。例如，一些银行也许向特定公司提供不必要的贷款，容许这些公司负债过多，以便揽得有利可图的投资银行业务。

虽然金融危机期间大部分倒闭的银行（如贝尔斯登和雷曼兄弟）是单纯的投资银行，但是商业银行却起到关键作用，因为它们同时是按揭证券和信用违约掉期交易的买家和卖家。因此，次级市场崩溃导致所有银行及美国国际集团产生巨额损失，并迫使政府最终利用纳税人的钱来拯救金融系统。

### （四）日本"大爆炸"式的改革[①]

20世纪80年代后期，房地产和股市泡沫破裂导致日本进入"失落的十年"。为刺激经济，日本政府推行了短期的财政和货币政策以及长期的"结构性改革"，包括1996年启动的"大爆炸"计划下的大量金融自由化措施；同时改革了日本的监管制度，即从行政指导性质转向更明确地以法律规则及其解释条款为基础的透明制度。改革同时还涉及银行、证券和保险业的金融法律等方面。

虽然结果好坏不一，但是变革旨在将受到高度监管的、以银行为中心的金融体系转变成以市场为中心的、透明的金融体系。至少在理论上，新的高效的资本市场将会促使日本经济可持续复苏，并最终形成新的后工业化的经济发展模式。

### （五）新兴市场的解除金融管制与自由化

在大多数新兴市场，政府往往严格控制着主要行业，如能源、公用事业、电信与金融服务业。这些行业一般被视为具有战略意义，属于国家利益，是控制实体经济的关键渠道。即使并非国有，这些行业也可能受到家族企业集团的控制，而这些企业集团与政府有着密切关系。

近年来，新兴市场的政府一直在通过出售国有企业股份、解除行业管制的措施来减少债

---

① http://papers.ssrn.com/sol3/papers.cfm?abstract_id=1918584

务并提高效率。例如，中国出售银行、能源、工程和广播行业的少数股份，巴西则将机场出售给基金投资。在国有企业依然占主导地位的越南，政府计划强制企业拆分非核心资产、澄清其报告关系并改善其内部控制和财务报告制度。

虽然政府对保险公司的直接控制没有像对银行那样严厉，但是银行和保险公司之间的交叉持股往往使得进入壁垒过高，因为潜在的新进入者需要自行建立分销网络。不过，还是有其他方法刺激竞争。例如，马来西亚政府正逐步废除火险和车险业务的法定费率，一旦实现自由化，保险保费将会通过市场以及客户的风险状况来确定。保险公司之间竞争加剧会压低保费，短期内将会对保险公司的盈利产生负面影响。为此，保险公司必须在风险定价机制、产品创新和差异化、分销渠道及理赔机制方面做好准备。

另一方面，印度尼西亚正朝相反方向推进。从事相关业务的保险公司持续亏损，印尼金融服务管理局（OJK）于2014年早些时候设立了一个费率评定机构，以制定火险、水灾险和车险的最低和最高法定费率。

不过，随着东盟经济共同体将于2015年成立，可以预计东南亚的金融服务业将会进一步自由化，届时金融业将逐步开放，引入外国竞争。过去一直受到高度监管和保护的市场最有可能吸引外国竞争对手。因此，在未来行业利润预计会受到下降的压力，并且波动加大。小型保险公司将被迫与其他公司合并或关闭。然

而另一方面，从更长远的角度看，这也将是提高市场效率的催化剂。

### （六）危机后发达经济体对金融业的"重新管制"

全球金融危机及随后政府为维持金融稳定而做出的响应从根本上改变了世界金融格局。对金融机构的紧急救助使得政府成为重要股东，政界因此对经营（包括薪酬）具有发言权。"低干涉、基于原则"的金融监管被认为是不够的。随着新金融法规的制定，监管机构被赋予更大权力，可以促使银行持有更多资本和流动性资产，甚至插手清算破产机构。

新法规（从禁止银行自营交易的沃尔克规则到欧盟提议的奖金设限）与自由竞争经济原则相抵触，并可能导致意想不到的后果，如市场流动性减少及银行家固定薪酬增加。

近年来，多家银行倒闭或合并之后，银行间的竞争程度急剧减弱。与此同时，虽然基准利率处于历史低点，但是银行借贷成本，尤其是对中小企业的银行借贷成本，则有所提高，原因是刚生效的监管规定迫使银行持有更多资本。未来数年，随着这些新的金融法规逐步生效，对于所有利益相关方来说，银行成本都将提高，即股东回报减少，员工薪酬降低，客户成本增加。虽然这种对金融业的"重新管制"无疑使得银行业面临危机更具回复力，但是其成本也不可忽视——客户、员工和股东在未来几年中将会不断付出代价。

## 二、中国的重要成就与挑战

过去30年，中国的实际GDP年均增长率约为10%。根据购买力平价估算，2012年，中国已经成为继美国之后的世界第二大经济体，并且早在2001年就已超越日本。

### （一）中国金融市场取得的成就

在改革期间，中国的金融市场迅速增长。回顾过去30年来的金融改革，我们可以看到已经取得以下重要成就：

①利率自由化取得进展。

②国有商业银行的治理结构改革，即将部分股份出售给战略投资者，并在境内和境外证交所上市。

③减少了对金融机构的进入限制以及对资本流动的控制。

④通过机构重组和引入全球标准，进行了重要的监管改革。

⑤采取多项措施，推动了证券市场的发展。

⑥改革之前，中国几乎没有金融业，而目前拥有各种金融机构，银行、保险公司和证券公司等在中国遍地开花。一个常用来衡量金融服务业发展的指标是金融资产占GDP的比率，中国的这一数据已经从1978年的53%增至2012年的197%（见图1）。

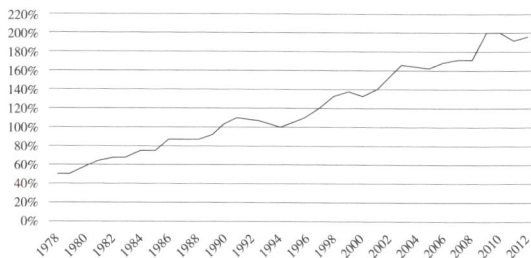

**图1　金融资产占GDP的比率（%），1978~2012年**
资料来源：《中国统计年鉴2013》。

### （二）中国金融市场面临的挑战

虽然到目前为止，中国已经引入很多放松管制的政策，但是金融业依然显示出金融压制[①]、发展不平衡和潜在不可持续性的典型特征。

①金融压制。虽然国有银行所有权结构从以前的完全国有制转为现有的股份制，但是政府依然主导金融行业。对金融机构的持续保护主义和商业决策干预，使之成为使用方便的政策工具，但这也从某种程度上助长了官僚作风并扭曲了激励机制，妨碍了银行进一步商业化及有效分配金融资源功能的发挥。

②金融发展不平衡。虽然近年来国家在努力推动直接融资，但是银行信贷依然占企业融资的近90%。此外，资本市场还存在其他不平衡现象，例如固定收益市场份额远低于股票市场，且公司债市场的份额依然过小。相关理论认为，相对于银行服务，经济发展会增加对非银行金融机构和证券市场服务的需求。然而，

---

① 金融压制的特征包括：严厉的利率管制、频繁调整准备金要求、政府干涉信用分配，以及控制资本账户（McKimon，1973）。

到目前为止，中国尚未完全利用这种互补性。如果借鉴高收入国家的发展历程，中国未来的发展可能将有赖于更为均衡的金融体系。

③潜在不可持续性。银行一直以来都被作为帮助政府实现其宏观经济和行业政策目标的工具，因此并不总是审慎地提供贷款。虽然这也许有助于实现政策目标，但是也让银行面临更大的贷款组合业绩恶化风险，从而增加公共政策的最终成本。另一个问题是系统性风险，即金融机构统一行为和运作方式所内含的风险。目前的主要问题是，财政、货币和金融监管机构之间缺乏信息共享和协调，建立防范系统性风险的宏观审慎框架的进展有限等。

相对于中国产品市场的自由化程度以及其他发展中国家的金融改革进程，中国金融体系的自由化在某种程度上依然滞后。一个简单但有用的指标是金融自由度（见表1），它通常用来显示银行业效率以及金融业独立于政府控制和干预的程度①。银行和其他金融机构（如保险公司）和资本市场的公有制会削弱竞争程度，并在总体上降低可提供的服务水平。在理想的银行和金融环境中，政府干预处于最低水平，央行对金融机构的独立监督和监管仅限于强制执行契约义务并防止欺诈行为等。根据市场调控予以分配信贷，政府不拥有金融机构。金融机构向个人和公司提供各类金融服务。银

行可自由提供信贷、接收存款并经营外币业务。外国金融机构可自由经营，与国内机构享有同等待遇。

**表1　部分国家/市场的金融自由度得分（满分=100）**

| 市场 | 得分 | 市场 | 得分 |
|------|------|------|------|
| 中国香港 | 90 | 巴西 | 60 |
| 新加坡 | 80 | 柬埔寨 | 50 |
| 瑞士 | 80 | 日本 | 50 |
| 英国 | 80 | 菲律宾 | 50 |
| 泰国 | 70 | 印度 | 40 |
| 美国 | 70 | 中国大陆 | 30 |
| 印尼 | 60 | 俄罗斯 | 30 |
| 南非 | 60 | 老挝 | 20 |
| 中国台湾 | 60 | 朝鲜 | 0 |

资料来源：美国传统基金会（Heritage Foundation），http://www.heritage.org/index/。

表2根据两个领先的行业指数，罗列出了全球十大金融中心。其中显示，中国金融业稳步发展，而上海作为国际金融中心处于强势地位。这些调查也有助于审视中国金融业发展的优势和劣势。2011年全球金融中心指数表明，上海在人员、市场和基础设施标准方面有所改善，而基础设施和商业环境落后，总体商业环境有所恶化。2010年国际金融中心发展指标也反映出大致相同的情况。

---

① 每年美国传统基金会（Heritage Foundation）都会发布经济自由度指数。为了衡量经济自由度，需要考虑定性和定量因素，其中一个标准就是金融自由度。

| 表2 | 十大全球金融中心 | |
|---|---|---|
| 排名 | 2011年3月全球金融中心指数 | 国际金融中心发展指标（2010年7月） |
| 1 | 伦敦 | 纽约 |
| 2 | 纽约 | 伦敦 |
| 3 | 香港 | 东京 |
| 4 | 新加坡 | 香港 |
| 5 | 上海 | 巴黎 |
| 6 | 东京 | 新加坡 |
| 7 | 芝加哥 | 法兰克福 |
| 8 | 苏黎世 | 上海 |
| 9 | 日内瓦 | 华盛顿 |
| 10 | 悉尼/多伦多 | 悉尼 |

资料来源：全球金融行业指数9，2011年3月；新华—道琼斯国际金融中心发展指数。

### （三）保险市场的改革与发展

在改革的早期，主要是国有保险公司主导市场。然而，时随境迁，虽然国有保险公司依然占据了较大的市场份额（如中国人民保险公司），然而2001年12月中国加入世界贸易组织之后，各种类型的保险业务和市场参与者数量都快速增长，外资/合资保险公司的数量从2001年的21家增加到2012年的52家。

随着保险市场的发展，监督框架也在不断演变，从仅关注市场行为转变为"三大支柱"的监管框架：市场行为监管、偿付能力监管和公司治理结构监管。在非寿险方面，车险占非寿险保费的最大份额。而中国车险市场也正在进入一个新的发展阶段：外国保险公司刚刚取得进入机动车第三者责任强制保险市场的权利，同时车险费率正逐步实现自由化。与此同时，在寿险业务方面，2013年8月5日取消了传统保险产品2.5%的技术性利率上限[①]（不过这一上限对于分红型和万能寿险依然有效），这意味着传统寿险业务定价自由化改革的开始。

一般而言，保险业的监管是一个通过实践学习的过程。保险市场在不同的发展阶段有不同的监管重点。如何有效改善风险控制，对国内保险公司进行监控，一直都是中国保险监管委员会（保监会）的问题。

### 三、基于国际经验的政策建议

根据国际经验以及我们在（再）保险方面的专长，我们认为，如果要建立中国更为高效和现代的金融体系，尤其是在促进保险业的健康可持续发展时，需要考虑以下一些重要因素：

①积极进行公共行政管理，以加强监管和完善监督框架。

②发挥私营部门的能动性，建立危机管理和金融安全网。

③发挥保险的积极作用，支持长期投资并推动经济增长。

---

① 2.5%的上限是1999年设定的，因为当时保险公司由于激烈的价格竞争而蒙受损失，保险给付金额竟然大于保险保单所获得的投资收益。

## （一）积极进行公共行政管理，以加强监管和完善监督框架

中国与国际金融体系的日益接轨、人民币的国际化趋势都将迫使中国改善监管框架。需要进行制度性安排，更好地协调监管资源与结构，以应对金融服务行业日益一体化的现象。一个定义清晰、有效运作的宏观审慎框架对于中国预防和缓解具有破坏性的风险至关重要，如防范影子银行业务快速增长时可能会出现的风险（如信用风险）。

顺周期性监管是（再）保险业讨论的一个重要主题。保险公司拥有稳健管理资产负债的传统，一般会买入并持有固定收益资产直至其到期。处理各类资产及套期保值业务"公允价值"变化的新会计标准，可能会导致损益表波动加大，这可能会产生恶性循环，即在金融危机期间，公司被迫处置资产，以便加强资本实力。然而，大规模资产处置可能会进一步压低资产价格。[①]

金融危机之后，许多国家地区通过推动监管改革来加强市场基础设施和行业竞争力。例如，香港保险业联会设立保单持有人保护基金，以恢复公众对本地保险业的信心[②]。另一个例子就是美国总统巴拉克·奥巴马有关金融服务业的新的联邦监管制度，其中包括建立国家保险署的提议。2001年澳大利亚也进行了金

融服务业的重大监管改革，包括更大程度的公司披露、加强对银行和保险公司的审慎监管要求以及重组监管机构的组织与责任。

## （二）发挥私营部门的能动性，建立危机管理和金融安全网

过去几十年曾出现重大市场错位导致国民经济面临严峻挑战的局面。互联网泡沫破灭、全球金融危机、日本的地震和海啸以及泰国水灾只不过是不同市场中的几个风险案例而已。因此，中国应该利用金融市场自由化这一契机，加强国家风险管理能力并建立更加公平、全面的社会保障网。

危机会加速产品创新。历史显示，危机往往可能会成为金融市场创新的跳板，加速风险和商业格局的结构性转移。1906年袭击美国旧金山的大地震和火灾被普遍视为一个里程碑式的事件，对地震学、工程和地震保险都具有深远影响。突然来袭的危机往往会促使保险业者寻求解决方案，以期在新的风险和商业格局中取得成功。为了借鉴过往危机以提升中国的危机管理能力，我们认为需要考虑以下重要因素。

### 1. 基于资本市场的保险解决方案

一系列重大灾害或金融危机可能会导致全球性财产（再）保险能力不足，从而推高保险价格。例如，安德鲁飓风和北岭地震之后，全球再保险能力非常缺乏，导致1991～1994年这一期间的保险费率上涨一倍以上。这些情况都推动了行业努力寻找另类再保险能力来源。

① 更多详情，请见法国北方高等商学院（EDHEC）风险与资产管理研究中心（2006年11月）《国际财务报告准则及偿付能力指令II对保险公司资产负债管理和资产管理的影响》（The impact of IFRS and Solvency II on Asset-Liability Management and Asset Management in Insurance Companies）。

② http://www.hkfi.org.hk/en_media_20090629.htm

"巨灾债券"因此面世，这使得（再）保险业能够扩大自然灾害风险的可保性①，甚至还解决了（再）保险面临的长期问题，如信用风险。此外，还有其他一些基于资产市场的相关保险解决方案，包括巨灾互换、行业损失担保、或有资本和附带再保险（reinsurance sidecar）等。相关风险也不再局限于自然灾害，还包括其他保险风险类别，如死亡率和长寿风险。

值得注意的是，这类风险解决方案十分受欢迎，原因是行业参与者意识到其潜在的价值创造能力。这凸显出私营部门的创新能力，不但能够满足市场需求，而且率先推出这些产品的金融机构也最有可能维持竞争优势。

2. 地震保险共同体

地震是最具毁灭性的灾害之一。在很多新兴市场，受灾者很少能够从保险业或政府获得足够的补偿。例如，1999年土耳其伊兹密特和迪兹杰地震造成了200多亿美元的经济损失，仅约10%属于保险损失②。1999年台湾南投县集集大地震亦造成141亿美元的严重经济损失，保险赔付仅10亿美元。在这些情况中，传统保险显然没有提供足够的保障。中国大陆发生重大地震之后也出现类似的重大保障缺口。

作为应对之策，各国政府开始引入地震保险共同体，增加保险深度并鼓励建造抗震建筑，以更好地管理地震风险。土耳其于2000年8月引入强制性地震保险，设立了由世界银行提供启动资金的土耳其灾害保险共同体（TCIP），旨在缓解可能对政府形成的财政负担并提高公众的保险意识。通过在国际市场进行再保险，风险得以进一步缓解。

同样，台湾于2002年4月成立住宅地震保险基金（TREIP），以更好地管理住宅地震风险。该基金综合利用各种资源，包括本地共同保险、一家非营利基金、再保险和政府支持。新的住宅火险保单也进行修改，包括自动保障地震风险，赔偿额根据重置成本计算。

这些例子表明，可以利用公私合作形式，更好地进行风险融资，而不只是完全依赖政府的灾后救助努力③。除了地震以外，保险共同体也可针对为其他自然灾害风险提供保障来进行构建。

3. 寿险残留业务的解决方案

金融和经济危机导致了部分保险公司破产或迫使一些保险公司退出某些业务领域，因为其经济价值不再具有吸引力。所以，近年来，很多寿险公司对其寿险业务组合进行了结算，不再接受新业务，并将这些组合归为残留业务。针对这种情况，在发达国家逐步形成了将这些残留寿险业务出售给其他公司的活跃市场。在此类交易中，已中止的业务被转移给一家（再）保险公司，由这家公司接收该业务的

① 在典型的巨灾债券交易中，特殊目的机构（SPV）与分保人签订再保险合同，并同时向投资组合发行巨灾债券。如果没有发生损失事件，那么投资者将会得到一系列的票息付款并收回本金，用以补偿对其资金的使用以及所承担的风险。然而，如果发生预定的巨灾事件，那么投资者将蒙受利息、本金损失，甚至血本无归。这些资金将会转给分保人来履行再保险合约。

② 所有损失数字都是事件当时的估计数字，并未更新至目前价格。

③ 公私合作将在下一部分进行进一步讨论。

所有剩余保费以及保单持有人责任。

这类产品创新，不但便于现有业者退出市场、释放有效业务的价值，同时保护了保单持有者的利益。更重要的是，它可以让公司在经济危机时期加强流动资产和资本能力。对中国这样的新兴市场来说，寿险业残留业务解决方案可以用于市场重构，为合并和并购大开方便之门；收购方可以选择它们希望保留的业务，并通过残留业务解决方案处置其余业务，也有利于保险公司上市。

### 4. 重塑医疗融资系统

过去几十年间，大多数国家的医疗费用增长速度超过GDP。例如，目前美国、瑞士和法国等国的医疗成本占其GDP的比例已经分别上升到约15%、11%和10%，而且没有在近期下降的任何迹象。新兴市场的医疗成本也在不断攀升。世界各国现有自给自足的医疗体系将更加开放和自由，急需各方携手增加对可持续健康融资机制的参与程度，尤其是来自私营部门的贡献。

①在医疗保健方面，国际上达成的共识是建立全民风险共同分担计划，以确保全体民众防范医疗融资风险。

②政府可发挥市场竞争的力量，而且要确保公平与公正的全民保障目标。证据显示，通过低收入补贴及强制保险等各种监管措施可实现公平目标。对于税务制度效率不高的国家，商业保险可能是个较好的选择。

③社会保险或由税收支持的医疗保健体系往往会成为政府沉重的经济负担。国际趋势是

增加私营部门对医疗系统的参与程度。

④医疗保障系统通常包括三个层面：a. 覆盖大多数人的基本医疗保险机制，这往往由政府或其授权代理机构经营；b. 第二层额外保障由商业市场提供，并由保险监管机构监督；c. 第三层保障由国家建立，主要为极端贫困人口提供特别援助。

### 5. 以创新性融资方式应对中国人口老龄化问题

作为世界上人口最多的国家，中国无法避免人口老龄化的趋势。到2050年，中国"银色人口"将占总人口的1/3以上，即高达4.39亿人。中国将不得不面对老龄化社会带来的挑战。根据国际经验，我们认为中国在应对人口结构变化及老龄化人口时应该考虑以下重要因素：

在社会人口迅速老龄化的背景下，为未来养老金和医疗支出提供资金将是个艰巨任务。这需要创新性融资方式，包括利用商业保险解决方案补充传统方式。近年来，已经有一些简单的（再）保险解决方案以帮助养老基金管理长寿风险。与此同时，政府机构也开始发挥私营部门的优势，即利用公私合作计划，发挥公共部门（监管、经济规模、数据和信息）和私营部门（承保专业知识、风险管理技能和融资资源）的各自优势，来应对长寿风险。此外，资本市场还有一些创新的解决方案，可以将部分长寿风险转移到其他风险承担者。例如，长寿风险证券化预计会吸引更多资本，并为寻求转移长寿风险的养老金计划和私营年金保险公

司提供创新方式。

总之，中国应该把握金融部门自由化这一契机，加强风险管理能力并改善社会保障网络。政府应该采取进一步措施，并争取得到私营和非营利部门的支持，建立基础广泛的养老和健康融资机制，引入激励机制，鼓励各方积极参与自愿养老、医疗和长期护理计划，并推行多方参与的结构性计划，保障老年人口稳定的退休生活水准。

### （三）发挥保险的积极作用，支持长期投资并推动经济增长

发挥保险和其他长期机构投资者长期融资的积极作用，是提高中国金融体系效率和增强稳定性的关键步骤之一。在机构投资者中，寿险公司、养老基金和主权财富基金一般都有长远的投资期，这与其负债的长期性质密不可分。这些机构是长期资本的主要提供者。寿险公司的特征是净收入流稳定且投资模式周期性较小，这有利于金融稳定，在财务困难时期可以起到缓冲作用，并有助于为经济的长期投资需求提供资金。

保险公司和其他长期机构投资者具有巨大潜力，可以支持一系列领域的发展，如基础设施、房地产、研究与开发及新科技。例如，长期融资对于培育新成立的创新性高增长企业十分重要；可再生能源和低碳技术项目对于可持续性的经济增长也非常关键。2012年，经合组织成员国家的保险公司和其他长期机构投资者拥有超过83.2万亿美元的资产，其中大部分投

资于债券和股票①。截至2012年底，仅养老基金就管理着20多万亿美元的资产，年净储蓄资金流入额超过1万亿美元。但是，其中仅约1%的资产投资于基础设施项目，投资于清洁能源项目的比例则更小。然而，机构投资者一直在寻求新的长期的、能够抵抗通胀的投资回报来源。资产配置的趋势也显示投资组合正逐步发生转移，对新兴市场和新资产类别的兴趣有所增加。例如，越来越多的保险公司投资于另类投资项目，包括自然资源、基础设施（包括环保设施）和房地产，以分散投资组合的风险，并获得较高回报。

虽然发达市场的机构投资者实力最强，但是预计新兴市场的机构投资者将不断扩大其规模并增加影响力。在设计金融市场自由化和发展的计划时，中国的政策制定者应该：①确保政策和监管框架有利于长期机构投资者的发展；②政府部门的长期投资项目应明确和透明，并为私营部门提供参与公私合作的机会；③推动项目债券或证券化资产等工具的发展，并推行风险缓解政策，以支持长期投资项目。如果中国可以吸引长期机构投资者将较大份额的资产投资于中国的长期发展，这将会提高中国的生产力和竞争力并维持中国经济的活力。

**（本文由中国发展研究基金会授权刊发）**

---

① 资料来源：经合组织《大型养老基金和公共养老储备金年度调查》（Annual Survey of Large Pension Funds and Public Pension Reserve Funds），2013年10月；经合组织《机构投资者与基础设施融资》（Institutional Investors and Infrastructure Financing），2013年10月；经合组织《20国集团/经合组织机构投资者长期投资融资总体原则》（G20/OECD High-level Principles of Long-term investment financing by institutional investors），2013年9月。

# 关于中国放松金融管制的策略建议

于尔根·费琛（德意志银行集团联席首席执行官）

## 一、放松管制过程中的风险

过去几年，中国通过放开银行贷款利率、扩大QFII额度、增加汇率灵活性和开发创新金融产品等措施，在放松金融行业管制方面已取得显著进步。金融市场的主要价格，包括银行贷款利率和汇率，目前更接近市场均衡点，市场机制在金融资源的配置方面发挥着更大的作用。

然而，中国的金融开放只完成了一半。为了提高金融资源的配置效率，减轻由于过度监管造成的结构失衡，中国需要做到以下几点：①取消对存款利率的管控；②进一步加大人民币汇率的灵活性；③进一步开放人民币资本账户；④取消对私人和外资投资金融机构的

过度限制，放宽金融行业的市场准入标准。尽管放松金融管制的目标大多已形成共识并写入了十八届三中全会的决定，但最具有挑战性的问题是如何设计具体的改革规划来实现这些目标，同时避免过渡期的系统性风险。

我们认为中国决策者需要高度关注的最大风险包括以下方面，其中的一些方面反映了旧体制遗留的问题。

### （一）地方政府债务的再融资

根据最新的中国审计署报告，近年来中国地方政府债务规模快速增长至GDP的32%左右。然而，最大的风险是地方政府债务（多数是贷款和信托贷款的形式）与其项目现金流之间的期限错配。例如，典型的银行贷款或信

---

题图为于尔根·费琛在"中国发展高层论坛2014"发表演讲。（摄影/张玉雷）

托贷款的期限为2~3年，而项目现金流只能在10~20年内偿还本金和利息。一旦宏观政策收紧、针对银行和信托公司的审慎监管发生变化或投资者对理财产品（WMP）的看法恶化，这种再融资风险就会导致重大违约行为。在西方国家，地方政府债务的平均期限为7~10年，这与地方政府资产项目的偿还能力更加接近。

### （二）信贷风险错误定价

过去很多年没有发生过银行和信托公司破产，高风险理财产品（风险与西方国家的垃圾债券类似）也少有违约。这并非因为所有银行、信托公司和理财产品的基本面特别强，而是因为大多数出了问题的机构和理财产品都由当地政府或国有企业纾解困境。每有违约，地方政府的高官会受到惩处，促进了此类隐性担保的存在。这种隐性担保的动机以及市场由此形成的认知（即政府会对所有银行、信托公司和理财产品进行担保），导致一些高风险的借债方发行的信贷产品不能正确定价，也就是说他们能以更低的利率借钱。因此，他们借得太多，放大了系统风险。最近中诚信托的一款理财产品部分违约，这是纠正错误定价明智的一步，然而单是一宗违约远远不够。

### （三）利率过度波动

2013年年中以来，中国的银行间利率波动很大，在2013年6月和12月以及2014年1月出现大幅走高。银行间利率的波动和由此导致的债券收益波动对市场预期造成负面影响。尤其是利率大幅波动，容易让金融市场参与者和公司对货币政策的意图感到困惑，为信贷可获取程度的展望带来不确定性。这种不确定性容易打消投资积极性，不利于经济增长。对金融公司的影响则在于，银行间利率突然走高会加剧一些银行和信托公司面临的久期风险，这可能会导致重大违约。导致利率波动的原因相当复杂：这与预测流动性的能力不足、政府间缺乏合作、贷存比、银行流动性管理不力、影子银行活跃以及在货币管理中过度强调货币供应总量目标有关。针对银行间利率波动的原因进行深入分析是仍需进行的工作。

### （四）汇率缺少灵活性，导致过度资本流动

目前跨境资本流动量处于可控范围，因为有QFII和QDII的额度限制，而且人民币尚未实现完全可兑换。然而，一旦资本账户开放（比如取消QFII和QDII制度），如果外国投资者发现很容易通过利率套利，大规模的资本流入以及/或者流出就会导致汇率过度波动，金融体系动荡，并损害实体经济。汇率缺少灵活性是可能导致利率套利猛增的关键原因。中国宣布"有管理的浮动汇率体制"已近9年的时间，人民币兑美元的汇率波动仍然处于世界最低水平之一，其年化日波动率仅是马来西亚林吉特的1/7、韩元的1/13和澳元的1/11。全球投资者认为人民币基本绑定美元，考虑到中国无风险债券和美国国债之间存在2%~3%的利率差，如果中国的债券市场向全球投资者开放，大量资金就会流入中国。

## 二、改革策略建议

鉴于需要构建更开放的金融体制以提高效率，控制并化解上述金融风险，中国应谨慎制定放松金融管制的策略。我们认为，除了诸如解除存款利率管制和开放资本账户等拟定的策略，改革策略至少应该包括以下因素：

### （一）发展地方政府债券市场

正如上文所讨论的，地方政府资本支出过度依赖期限较短的贷款和信托贷款是金融系统面临的一个主要风险。这个问题应该通过发展地方政府债券市场来解决。这将逐步替代贷款和信托贷款，成为更加透明的融资来源，久期风险也更低。在理想的状况下，期限更长的地方政府债券应该占地方政府资本支出融资来源的50%以上（在中国只有10%）。为了启动改革，中国应该修改预算法，允许地方政府独立发行债券，建立地方政府债券可信的信用评级机制，要求地方政府公布资产负债表和中期财务预测，并建立法律框架监管当地人大的批准程序和资金使用情况。

### （二）允许"可控的违约"纠正信贷风险的错误定价

在中国这样一个规模庞大的经济体中，每年发生几起小银行破产、十几起垃圾债券（或理财产品）违约是正常的，事实上，这也是金融市场为信贷风险正确定价所需要的。最近中诚信托相关信贷事件发生之后，我们认为监管机构应该在2014年内允许一些非标准的理财产品违约，略微提高扣减率（比如从CCT产品的7%）至10%～20%。这些"可控的违约"事件可能导致高风险借贷者的融资成本上涨100～200个基点。以高融资成本筛除最有问题的借贷者是遏制信托行业过度借贷、降低系统风险的必要手段。

### （三）更快地转向以利率为目标的货币管理

2013年6月以来银行间利率过度波动，从技术层面来讲，可以用很多与银行间市场供需形势难以预料相关的理由来解释。然而，造成过度波动更为根本的原因，是央行继续关注M2增长，将其作为主要目标。鉴于流动性冲击更加频繁，M2稳定增长自然意味着利率更加波动。我们认为央行应尽快把目标转向政策利率，而不是等到几年以后。加速转向基于政策利率的货币管理框架能显著降低利率的波动，有助于稳定市场预期。

转向以利率为目标的过程中，央行和银行监管机构应该放松甚至取消贷存比和银行的信贷额度。由于银行须在季末满足75%的贷存比要求，因此每个季度的最后几天许多银行都会争抢存款。这已经成为最近季末银行间利率升高的一个重要原因。在我们看来，如果更为常规的公开市场操作已经能够为金融机构和企业创造一个融资成本合理、稳定的体制，这些对借贷活动的量化限制（包括贷存比和信贷额度）也就没有必要了。中国仍然能够将监控广义的货币增长率（例如M3增长率）作为中期目标，同时将公开市场操作设为短期目标。这是德国央行过去采用的政策框架，目前欧洲中央银行也在使用，在我们看来这是个成功的模式。

为了确保银行对流动性风险的审慎管理，在取消贷存比之后，中国监管机构应该推出流动性覆盖率（例如要求银行确保高质量和流动的资产等于或大于其在未来30天的支出），以及/或者要求"稳定融资"，例如要求银行确保充足稳定的资金来源（例如个人存款和加权调整的CD存单和公司存款，不包括银行间融资）以支持其贷款。这些措施应该有助于减少导致类似于2013年银行间利率飙升的银行久期风险。

### （四）加快建立存款保险制度

存款保险制度的缺失，会对存款利率管制的进一步解除造成阻碍。在自由利率环境，小银行将被迫以更高的存款利率揽储，资产负债表里的资产项会承担更多风险。一旦储户认为有违约风险，小银行的信贷和久期风险很可能会上升并导致挤兑。为了避免这些风险扩散至更多银行，存款保险制度是必要的。此项制度亟须早日推出，它的缺失已拖延了其他改革的开展，比如利率管制的放松和资本账户的开放。

### （五）更积极地减少外汇干预，增加人民币汇率的灵活性

正如我们此前指出的，一旦中国开放资本账户，人民币绑定美元的市场观念将驱动大量投机资本的流动。我们的分析显示，如果人民币兑美元汇率的年化日波动率增至林吉特波动水平的一半，投机者的货币对冲成本就会增加0.4%左右。这相当于推出有实际意义的托宾税来抑制投机资本的流动。我们认为增加人民币汇率的灵活性是进一步开放资本账户的必要条件，且通过减少每日外汇干预即可实现。

### （六）放宽私人和外国投资者的金融行业市场准入资格

中国金融开放的一部分内容应该是消除针对国内私营及外国投资机构的市场准入限制。中国中小企业融资难的一个重要原因是缺少社区银行，在多数国家这类银行都是私营的。考虑到中国经济规模庞大，我们认为中国需要上千家私营社区银行为小公司服务，这对创造就业机会尤为重要。允许外资银行全面开展人民币产品和服务，取消合资券商和资产管理公司的外资所有权限制，不仅会帮助这些外国公司在中国扩大业务，也是他们推动人民币在世界范围内广泛使用的前提条件。

### （七）消除QFII税收政策的不确定性

扩大合格境外机构投资者（QFII）项目是中国规划的资本账户开放的关键部分。除了扩大QFII额度，另外一个政府应该采取的重要政策变化是消除长期以来QFII资本收益税政策的不确定性。从法律层面来讲，根据中国企业所得税法的规定，QFII应该支付10%的资本收益

税。但是在实践中，税务机关既没有实施这个规定，也没有澄清QFII的资本收益税是否应被征收或者按照双边税收条约予以免除。不清晰的税收政策增加了投资者的成本（例如很多基金管理公司即便在基金赎回或关闭之后仍然不得不为投资者代扣潜在的责任税款），使利润和汇款的计算复杂化。对很多全球投资者来说，政策不确定性导致的法律风险比税率更加重要（也就是说不论是零税率还是10%的税率都不如清晰的政策本身那么重要）。我们相信高层的政策干预能够帮助解决政府部门之间在这个问题上的僵持状况。

### （八）制定绿色融资政策框架

中国经济的一个主要结构性问题是工业结构"偏重"（污染重工业占GDP比重很大），能源结构以污染最严重的煤炭为主。这些结构问题源自不良的激励机制——鼓励投资污染项目，而不鼓励投资绿色工业。中国需要一系列财政金融政策的改变来纠正这些激励措施，例如帮助投资者内化"外部成本"。比如，需要对煤炭征收更高的资源税，推出碳税，对二氧化硫和氮氧化物排放征收更高的污染税（接近国际水平），将这些税收所得应用于支持清洁能源开发，允许私人投资者进入页岩气项目，银行应该基于"赤道原则"评估项目，上市公司必须公布投资的环境影响。如果这些措施得以有效实施，将会有力推动私人投资者投资环保、清洁能源和节能项目。

### （九）实施国际监管标准

在开放资本账户和金融行业、允许更多国内金融机构在国际市场经营和投资的过程中，中国的金融机构将获得更多国际影响力。为了国内和全球的金融稳定，中国应该下更大力气实施国际监管标准，包括一些列入G20日程的标准。这些不仅包括审慎监管标准，例如巴塞尔III的框架、国内系统重要性金融机构（SIFI）管理体制以及处理风险加权资产的未来发展，也应确保出台适当的解决机制，加强衍生品和其他市场相关的监管以及对迅速增长的影子银行的监管。尽管还有待完善，在某些领域中国已经取得进步，且做出了承诺。信息披露和透明是必需的，还需持续开展同业互查、实施评估流程。跨境合作和信息交流也将是一个重要因素。对于中国的银行尤其是两家全球系统重要性银行（G-SIBs）（中国银行和中国工商银行）而言，如果国内市场准入限制过多，这些银行在海外的发展也将受到制约。就金融稳定与监管和货币政策的协调而言，建立"金融监管协调联合部级会议"将有助于达成更好的协作效应，并为中国官方参与国际论坛提供支持。

（本文由中国发展研究基金会授权刊发）

# 实施改革提高融资效率，中国可应对金融市场挑战

标准普尔评级服务公司

　　中国金融市场发展趋势日益备受关注。随着中国经济发展驶入新阶段，中国面临公共债务水平大幅上升且生产率增长放缓的局面。影子银行系一项信托产品的兑付困难事件及随后的救助措施也引发了对道德风险的担忧。但另一方面，强化金融系统的普遍性措施在中国也同样适用，过去10年间中国政府在处理外部和内部冲击上的做法，以及中国经济体所蕴藏的政策空间和各类宏观经济缓冲因素，都是令我们放心的理由。

　　通常金融市场的自由化与创新同步而行，且在此基础上转而培育更加高效和更具流动性的资本市场，改善连接借款者和投资者之间的中介渠道，以及促进风险转移。但是，若缺乏合理的监管和健全的风险管理，金融创新带来的隐患可能超过益处，2007～2008年的全球金融危机即是例证。

　　就本质而言，金融创新就是一个试错的过程，其中涉及尽职调查、价格发现以及产品成熟时间。通常创新环境中所固有的诱因会鼓励风险偏好和过度的杠杆水平，而且金融监管通常会滞后。

　　首先，这迫使市场参与者完全承担恰当识别和管理相关风险的责任。但最终监管机构、放贷者和借款者必须制定一个健全的风险管理框架，以防止或至少限制那些会阻碍金融创新的行为。

　　即使存在上述框架，金融创新仍会带来新

的和隐藏的风险。若没有预测和对冲此类风险的能力，当这些风险变成现实时，市场参与者将遭遇严重打击，令他们自身以及更广泛的金融市场陷入险境。

鉴于此，透明度是所有金融市场中最重要的因素。交易对手必须对交易风险有最大可能的了解，否则效率说就无从实现。信息必须及时、清晰、准确和完整。信息的标准化和质量与信息的数量同等重要。以上各方面因素的任

何缺陷都将削弱金融创新的益处，并增加金融创新的风险。

有关透明度的基本原则对中国而言尤其重要。一直以来中国经济增长稳定且令人瞩目，还帮助拉动全球经济走出近期的金融危机。但目前中国这艘经济航母正接受密切观察，中国经济增长模式的可持续性备受关注。

中国国内生产总值（GDP）增长率曾以两位数为常规水平，但目前已回落至7%～7.5%。政府部门每次仔细核查公共部门财政状况，都会发现大量新的债务。虽然标准普尔评级服务不认为中国会出现信贷紧缩，但我们认为影子银行部门错位的激励机制不得到解决的时间越长，扭曲程度就越大。而扭曲程度越大，在风险资产价格最终回到正确水平（这也是必然结果）之时，金融业和实体经济遭受的打击也就越大。

改革开放三十多年来，中国成功避免了困扰许多其他新兴市场经济体的外部危机和债务危机。中国政府避免了这些经济体所犯的错误，并将导致上述危机的市场风险降至最低。这些错误包括在金融业成熟到足以应对风险之前开放资本账户；经常项目赤字；以及在刺激增长和创新方面转向进口替代而不是推动出口。

其次，中国起点较低令其能够快速赶上先进水平。从落后于全球科技前沿水平开始发展意味着，在提高生产率的过程中，可借鉴许多经验和技术，因而生产率提升较快。生产率的快速提升转而推动经济加速扩张，掩盖了资源

## 概要

近期中国影子银行系统广为人知的一项信托产品兑付困难事件及之后隐晦的救助措施引发道德风险忧虑。

我们依旧认为中国政府能够管理该国短期内的经济风险，同时增长率将放缓至更加可持续的水平。过去10年间中国政府在处理外部和内部冲击上的做法，以及中国经济体所蕴藏的政策空间和各类宏观经济缓冲因素，都是支持我们上述预期的理由。

中国金融业的风险正在上升。债务水平和信贷规模激增，金融业内的道德风险忧虑继续攀升，生产率增长低迷也要求政府实施提升效率的改革措施。

若中国积极应对上述挑战，或将继续实现较快且较稳定的增长率。但若缺乏相关举措，我们认为发生国内信贷/金融业危机以及经济增长率显著放缓的可能性将大幅上升。

配置的低效率。换句话说，只要GDP快速增长，很多潜在问题能够相对容易地被消化或掩盖。

最后，金融抑制（限制家庭的选择从而达到减少消费和释放更多资源用于投资的政策）在很多方面对中国起到助推作用。这在西方分析师听起来可能不可思议，但标准普尔认为这对理解中国的成功故事至关重要。消费一直遭到压制，使得中国能够长期维持投资热潮和对外盈余，但投资并非总是高效的。

可以说如果中国的投资和消费以相同的步伐扩张，可能就无法避免曾经困扰过其他发展中经济体的危机。中国居民无法在全球范围内摆布其资产组合，但好处是也不会遭遇来自其他国家和地区的"买家罢市"。金融抑制也令银行获得充裕且垄断性的资金，作为对企业低成本贷款的来源；自筹资金且保守运营的银行业也为经济体提供额外的缓冲地带。

随着中国经济步入下一发展阶段，中国也面临新的挑战。最显著的就是影子银行活动的快速增长，首先需明确的几个问题是：影子银行融资究竟包括什么类型的融资活动？金融业内减值信贷规模是否被低估？低估程度如何？监管机构是否拥有工具和勇气来控制过度增长？普遍的隐性政府担保导致的扭曲程度有多大？最为重要的是，如果出现差错，整体状况将会演变成何种局面？

## 一、解决道德风险问题

按照旧有的中国银行业模式，故事非常简单。银行吸纳存款（通常实际利率为负值），发放贷款（通常对象为关系密切的企业）。家庭投资选择有限，企业获得低成本资金进行投资和发展。但是最近几年这一模式发生了变化，且其中相当部分的操作已经挪至资产负债表外。除了吸纳存款，银行开始发行理财产品。这通常是对商业票据、其他固定收益产品、房地产贷款、大宗商品和股票进行捆绑投资。我们认为，这些产品的基础资产的信用质量较为稳定。

我们认为，理财产品市场的出现大体而言具有积极意义。家庭与储户拥有更多选择，资产多元化程度提高且收益增加。银行则找到新的收入来源。发债人找到新的储蓄池进行融资。但是，这也带来了新的风险。举例来说，此类产品没有标准化，因此买家很难进行比较。尽管它们最初的结构非常简单，但现在结构已变得更加复杂，因此监管机构在风险监控方面可能存在滞后风险。

近期，备受瞩目的理财产品兑付危机凸显这些问题。中诚信托有限责任公司（中诚信托）一项30亿元人民币（约合5亿美元）集合信托计划的投资者据称遭受2亿元人民币的损失。该信托计划的基础资产为煤矿项目。在市场得知发债人缺乏偿付信托产品的资金后，因存在隐性政府担保，投资者强烈要求全额偿还。最终各方达成协议。中诚信托显然已与匿名新买家达成协议，从而能够偿还所有本金，但无法支付最后一年的剩余利息。

尽管暂时可能避免了危机的发生，但多个

未得到解决的问题直指金融业持续存在的风险。首先，虽然根据原始的购买条款投资者已经遭遇亏损，但仍不清楚为何不愿正式承认该计划已经违约。其他的问题包括缺乏最终买家的身份信息、解决方案的具体条款，以及负责分销该产品的中国工商银行股份有限公司所发挥的作用。此外，也不清楚这一事件是否仍会对其他类似产品的投资者产生影响，使他们对类似的救助举措怀有预期，因此放弃必要的尽职调查。

解决方案似乎很简单：监管机构允许那些进行糟糕投资的影子银行产品违约，让产品利率升至市场水平，但到目前为止监管机构还不能或不愿这么做。

目前对政府为何未采取行动灌输市场纪律存在两派观点。

第一派观点是政府不希望影响社会稳定。该观点认为最好静候事态变化，让目前的影子银行模式继续下去，寄望于再度依靠经济增长来解决所有问题。这一观点的依据是对整个金融业风险重新定价的影响过于严重。

第二派观点则更为乐观，认为政府确实想灌输一定的市场纪律，但在等待恰当的时机，确保已建立了必要的金融架构。举例而言，该金融架构包括中国人民银行的银行间拆借窗口扩展至中小型银行。若发生影子银行信贷事件，中小型银行可能需要流动性。

无论哪一观点是正确的，中国金融系统内潜在减值信贷规模正上升，并且只要市场普遍认为，包括影子银行产品在内的任何通过国有银行发售的产品是政府担保的，从而继续扭曲风险/收益关系，规模就会继续上升。

## 二、由市场决定

中国中央政府已经表态，希望消除道德风险，限制政府隐性担保，并为非银行业的健康发展提供平台。中央政府的主要目标之一就是让市场发挥决定性作用。如果一家政府关联实体或地方政府对上述陷入困境的集合信托计划提供救助，我们认为就错过了解决道德风险问题的一个黄金机会。

中国国务院近期发布文件以更好地监管影子银行业务。监管机构面临的问题是理财产品进入市场的时间表和条件，包括在更具挑战的市况下这些产品的表现。我们认为，这些投资的风险和成本也必须清晰且有效地传达，如果这些产品是面向散户投资者的则尤其如此。

理财产品的基础资产基本上毫无限制。此类产品的承诺年化收益率（在10%左右）通常是银行自身发行产品的两倍，因而对投资者极具吸引力。更关键的是此类产品与银行自己的理财产品一样通过银行销售（即获政府隐性担保）。

风险和收益的关系被政府隐性担保所混淆，从而导致风险产品的利率过低，以及此类风险产品的供应过剩。这导致对在此扭曲结构下（成本太低且太容易获得）获得融资的项目过度投资。

这并不是说传统银行渠道没有出现过度放

贷的行为。自全球金融危机爆发后，中国激进且大体上成功的应对措施是扩大银行贷款规模，2009年的信贷增长率超过30%。但并不是所有上述贷款都得到了有效投资。

总而言之，各种融资扭曲导致的过度投资意味着，对于收入仅够覆盖支出的项目而言，它们创造收入来偿还银行贷款或影子银行产品的能力将越来越有问题。扭曲程度越大，偿还的可能性就越低。道德风险忧虑存在的时间越长，可疑信贷的规模越大，一次事故导致发生系统性危机的风险就越大。在GDP增长9%~10%时看上去可行的项目，在增长率降至7%~7.5%后就不一定可行了。

## 三、找出压力点

道德风险游戏不能永远进行下去。鉴于可能会有许多项目通过以不切实际的收益率发行越来越多的影子银行产品来获得资金，政府将在某一时点不得不允许某些此类产品选择性违约，或由于系统性风险而被迫采取行动，这在事先也很难就此作出预判。

要判断情况将如何发展，可能最好从不会出错的地方开始。我们能够想到的中国经济模式中依旧坚不可摧的两个领域是：外部头寸和政府财政。

中国的外部头寸依旧非常强劲。外汇储备为3.4万亿美元，相当于GDP的40%以上。此外，资本管制意味着资本很难大量流出中国。即使出现资金大举撤离，政府仍可选择让人民币贬值，而不是保卫预先确定的人民币汇率。无论如何都很难想象会发生全面的国际收支危机（包括耗尽官方储备），以致需要国际货币基金组织（IMF）援助的情况。

政府财政也依旧强劲。即使根据新发布的债务数据，中国公共债务对GDP比率仍维持在36%左右。随着部分减值资产转移至政府资产负债表（危机时通常会发生这种情况），这一比率可能会显著上升，但财政仍有可观的缓冲空间。

因此，可能的压力点来自以下因素的相互作用：为薄弱项目提供融资且可能偿还困难的影子银行产品；银行资产负债表；信贷流；以及与投资和GDP增长率的联系。一个信用事件的关键要素可能包括：

①政府部门允许一个重要的理财产品或一部分理财产品违约。

②紧接着出现影子银行挤兑。随着部分产品（可能集中于非银行发债人）重新定价，下调价格以更为恰当地反映风险水平，造成明显的市场动荡。此后可能会有更多的产品遭遇违约。非银行信贷市场的新融资窗口可能关闭。

③对于那些通过资产负债表外借贷参与风险项目融资程度较大的银行来说，它们的流动性和偿债能力将面临质疑。中国人民银行入场干预和向所有有偿债能力的机构提供流动性（以及区别对待）的意愿和能力至关重要。

④甚至可行投资项目的融资也收紧。投资放缓、资产价格（股票和住宅）大幅下跌。

⑤随着增长放缓，不良贷款可能上升，更

多的银行面临困境。这又导致信贷进一步收紧，经济增长也进一步放缓。

此时，应对政策的有效性显然是至关重要的。即使放贷会对银行的资产负债表造成严重伤害，政府是否仍会命令银行放贷？中国人民银行是否会释放银行的存款准备金来"融通"不良资产？政府是否会购买某些债务或直接提供担保？道德风险是否将转化为另一种形式继续存在？

另外也很难判断在这样的情景下经济扩张会遭遇多大的打击。从国民经济核算方面来看，如果将投资对经济增长的历史贡献剔除，并且考虑到对消费的连锁影响和部分具有抵消作用的政府支出，GDP年增长率将降至4%左右（季度增长率的降幅可能更大）。增长放缓持续时间将取决于清理银行资产负债表和恢复信心所需的时间。从历史上的案例来看，我们认为20世纪90年代的中国和更为近期的越南均为国有经济占主体、信贷推动经济增长的典型。其金融过度膨胀后，信贷大幅放缓曾拖累经济增长率降至约5%，尽管这两个例子中都未发生金融动荡。

鉴于中国在全球经济中具有系统重要性，此类事件的辐射效应可能对亚洲和其他地区的很多国家造成重大影响。

## 四、违约益处

无论如何，值得注意的是违约是任何债券市场的重要组成部分，且可能是理顺银行

与非银行体系内问题的一个好办法。根据标准普尔最新的违约研究，1981～2012年间全球企业违约率（包括投资级和投机级）介于0.51%～4.09%之间。投机级企业违约率在1991年达到峰值11.01%。但作为全球第四大的中国债券市场，却仅有个别违约发生。这不是因为所有的发债人都能够全部且及时地偿还债务，而是因为地方政府或信托公司对它们实施救助，或因为银行发放新的贷款，允许借款人借新还旧，而不是将原本的贷款列为不良资产。近期由太阳能组件生产商上海超日引发的违约事件是一个积极信号。我们认为它将是一个先例，可以推动中国出现更多的基于风险定价的信贷产品。

我们认为，中国债券市场能够消化一些违约事件。正常运作的债券市场将风险转移至那些愿意和有能力承担风险的投资者身上。这降低了违约的潜在影响，还分散了原本集中于银行业的风险。

违约促使承担责任的主体由政府转向投资者。但要使转变有效发生，投资者需要得到进行尽职调查所需的信息，使他们能够根据风险和收益情况更为恰当地对项目和投资进行定价。不具有经济性和低效的投资或项目将没有市场，或者需要向投资者提供更高的收益率。

## 五、预防胜于救治

中国有句格言：上医治未病，中医治欲

病，下医治已病。

随着中国经济发展进入新阶段，金融业自由化程度不断提高，经济增长放缓，政府仍旧在经济中发挥决定性作用。中国面临一系列新的挑战，在此背景下上述格言显得格外重要。若上文所述趋势不得到抑制，我们会看到道德风险导致普遍的风险资产价格低估，以及对不可行项目的过度投资，这可能伤害整个系统。最终可能发生信用事件，并造成投资和GDP增长大幅放缓。

尽管风险上升，但我们对中国的基准情景假设仍是中期内年增长率保持在7%左右。过去10年间中国政府在处理外部和内部冲击上的做法，以及中国经济体所蕴藏的政策空间和各类宏观经济缓冲因素，都是令我们放心的理由。

在政策层面，包括中国政府在内都注意到需采取什么行动来抑制道德风险和资源配置日益不当的忧虑，即风险需要适当定价。这就意味着若理财产品的基础资产变糟，投资者必须面临无法收回本金和利息的前景。此外，借款人需支付与其项目的偿还可能性对应的收益率，而不是搭政府信用的顺风车。

对任何政府而言，向市场灌输纪律性永远都没有好的时机。但我们必须明白，中国政府束手等待的时间越长，最终产生的问题可能越大。

（本文由中国发展研究基金会授权刊发）

China: To Comprehensively Deepen Reform

经济峰会
Economic Summit

主 办：国务院发展研究中心
Sponsor: Development Research Center of the State Council

承 办：中国发展研究基金会
Organizer: China Development Research Foundation

2014年3月22日　March 22, 2014

# 发挥长期机构投资者在
# 中国未来经济发展中的作用

经纬国际经济研究院、友邦保险控股有限公司

## 一、概况

中国拥有19%的世界人口，而其保费仅占全球保费总额的5.3%。中国的保险密度为179美元（不到世界平均保险密度656美元的1/3），保险深度只有3%（不到世界平均保险深度6.5%的一半）[1][2]。从金融资产方面看，保险及养老资产仅占2012年金融总资产的8.7%（北美为29%，全球为30%）。

**表1 不同地区金融资产类别占金融总资产的百分比（%）**

| 资产类别 | 中国 | 北美 | 全球 |
|---|---|---|---|
| 银行存款 | 66 | 16 | 32 |
| 证券 | 25 | 53 | 36 |
| 保险和养老金 | 9 | 29 | 30 |

数据来源：安联保险，《全球财富报告2012》。

由表1可知，全球平均家庭金融资产的分配更为均衡，银行存款、证券以及保险和养老金各约占1/3。全球平均资产分配较为合理：银行存款是短期流动性工具；证券属于高风险高回报资产；而养老金和保险资产则提供长期的退休养老及其他社会保障。

尽管2012年中国保费的增长率超过10%（其中寿险增长11%，非寿险增长12%），是亚洲地区增长率最高的国家之一，但是中国保险保障仍然极为不足。

**表2 传统基金管理资产的对比：中国和美国**

单位：%

| 资产类别 | 相当于GDP的百分比 | | 全球市场份额 | |
|---|---|---|---|---|
| | 中国 | 美国 | 中国 | 美国 |
| 共同基金 | 4.7 | 77.6 | 1.4 | 45.9 |
| 保险资金 | 14.2 | 44.9 | 4.3 | 26.3 |
| 养老资金 | 0.9 | 69.2 | 0.2 | 32.0 |
| 银行存款 | 51.0 | 77.4 | | |

数据来源：安联保险，《全球财富报告2012》；世界银行，《全球金融发展数据库》。

---

① 保险密度指人均保费，而保险深度是指保费占GDP百分比。

② 瑞士再保险2013 Sigma报告《2012年度世界保险业：漫长曲折的复苏之路》。

经纶—奥纬公司近期发表的《亚洲金融2020》①报告的结论是亚洲（包括中国）的金融业的能力不足以支撑亚洲地区经济转型。报告列举了亚洲金融业的五个结构性缺陷，如果不加以注意，可能会阻碍亚洲未来的发展：

①过度依赖短期银行融资；

②缺乏长期（保险和养老金）机构投资者；

③缺乏金融普惠（中小企业贷款和进入资本市场的渠道）；

④支付系统不能应对不断更新的客户需求（小额、零售、网上操作和跨境交易）；

⑤结构性缺陷威胁金融稳定（贸易过度依赖美元、影子银行、缺乏跨境政策协调等）。

中国金融系统同样存在上述问题。在十八届三中全会上，中国做出的改革决定中有13个目标同经济金融息息相关，旨在提高金融市场效率并通过金融系统来实现金融普惠和社会平等。要完全实现这些目标，没有发展良好的保险和养老行业是无法做到的。

我们希望通过本文说明，金融体系的改革及深化需要以促进机构投资者的发展作为其近期目标；以构建完善的金融监管和风险管理体系作为中期目标；并以建立更为公平和可持续的社会保障体系和深化医疗体系改革作为长期目标。金融体系只有在拥有多元化的、经验丰富的机构投资者的前提下，才能确保市场化

① 《2020亚洲金融：构造一个新的亚洲金融体系结构》，详见http://www.fungglobalinstitute.org/en/asia-finance-2020-framing-new-asian-financial-architecture

定价和风险评估的有效性。一味地发展金融市场，而忽略对机构投资者的培养，无疑是本末倒置的。一旦金融市场中存在足够的机构投资者，就可催生更好的价格机制和更透明有效的风险管理，包括对冲和吸纳信贷风险、流动性风险、到期风险和营运风险的能力。只有在一个运作良好的金融系统中，养老金和长期社会保障基金才能获得合理的回报，起到长期持续社会保障的作用。

本文就全面发展长期机构投资者提出具体建议，其中重要的是发展保险和养老资产行业，从而更好地支持中国金融行业改革的重点：促进社会平等（医疗、养老、社会保障系统）和深化资本市场改革。

## 二、中国当前金融结构的问题与挑战

### （一）以短期银行产品为主导

从表3可见，中国金融体系多半为银行体系（GDP的135%），银行资产超出了股票和债权市场的资产总和（GDP的104%）。由于银行体系以短期存款作为按揭或长期项目的资金来源，这种期限错配的先天不足，限制了金融系统向实体经济提供长期资金的能力。而且，在发生金融危机时，由于短期存款期限可能迅速缩短，金融系统更易面临危机蔓延和资金外流的冲击。

由于缺乏机构投资者，中国的资本市场大多由散户投资者驱动，股权融资作为一种更为稳定的长期融资方式仍未得到充分发展。中国

的证券市场市值仅相当于其GDP的59%，不到银行资产的一半（GDP的131%，详见表3），而且市场的主体是上市国有企业。

股权资金的缺乏，尤其对于中小型企业来说，还意味着中国的企业只能更多依赖于债务，这样一来杠杆率更高。这不仅妨碍金融普惠，而且会影响金融稳定，因为高杠杆企业和银行体系在应对危机时更易受到冲击。

**表3  2011年部分国家（地区）金融结构占GDP百分比**

| 国家/地区 | 银行资产 | 股票市场市值 | 私募债券市值 | 公募债券市值 |
|---|---|---|---|---|
| 中国 | 131.5 | 58.8 | 23.1 | 22.4 |
| 英国 | 191.9 | 126.5 | 12.3 | 58.6 |
| 中国香港 | 225.9 | 396.8 | 15.3 | 36.0 |
| 印尼 | 29.9 | 45.1 | 1.4 | 10.8 |
| 印度 | 65.2 | 69.7 | 4.9 | 29.6 |
| 日本 | 187.4 | 68.8 | 37.2 | 218.9 |
| 马来西亚 | 120.2 | 144.1 | 58.1 | 54.0 |
| 菲律宾 | 44.9 | 73.9 | 0.9 | 29.1 |
| 新加坡 | 131.4 | 148.2 | 0.0 | 45.4 |
| 泰国 | 114.4 | 81.7 | 12.7 | 49.8 |
| 美国 | 63.7 | 110.2 | 91.9 | 82.6 |

数据来源：Martin Čihák, Asl Demirgüç-Kunt, Erik Feyen, and Ross Levine，《论金融标杆管理的全球发展》，《世界银行：政策研究报告》6175，2012年8月。

## （二）缺乏长期机构投资者

由于种种历史遗留问题、政策及机构等原因，长期机构投资者在亚太地区包括中国未能得到充分发展。在美国，保险及养老资产规模已达银行总资产规模的1.5倍，但在新兴亚太市场仅占13%（如计入亚洲发达国家，则为

38%）。以其管理的资产规模占GDP的比例来看，大部分新兴亚太国家市场的保险及养老金的深度不足20%，而欧洲地区为64%，澳大利亚达到130%，美国则已达152%。

其中一个原因是养老及社会保险需要长时间的积累才能达到足够的储蓄额，这方面的计划不够完善。另一个原因是养老资金的投资组合受到限制，往往比较保守，投资回报较低，并因此形成了恶性循环。回报低，投资者就失去了长期投资的动力。

同样，中国保险业的规模在过去十年一直处在一个较低水平。以GDP占比衡量，寿险及非寿险总保费几乎没变，从2002年的2%到2011年的3%。同一时期，银行在金融体系里保持着主导地位，资产规模不降反升，从占GDP的122%升至131%。证券市场则极不稳定，资产规模曾在2007年大于银行，而在2011年又不到银行资产的45%（详见表4）。

**表4  2002～2011年中国的银行资产、股票资金及保险资产规模**

| 年度 | 银行资产 | 股票市场市值 | 保费规模 | | |
|---|---|---|---|---|---|
| | | | 寿险 | 非寿险 | 总额 |
| 2002 | 121.5 | 34.4 | 1.7 | 0.6 | 2.4 |
| 2003 | 127.6 | 35 | 2 | 0.6 | 2.6 |
| 2004 | 126.8 | 34.9 | 1.8 | 0.7 | 2.5 |
| 2005 | 120.9 | 32.2 | 1.8 | 0.7 | 2.4 |
| 2006 | 114.7 | 59.7 | 1.7 | 0.7 | 2.4 |
| 2007 | 109.5 | 125.2 | 1.7 | 0.8 | 2.4 |

| 年度 | 银行资产 | 股票市场市值 | 保费规模 | | |
|------|----------|--------------|------|--------|------|
| | | | 寿险 | 非寿险 | 总额 |
| 2008 | 110.2 | 110.1 | 2.1 | 0.7 | 2.9 |
| 2009 | 122.5 | 79.2 | 2.2 | 0.8 | 3 |
| 2010 | 130.3 | 83.7 | 2.4 | 1 | 3.4 |
| 2011 | 131.5 | 58.8 | 2.1 | 1 | 3 |

数据来源：Martin Čihák, Asl Demirgüç-Kunt, Erik Feyen, and Ross Levine，《论金融标杆管理的全球发展》，《世界银行：政策研究报告》6175，2012年8月。

虽然机构投资者的交易份额有所提升（相应地散户投资者的份额有所下降），中国的股票市场仍具有高波动性和短线操作的特征。没有长期机构投资者广泛深入的参与，证券市场更易被短期投机所操纵，阻碍其有效地发挥高效资源分配、价格透明化、健全风险控制以及可信公司治理的作用。

深化发展的机构投资者有助于通过多种方式提升投资决策的质量，包括专业研究、执行公司和信贷规则、提供长期稳定的资本以降低金融波动（如利率波动及汇率波动）。例如，2013年5月美联储声称将逐步缩减其购债计划而导致新兴市场的利率及汇率剧烈波动，但对新加坡及马来西亚的影响较轻，这是因为其规模庞大的退休基金使其市场能够吸收资金外流对债券价格、证券价格以及汇率产生的影响。而缺少长期机构投资者的市场，如印尼，则不得不以更大幅度的利率调整（上升）和货币贬值来应对此轮市场波动。因此，较小的长期资金池意味着更为依赖外国投资者的融资，金融系统亦更易受到国外资金在危机时期抽离而产生的影响。

人们往往善忘长期的保险及养老基金作为主要投资者对资本市场深化发展的贡献，它们执行信贷规则、改善公司治理，确保市场的双向流动性以及合理价格。

### （三）金融结构失衡妨碍金融普惠及系统稳定

金融结构失衡亦阻碍金融普惠，其中最突出的问题是中小企业缺乏金融支持，而中小企业正是社会就业及经济发展的驱动力。目前，中小企业难以从正规银行获取贷款，而小企业的规模也令他们难以在证券市场上获得融资。另一方面，影子银行的形成及其扭曲定价反映了市场对资金确实有需求。

在中国该问题十分严重。中小企业占企业总数的90%，贡献了70%的就业率，创造了60%的GDP，贡献了50%的税收，及创造了65%的专利。然而，它们获得的银行贷款却不足20%。

中国经济正从以前的出口制造业为基础（世界工厂）转型为内需消费驱动的知识型经济。在此转型过程中迫切需要金融行业对创新、新科学技术和研发投资的支持。中国的传统行业获得了银行贷款总额度的50%，这是一个畸高的金融资源份额。同时，很多高新技术企业排队等待上市，而由于中国资本市场更青睐大型的传统企业，诸如腾讯和百度等创新型优质企业已经转向海外金融市场。尽管中国正努力为非上市企业的股权转让缔造新三板市场，但目前中国以及整个亚洲还没有成熟的风险投资或私募股权投资市场可投资于创新型或小型企业。

由银行体系提供私募股权与风险投资所需资金亦必然引入新的系统风险。

正因缺乏多样化的投资及融资工具以支持实体经济活动，影子银行出现并欲填补该缺口。影子银行规模在很大程度上反映了银行系统缺乏融资和投资产品，只能通过非银行体系提供这些产品，例如信托公司和资产管理产品。在中国，过去三年影子银行的平均增长率为35%，规模达到GDP的70%。快速增长使系统产生风险，引起了国内及国际金融监管机构的注意。

随着亚洲的银行开始更多地将业务转向住宅抵押借款、市政和基础设施融资和长期国债，银行的期限错配问题也会随之扩大。亚洲（包括中国）需要重新思考和设计其金融结构，以更好地应对实体经济需求的变化。

为了快速达成此目标，首先要发展的是长期机构投资者——保险和养老资产行业。这些行业能够吸纳长期风险，催化资本市场从质和量两方面快速启动变革。

## 三、发展中国保险作为长期投资者

寿险是一项长期业务，需要长期投资匹配长期债务。发展保险行业可直接推动资本市场的发展。

### （一）发展保险市场，满足不断变化的人口结构和社会保障需求

医疗需求：随着中国人口的老龄化，预计到2020年，总医疗支出将从2011年的3670亿美元增加到1万亿美元[1]。到2020年，在所有亚洲国家中，中国将面临最大的医疗保障缺口，预计将达到730亿美元[2]。截至2011年底，中国的社保体系覆盖率超过95%，但主要提供基本的医疗保障，无法满足更高的医疗需求。不断增长的医疗支出将造成财政负担的日益加重；因此，需要引入商业医疗保险来缩小医疗保险缺口，并减轻财政负担[3]。

中产阶级人口比例增加：2005年，中国的中产阶级占城市人口比例为29%。这一比例到2020年预计将增加到75%。随着收入的增长，民众对医疗服务以及保险保障的需求也将随之提高[4]。

近年来，医疗费用的增速（年增长率约为10.9%[5]）远远超过通货膨胀率（2%~3%左右[6]）。这意味着民众需增加医疗支出，或者投资于收益率远高于通胀率的产品来应对不断

---

① 麦肯锡，2012年7月。《中国的医疗：进入未知的水域》（*Healthcare in China: Entering Uncharted Waters*）。
② 瑞士再保险，2012年11月新闻稿。http://www.swissre.com/media/news_releases/nr_20121128_health_protection_gap_asia_pacific.html。
③ 麦肯锡，2012年7月。《中国的医疗：进入未知的水域》（*Healthcare in China: Entering Uncharted Waters*）。
④ 麦肯锡，2012年7月。《中国的医疗：进入未知的水域》（*Healthcare in China: Entering Uncharted Waters*）。
⑤ 麦肯锡估算。
⑥ CEIC数据2008~2013年。

增长的医疗成本。然而，在现有的经济环境下显然不太可能实现，这就更加凸显了医疗保险的重要作用。

目前很多国家都利用科技提供先进的医疗保险保障，这些技术可以引进到中国，从而促进中国医疗和保险市场的发展。

### （二）提高中国巨额储蓄的使用效率

中国是世界上储蓄率最高的国家之一（占GDP的51%，而美国仅为17%[①]）。由于缺乏足够的教育、医疗以及退休等社会保障计划，中国家庭更倾向于储蓄（预防性储蓄）。然而，该巨额储蓄并没有被有效地投资；其产生的回报不足以支撑社会保障的需求。目前1年期银行存款利率为3.3%，10年期为4.75%[②]，远低于医疗费用的增长速度。其他金融产品的回报率也落后于医疗费用的增长速度：信托产品回报约为8%～9%；银行理财产品回报为6%左右；3年期国债回报约为5%[③]。

目前，保险公司和养老金资产大部分投资于银行存款和国债和。银行存款达30%的资产，国债占10%左右。这样的资产回报使得养老资产和保险资产无法抗衡通胀，远远不能满足未来医疗和退休的需求。保险公司2013年的投资回报率为5.04%，为2011年以来最高（2012年为3.39%，2011年为3.57%，2010年为4.84%）。

---

① 世界银行数据库。
② 中国银行定期储蓄利率。http://www.boc.cn/en/bocinfo/bi4/201207/t20120705_1887042.html
③ http://stock.jrj.com.cn/2014/02/24072716729659.shtml

目前养老金收支缺口巨大。据估计，截至2013年底，该缺口约为18.3万亿人民币，到2033年底将达到68.2万亿人民币。假定GDP保持6%的年增长率，到2033年，养老金缺口将达到GDP的38.7%。

## 四、深入发展资本市场、充分发挥机构投资者的作用

### （一）大力发展保险行业，支持基础设施建设

李克强总理曾提到中国将大力推进城市化进程，这需要极大的基础设施投入[④]。同时中国还需要解决基础设施发展不平衡的问题：富裕以及年长者享有更为完善和先进的基础设施，而穷人和年轻人则相反。目前，中国还有10%的贫困人口以及592个贫困县[⑤]。随着中国GDP的增长以及城市化，人们对安全的饮用水、电力以及住房的需求也会日益增长。

麦肯锡的一份报告表明，全球基础设施投资未来18年（2013～2030年）将达到57万亿美元，其中中国将会达到16万亿美元[⑥]。亚洲开发银行的研究表明，到2020年，亚洲的基础设施投资将达到约8万亿美元[⑦]。

---

④ 根据麦肯锡的Herbert Pohl的发言。http://www.yicai.com/news/2013/03/2579146.html
⑤ http://www.cpad.gov.cn/publicfiles/business/htmlfiles/FPB/fpyw/201203/175445.html
⑥ 麦肯锡，2013《基础设施生产效率：如何每年节省$1万亿》（*Infrastructure Productivity: How to Save $1 Trillion A Year*）。
⑦ ADB and ADB Institute，2009. Infrastructure for a Seamless Asia. Manila.

如此庞大的基础设施投资将对中国的财政预算造成极大负担，并且由于固有的期限错配，通过银行贷款支持基础设施投资也不太现实。反之，保险公司和养老基金作为长期投资者，通过将长期资金来源和长期需求相匹配，可以更有效地为中国的基础设施建设提供融资。

中国缺乏机构投资者。目前，中国的互惠基金、保险基金以及养老基金的总和仅为GDP的19%，而银行存款却达GDP的51%（详见表2）。

保险公司以及养老基金属于最重要的机构投资者，然而他们的长期投资渠道仍然受到监管限制。截至2013年底，保险公司的资产配置中很大一部分仍是银行存款（30%）和国债（10%）。由于中国的证券市场不发达以及波动较大，证券投资仅占10.2%。而基础设施投资更少：保险公司共投资了161个基础设施建设项目，共计投入资金514亿人民币，仅占所有资产的6.9%[1]。

保监会近年在积极推动企业投资管理和风险控制水平提高的基础上，逐步放开投资比例的限制。保监会2014年2月最新公布的保险公司和保险资产管理公司的投资上限包括[2]：

①30%的权益类投资；

②30%的不动产类投资；

③25%其他金融资产（包括信托和银行理财产品等）；

④15%境外投资。

保监会的举措有利于保险公司根据自身的营运需求获得更高的投资回报。未来，合格的保险公司应逐步获得更大的投资自由度，以便更好地投入资本市场；此举亦有利于吸引国际保险机构加大对中国保险市场的投入，推动中国金融市场的改革与建设。

### （二）深化发展债券市场

发达国家的保险公司通常通过投资资本市场提供长期资金，如投资于政府和公司债券、资产担保债券以及股权。欧洲保险公司的资产配置中约60%为政府和公司债券（包括资产担保债券）。债券可以提供现金流以及久期匹配，是广受保险公司欢迎的投资工具。

表5　欧洲和中国保险公司资产配置比较（2011年）

| | | 欧洲 | 中国 |
|---|---|---|---|
| | | 99.2千亿美元 | 8.8千亿美元 |
| 现金存款 | | 3% | 30% |
| 股权 | | 15% | 11% |
| 债券 | 公司债券 | 36% | 50% |
| | 政府债券 | 28% | |
| 其他*包括其他资产及投资 | | 12% | 3% |
| 投资基金 | 衍生工具 | 1% | 6% |
| | 对冲基金 | 1% | |
| 不动产 | | 4% | |
| 总计 | | 100% | 100% |

数据来源：Oliver Wyman：《欧洲保险》，2013年6月；《财经》。

---

[1] http://stock.jrj.com.cn/2014/02/24072716729659.shtml
[2] CIRC文件。http://www.circ.gov.cn/web/site0/tab5168/info3904709.htm

一个成熟的债券市场有益于优化资产配置，为定价假设提供另一种选择，并可对冲货币市场波动的风险。

## 五、推进机构投资者建设的具体措施

发展更多的长期机构投资者有利于促进金融市场结构多元化，提高市场效率，响应了十八届三中全会的决议。要达到这个目标，金融机构的质与量都要实现飞跃。竞争会刺激创新，催生优质的产品和服务，形成合理的价格和风险分摊机制，使得机构能满足市场复杂多变的需求。

更为重要的是，大量保险、养老基金以及资产管理等大规模机构投资者的产生，在市场紧张时期，可作为稳定市场的缓冲器，有益于利率、外汇、衍生品、股票和资本市场的有序运作。最近新兴市场的发展表明，机构投资者的缺乏会造成极大的市场波动。因为在发生资本外流时，没有机构可以阻止。

对于促进保险和养老基金等长期机构投资者的发展，具体建议如下：

①营造健康的商业环境，通过引入优秀的国际保险公司的典范运营模式，促进行业竞争。保险深度过低的部分原因是市场缺乏适当的竞争。更多的竞争可以为消费者提供更多的产品选择，加强消费者有计划地储蓄的意识。竞争可以促进服务质量的提升，并激励保险公司提高风险管理水平。

②为个人参与定期储蓄和医疗保障等保险计划提供优惠政策，开发企业年金等市场化产品，以应对人们越来越长寿，但养老保险却不足的状况。

③鼓励更多的机构投资者尤其是境外投资者加大长期投资，合理配置资产。

④利用先进科技工具，开发新的营销渠道。科技有助于抓住中国保险市场发展的机遇。科技通过削减运营成本和增加透明度，能极大地增强竞争力。这里能应用的科技变革包括大数据、社交网络的信息化发展、社交媒体、电信、计算机化以及远程信息处理等。

⑤利用与外资保险公司的合作提高保险、再保险和融资能力，促进风险评估和风险管理的发展。

## 六、结论

2014年3月5日，国务院总理李克强在第十二届全国人民代表大会第二次会议政府工作报告中指出，2014年政府工作的重点在于：推进养老保险建设，推动医改向纵深发展，为了人民的身心健康和家庭幸福，一定要坚定不移推进一系列改革。其中，与保险有关的改革如下：

①巩固全民基本医保，通过改革整合城乡居民基本医疗保险制度。完善政府、单位和个人合理分担的基本医疗保险筹资机制。

②在全国推行城乡居民大病保险。

③加强城乡医疗救助、疾病应急救助。

社保是民生之基，其改革重点包括：

①建立统一的城乡居民基本养老保险制度，完善与职工养老保险的衔接办法。

②改革机关事业单位养老保险制度，鼓励发展企业年金、职业年金和商业保险。

③完善失业保险和工伤保险制度。

保险行业在支持这些政府的改革计划中可以起到重要作用，通过引入创新及高效的产品和服务，更好地满足国内民众对改善医疗、商业保险以及社会保障的需求。

（本文由中国发展研究基金会授权刊发）

言欢。（摄影/张玉雷）

# 中国自由贸易区
# 及其对全球贸易的影响

波音公司

## 一、波音在华业务及增长推动力

目前，中国有超过50%的现役民用喷气飞机是波音飞机。同时，全球有超过7000架现役波音飞机安装着在中国制造的零部件及组件。中国在每一个波音民机机型上都发挥着作用，包括737、747、767、777和最新、最具创新色彩的787梦想飞机。

在亚太地区，中国持续引领着新飞机的交付。在未来20年里，我们预测中国航空公司将需要近6000架新飞机，价值7800亿美元，占亚太区预测交付总量的40%。

贸易自由化及对国际贸易的开放程度对航空运输的增长和飞机销售具有潜在影响。

以营运客公里（RPK）计算的航空出行量的增长与经济增长密切相关。航空出行的增速一般会领先GDP增幅1～2个百分点。

GDP的起伏会对航空运输量产生相应的影响。

## 二、强投资协定的优势

强投资协定和协议能够开放市场，并提供核心资产保护，是长期以来全球经济体系的重要标志，使得各国促进本国经济及产业的利益成为可能。确保各产业在海外的投资能够仅受到有限的限制，对于产业发展非常重要，也能够促进投资国的研发、资本支出和出口。美国长期以来所奉行的，并且波音公司长期以来所支持的是以"负面清单（限制清单）"为基础的适用于新的及现有投资的投资协定。这样的规定意味着，每个国家同意不对新投资进行歧视性对待（通过国民待遇和最惠国规定），除非协议中对相关领域有具体的特殊规定。这些规定有利于在各个产业增加投资，以及在技术迅速变化环境里的新兴产业增加投资。这样的方式同样能够着重体现出一种开放的投资市场，这样的开放投资市场不仅对波音和其他在中国的美国投资者具有吸引力，对在美国的中国投资者也具有吸引力。

## 三、自由贸易区的优势和相关建议

为支持波音的供应链及服务性活动，波音会定期评估节省成本的机会。波音的进出口活动——包括供应链物料、零备件支持和其他的机队服务支持活动——会受到一系列关税与非关税障碍的限制。此类障碍在增加成本的同时降低了生产效率。供应链成本包括海关费用、包括行政和临时仓储费用；进口关税和税费；运输成本；以及生产投入的议定价格。此外，非关税障碍虽不那么显而易见且难以量化，却也会带来成本。

确保上海自贸区的开放投资环境对于今后提升其吸引力和重要性至关重要。增强上海自贸区吸引力的最为有效的方式之一就是在除有具体限制的相关领域外，开放所有形式的投资。这种"负面清单"的方式将释放出一个强有力的信号，那就是上海自贸区已做好业务准备并将帮助搭建一个平台，使中国就其双边投资协定与美国展开强有力的谈判，波音对此强烈支持。

波音支持政府的贸易促进政策及帮助降低供应链与其他商业成本的政策举措。自由贸易区就是其中一项削减这类成本的机制，自贸区机制使得某些供应链及服务支持活动免受海关的干预，并由此带来关税及费用上的节省。就我们的经验而言，自贸区机制提供了机会，使贸易成本（关税和税收）得以延迟，同时使支持航空公司客户的零备件得以在全球战略要地部署。

波音为政府最近对中国自贸区发展提供的支持感到鼓舞，并正处于将一些设施迁移至上海自由贸易试验区的进程中。该自贸区将改善海关流程时间，缩短货物交付周期，放松库存持有条件。额外的优势包括外汇支付相关规定的放宽以及关税和税费的降低。

根据波音全球的自贸区使用经验，波音认为政府以及自贸区运营机构应当就自贸区运营建立清晰的规定，这将有助于减少商业规划流程的不确定性，有助于最大化优势并降低建立流程的成本。此外，允许民营部门参与自贸区运营能减少利益冲突，并为自贸区参与者创造效益。在这一模式下，海关部门将负责为自贸区颁发执照并进行监督，但不直接参与运营。

我们为中国未来向这一模式迈进的可能性感到鼓舞，我们相信这一模式将为波音创造额外的效益。

（本文由中国发展研究基金会授权刊发）

摄影/张玉雷

# 发展混合所有制，完善现代企业制度

波士顿咨询公司[1]

## 一、国企改革历程回顾

过去三十多年，中国国有企业改革一直围绕着宏观层面的"国有经济布局"和微观层面的"提升国企效率"两大主题展开。2003年之前，"国有经济布局"的方向是国有经济战线的收缩，"实现国有资本从低效企业到高效企业、从小型企业到大型企业、从一般竞争性部门到国家必须抓的战略性部门集中"，以摆脱国有企业大面积亏损的困境。改革的成果是非

公有制资本通过兼并收购、股权改造等方式参与到国企改革当中，混合所有制经济得到了相当程度的发展。而"提升国企效率"的方向是建立"现代企业制度"，从而实现政企分开、企业自主经营、科学经营。改革的成果是众多国有企业从原来的"全民所有制企业"改制成为公司制公司，并依据《公司法》初步建立了公司治理机制。2003年以后，在"防止国有资产流失，实现国有资产保值增值"的原则指导下，国企改革思路发生了一定变化：国有经济

---

[1] 本报告是波士顿咨询公司受中国发展研究基金会委托展开研究和负责撰写。波士顿咨询项目团队与中国发展研究基金会就报告观点进行了充分交流和讨论，分析和观点总结由波士顿咨询公司独立完成。

退出竞争性领域的步伐有所放缓。国资委作为国有企业的监管者和出资人，对国有企业、特别是央企，提出了"突出主业、做强做大"等战略调整的要求，并出台了一系列举措，加强对企业责任人的经营绩效考核、推动董事会的建设等等，旨在进一步提升企业效率。

## 二、当前国企改革亟须解决的几大问题

当前，我国在"国有经济布局"和"提升国企效率"两大主题上仍有诸多本质问题亟待解决。

①"国有经济布局"：国有经济涉及竞争性领域的比例仍然偏高；众多行业的行政垄断仍然存在。2001年，国企在非战略性领域的资产配置为43%，而2011年，这一数字上升到49%。由此引发的主要问题是竞争领域市场的公平性受到损害。国有企业在金融、土地等资源获得上具有较大优势，譬如，2009年以来，国有企业融资成本在7%~9%左右，而民营企业的融资成本普遍远高于10%，国有企业和民营企业的竞争地位不平等。与此同时，众多行业的行政垄断仍然存在，譬如医疗领域、铁路系统的客运环节等，国有企业依赖行政垄断，缺乏动力提升经营效率，相关领域的经济活力受到抑制，发展缓慢。

②"提升国企效率"：国有企业的现代企业制度并没有真正建立，公司治理机制中各方关系没有完全理顺。在一些企业，内部人控制现象依旧严重。政府依旧对国有企业行政干预较多，"管人、管事、管资产"，使得企业的经营决策不自主、缺乏市场化的人才、管理层和员工激励不足等。直接的后果是国有企业的经营效率仍然低下：2008~2012年国有及国有控股工业企业的利润率、资产回报率（ROA）及股本回报率（ROE）均低于民营工业企业。以化工行业的上市公司为例，国有及国有控股化工企业的2012年利润率为1.2%，资产回报率（ROA）为0.8%，股本回报率（ROE）为2.5%，而民营化工企业这三项指标分别为4.7%、3.7%、7.2%。

这两大问题互相掣肘。布局不合理限制了效率提升，而效率低下又加倍地依赖政府在金融、土地等资源要素的补贴以及行政垄断。

## 三、新一轮改革方向

2013年11月，中共十八届三中全会明确提出，要"积极发展混合所有制经济"，"允许更多国有经济和其他所有制经济发展成为混合所有制经济"；同时，要"推动国有企业完善现代企业制度"，并"准确界定不同国有企业功能"，深化国有企业改革。

此番改革，旨在从更深层次解决前述问题：在宏观层面，通过发展混合所有制，重新调整国有经济的布局方向，破除行政垄断，在多个领域向民间资本、国际资本开放，建设公平的市场环境，提升经济活力；在微观层面，通过发展混合所有制，优化国有企业的股权结构，改善治理机制，提升国有企业效率。

然而，要实现本轮改革的目标，需要应对一系列难题和挑战。本报告将就"发展混合所有制经济"和"改善国企治理机制"的一系列难题和挑战，提出可能的解决方案。

## （一）发展混合所有制经济

现阶段发展混合所有制经济，需要应对三大难题：

①我国国有企业数量多、涉足行业广，如何将国有企业分门别类以有重点地推进混合所有制，避免"一刀切"？我国有10万多家国企，总资产约为90多万亿元，涉及行业广泛，从核工业、电力、运输到金融、工业制造、零售，需要制定明确、统一且具有指导意义的分类方法。

②哪些行业是发展混合所有制的重点？国有资本和非国有资本的混合程度又应该是多少？发展混合所有制经济，国有资本对某些企业或行业的控制力在股权层面将发生变化，需要明确国有资本在哪些行业应保持绝对或相对的控制力，哪些领域应该更多地由非国有资本主导。

③对不同类型的企业，发展混合所有制的路径是什么？我国国有企业情况千差万别，既有涉足行业比较单一的地方国有企业，也有涉足行业众多的大型央企，实现改革目标的路径也就可能千差万别。因此需要顶层制定改革路线图，对相关企业和地方政府给予方向上的指导。

针对以上难题，我们提出以下建议。

①以国资目标和行业本质两个维度，划分三类国有企业。

确定发展混合所有制的重点，首先需要将国有企业分类，但我国目前缺乏统一明确的分类。现有的分类或者没有给出清晰的分类边界，容易造成归类混淆；或者不能指导改革实践，直观表明哪些行业应为改革重点。如国务院国资委按行业对国家的战略价值将央企分为四类：涉及国家安全、涉及国民经济命脉、涉及支柱产业及其他。上海市国资委则结合行业的市场属性，将国企分为公共服务类、功能类和竞争类三类。

我们认为，国有企业的行业划分是改革的工作重点之一，需要成立专业课题组展开详细研究，制定相关政策，并最终通过立法加以确定。只有清晰界定分类边界，才能明确哪些行业可以发展混合所有制，哪些行业需要更多地由国有资本掌控。更重要的是，只有清晰界定分类边界，才能避免各种利益集团以"国家安全"、"战略需要"等理由阻碍混合所有制的发展，譬如将产业链上某个环节的"公共事业性质"泛化到整个产业链，导致整个产业链无法推进混合所有制。

为抛砖引玉，我们参考国际经验，结合我国实际，暂且从两个维度划分我国国企：第一个维度是国有资本应实现的目标：产业控制和财务回报；第二个维度是行业的市场本质：自然垄断和自由竞争。相应地，我们尝试着将现在国有企业涉足的众多行业，归类到以下三个象限（见图1），并分别命名为保障类、战略类和竞争类。

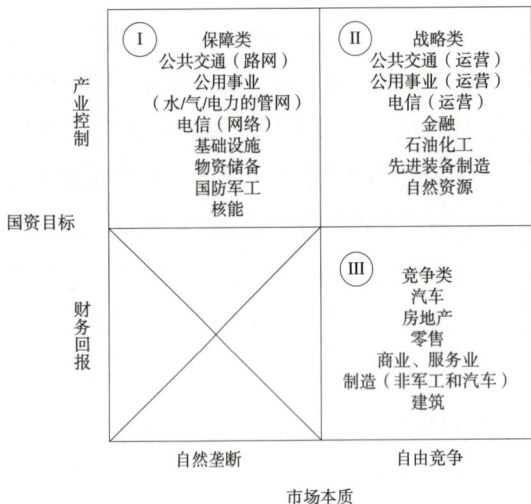

**图1　市场本质**

　　保障类行业是保障国家安全和人民生活水平的基础行业，行业目标是实现社会效益，国有资本投资该类行业的目的是实现产业控制。由于初始投资巨大，保障类往往也是需要规模经济的自然垄断行业。

　　战略类行业是国家为实现特定任务（如稳定经济、实现产业升级等）而需要进行产业控制的行业。通常，国家在不同历史时期将不同行业定义为战略领域。行业本身是竞争性的，但国家往往采用行政垄断方式设置准入壁垒，排除竞争。

　　竞争类行业是除保障类和战略类以外的行业。国有资本进入这些行业的目的是追求资本增值和投资回报，而这些行业的市场本质也是自由竞争的。

　　②国有资本集中布局保障类，战略类着力发展混合所有制，竞争类国有资本参股或退出。

　　保障类行业：国有资本集中布局，实现国有独资或绝对控股。

　　国有资本布局应符合十八届三中全会的定位："加大对公益性企业的投入，在提供公共服务方面作出更大贡献"。为此，国有资本应集中布局保障类行业，维持独资或绝对控股，谨慎引入非国有资本，以避免非国有资本因逐利而牺牲公众利益。市场经济成熟国家的保障类企业同样多为国有独资或绝对控股，如西欧国家公用事业、核能、军工等行业的国有企业75%以上是国有独资或绝对控股。在该领域采取私有化被证明是很容易损害公众利益的：例如英国水务公司私有化后，居民自来水价格五年内增长了60%；路轨公司私有化后，由于政府没有解决投资不足的问题，导致服务质量下降，众多安全事故发生。

　　为提升保障类企业的经营效率，在保证国有控股的前提下，可以采用服务合同、BOT协议、特许经营权等不涉及股权的方式，引导非公资本参与。

　　战略类行业：破除各种形式的行政垄断、实现国有控股为主的混合所有制。

　　战略性行业应该是当前大力发展混合所有制经济的重点。从前述国企分类的方式可以看出，战略类行业的市场属性是竞争性的，但国家为了达到产业控制的目标，设置了准入壁垒排除竞争，形成了各种形式的行政垄断。人为限制竞争的后果是国有企业效率低下、资源配置扭曲、行业缺乏活力，这是全球范围内在行政垄断领域"去国有化"运动的主要动因。以西欧为例，受行政垄断保护的电信、电力、制造业、金融、石油等战略行业是1977~2004年间引入非公资本的主要行业，涉及的交易金额占到所有"去国有化"行业的87%。这些引入非公资本的企业经营效率均得到了明显提升，同时市场环境得到了改善，整体经济得到了发展，撒切尔时代英国经济的发展与其"去国有化"运动不无关系。

但现阶段，国有资本应在该领域仍保持绝对控股或相对控股。这些行业的健康发展对整体经济的稳定往往有举足轻重的影响力，如金融、石油化工（特别是上游环节）。在我国法制法规还不健全、市场经济环境还不完善、政府以外部监管手段规范行业运行的经验尚不充足的情况下，国家应在这些行业保持一定的控制力，以股东的角色从内部来影响行业的运作。为保证国家对战略性行业特殊事项的控制，还可在股权结构辅以"黄金一股"等机制确保控制权。

竞争类行业：国有资本参股或退出，建设公平的市场环境。

国有资本应逐步退出竞争性领域。我国国有企业改革的实践表明，国有资本退出竞争领域有利于资源的有效配置、市场的公平和整体经济的增长。在市场经济成熟的国家，国有经济已经基本退出了竞争领域。

鉴于当前我国仍有大量国有企业参与竞争性领域，实现完全退出并不能一蹴而就，在相当长一段时间内，国有资本还将存在。为此，我们建议一方面国有资本逐渐退股，发展混合所有制，一方面全力建设公平的市场环境，譬如拓宽非公资本融资渠道；通过立法限制政府对国有企业各种显性或隐性的财政补贴（如低价土地租金等）；减少政府行政审批；等等。

## （二）循序渐进发展混合所有制，完善资本市场和法制环境

我国国有企业众多且情况千差万别，改革的途径也将千差万别。譬如我国有的地方国企，属于竞争类行业、核心主业突出、财务表现优良、且企业性质已经是混合所有制（如格力空调）改革的路径相对简单：国有资本持续退股，所得投资回报纳入地方财政。但也有央企集团母公司，全资持有、控股或参股多个一级子公司，一级子公司下又有二级、三级子公司，企业个数达到上百，涉及的行业广泛、地域广阔、体量巨大，且业绩良莠不齐。在这种情况下，发展混合所有制可能涉及的问题众多，包括如何理清各业务板块行业归属的问题、剥离不良资产时的定价问题、如何解决地方财政、地方就业的问题，等等。改革的路径将复杂且漫长，需要针对企业的实际情况，逐一分析，方可制定切实可行的策略。

但即使情况千差万别，仍有道路可循。英国、德国等国家上世纪"去国有化"的历程表明，顶层的整体规划和高阶路线图，有助于改革的顺利开展。为此我们认为，发展混合所有制，可按照以下高阶路线图，循序渐进。

第一步：如前文所提及，需明确定义国企的行业类别。

第二步：各级国资委及国有企业根据定义，理清其业务所在行业归类。特别对央企集团母公司来说，不仅要横向理清业务板块类别，也要纵向理清产业链上各环节的类别。

第三步:成立国资管理平台（简称"平台"，平台设立的原因将在下文论述）持有并管理国有企业，推动发展混合所有制。可以判断，未来的平台数量必然不止一个，设立的方式也必然众多，具体操作方式不是本文的重点，但我们建议平台的设立需遵循以下原则：①改革成本最小化：设立平台可能涉及集团业务的分拆、重组等，为国有企业带来业务上的冲击，因此需要权衡利弊，选择收益最大而成本最小的方案；②便于外部监管及内部管理：政府监管不同类型企业的力度必然有所区别，为便于政府监管，同时便于平台管理人员积累投资运营和管理经验，建议针对保障类、战略类、竞争类行业，分别设立平台。

现有的国有企业可大致归入不同平台持有并管理。①对国有集团母公司下的国有企业，如其行业归类单一（仅为保障类、或战略类、或竞争类），则在条件成熟的情况下，集团母公司改组为国资管理平台，相应地，其原来持有的国有企业归入平台管理；②对国有集团母公司下的国有企业，如果其行业类别并不单一（多数集团公司或既拥有保障类又有竞争类、或既有战略类又有竞争类），则需要分离不同类型的资产：集团公司可剥离竞争类的非核心主业，划拨到其他国资管理平台持有并管理；或者将不同类型的资产分离，在条件成熟的情况下，成立两个或多个国资管理平台，分别持有或管理不同类别的资产；③对规模较小、业务相对单一的国有企业（非集团公司），则纳入新设或改造的保障类、战略类、竞争类平台持有或管理。

第四步：由战略类和竞争类平台，按照国有资本参股的目标，推动旗下国有企业实现混合所有制。而实现的方式可以多样：公开上市、引入战略投资人、管理层收购、员工持股等等。

可以预见，第三、第四步将是一个长期的过程，因此可以同时进行：集团母公司下的国有企业在平台尚未建立的情况下，由国资委推动，先行实现混合所有制。在条件成熟的情况下，再归入平台持有和管理。

与此同时，混合所有制的实现需要资本运作。资本市场应健全规范、运作顺畅，因此要逐步完善资本市场，包括股票市场、债权市场、国有产权交易市场等。譬如众多企业如通过公开上市实现混合所有制，则股票市场应容量大、流动性良好、充分保护投资者；再如众多企业如通过管理层收购实现混合所有制，则需要资产评估公开、透明、公正，以防止国有资产流失。国家还需要提供必要的金融渠道，为民营资本、国际资本等提供资金支持。

除此之外，还需要同时完善相关法制法规，以保障各利益相关者权益，后文将有所论述。

## 三、改善国企治理机制

完善国有企业（包括混合所有制企业）治理机制，需要应对下列难题及挑战：

①如何在国有资本管理架构上推动"政企分开"？在当前的国有资本管理体系下，国资委既是出资人又是监管者，导致了"政、资难分"（即监管人角色与出资人角色合一）和"政、企难分"（即政府对企业的行政干预已超越《公司法》中定义的普通股东的权益）。

②在管理模式上，政府对国企到底应该"管什么"？"管多深"？当前，国资委职能定位多重交叉，对国有企业"管人、管事、管资产"，一方面管得过多，企业的自主性、积极性受到损害；另一方面又因为管得多而难以管得准，无法根据企业的实际情况开展管理，只能采取"一刀切"的粗放式管理。

③在人事安排上，如何处理"党管干部"与"职业经理人"之间的矛盾？又如何引入长效激励机制？当前很多国有企业集团领导甚至子公司领导均由政府任命，导致政企联系难以切断，也导致企业管理层的薪酬绩效难以市场化，不能形成有效激励，管理层很少以"股东价值最大化为导向"进行决策和经营。

④如何完善国有企业公司治理的外部环境？当前，由于立法不全、执法不严、信息披露不完善等原因，大股东侵占小股东权益、国有企业由内部人控制等诸多现象频繁发生。

为打消民营资本、国际资本参与发展混合所有制的顾虑，确保其参与混合所有制公司运作后利益能得到有效保障；更为提升国有企业经营效率，实现国有资本保值增值，需要解决上述难题。

针对以上难点，我们提出如下政策建议：

①长期分离国资委监管和出资人职能，短期设立国资管理平台。

长期来看，国资委的监管部门和出资部门需要分设，便于政企分开。国际经验表明，国有企业的监管者与出资人职能大多由不同的政府机构承担：监管部门负责监督政府、出资人机构、国有企业的运作与管理；而出资人机构依法享受出资人权利、履行出资人义务，与普通出资人并无差别。譬如，法国设立国家监督署，监督国有资本经营，同时设立与其平行的国家参股局，行使国家所有权。经合组织（OECD）也在《国有企业公司治理指引》中提到，有必要在政府代行国有所有权时，将政府职能与所有权主体权利安全分离。

由于分离国资委职能将是一个长期的过程，短期内比较现实的做法是在现有国资委的架构下，在国资委和企业之间建立国资管理平台，由平台作为直接出资人控股、参股国有企业。平台依据《公司法》成立，遵循《公司法》和其他相关法律，不从事具体的生产经营，而是以股东身份参与国有企业的管理和运作。同时，国资委逐步向纯粹的监管者转变。

②政府管平台、平台管企业以董事会建设为核心。

政府对平台的管理总体上应当以董事会建

设为核心：政府依据《公司法》和其他相关法律参与平台董事会选举；作为股东审核平台的财务报告；通过董事会参与平台的重大决策，但不干涉其日常经营等。同时，政府监管机构监督平台的合法合规性。对保障类平台，政府需要加强外部监督，如强化外部审计、加强信息披露等，以保护公众利益，减少财政浪费。

平台对国有企业的管理应遵循市场化原则，同样以董事会建设为核心。竞争类平台的管控可借鉴新加坡淡马锡的模式，以财务管控为主，监督财务，不干涉经营管理和人事安排。保障类和战略类平台需要采取战略管控，参与制定企业发展战略，以保证实现国家产业政策；对特定的重大投资决策有超越董事会的审批权等。但这种特殊权力必须事先被严格界定。

董事会建设是公司治理的核心，为此我们建议：

a. 政府及平台作为股东，尊重董事会的独立性。新加坡淡马锡成功要素之一就是政府充分尊重董事会的独立性：财政部任命淡马锡董事会主席，淡马锡董事会有权决定公司的经营方针，在投资决策、资金使用等方面享有自主权，不受财政部的制约。对于政府部门提出的特别要求，淡马锡也将其纳入市场化评估程序，有权予以驳回；如必须执行而又造成亏损，政府予以相应的经济补偿。淡马锡同样尊重旗下淡联企业董事会的独立性。

b. 政府和平台严格选聘董事会成员。法国、瑞典、新加坡等国有出资人机构、平台公司，都设立了专门的部门、设定了严格的程序为国有企业选聘董事会成员。每一个董事会成员都经历长时间的审核、推选、评价、董事会投票、股东代表大会投票等过程，以确保新加入的成员是企业发展所需要的。

c. 政府和平台确保董事会具有专业性、多样性、公正性，并与管理层适度分离。市场发达国家的国有企业的董事会成员大多具有丰富的行业经验，并多为非执行独立董事，以保证企业决策的独立性，防止内部人控制。譬如淡马锡目前有10名董事会成员，其中9名是非执行独立董事，均为来自独立私营企业的商界领袖。

③ "党管干部到平台，企业聘用经理人"，引入长效激励机制。

在人事管理方面，应逐步实现"党管干部到平台，企业聘用经理人"，即平台的管理人员由政府任命，而平台公司之下企业的管理人员则采用市场化的原则，由企业董事会从职业经理人市场直接聘用，不受政府约束。"党管干部到平台"是秉承我国政治体制一贯坚持的"党管干部"原则，保障国有资本社会效益、经济效益目标的实现；"企业聘用经理人"目的是在企业经营、运作上，最大化地实现"政企分开"。

无论是对平台还是对国有企业的董事会、管理层，都应该制定长效激励机制，以保证其利益与国有资本目标一致。这种做法在其他国家的国有企业运作中已经屡见不鲜，譬如淡马锡管理层的薪酬机制就与其三年的资产回报挂钩，而非一年。

我们认为，制定长效激励机制应遵循下列原则：a. 激励方案应由董事会最终确认，对平台而言，政府可以有相当的话语权，但对国有企业，政府不应干涉；b. 激励方案的设计应根据市场原则而定，需要考虑行业差异、企业差异等多种因素。对平台而言，董事会应委托商业运作的、专业的第三方机构制定标准，而非政府统一划定；c. 激励方案应体现相关人员担当的责任、风险以及业绩表现等要素，薪酬应随这些要素浮动，防止"只上不下，只升不降"；d. 对平台和保障类国有企业而言，激励方案应公开化、透明化，便于公众监督；e. 激励方案的形式可多样化，包括股票、期权、长期奖金计划、长期分红权等。

④完善公司治理的外部环境。

参照市场经济成熟国家国有企业公司治理的最佳实践，结合我国相关机制建设的现状，我们认为在完善国有企业治理外部环境方面，需要重点关注：a. 平等对待所有股东；b. 加强外部监督和信息披露；c. 保护其他利益相关者。

平等对待所有股东：在过去发展混合所有制的实践中，曾经发生国有企业在引入民营资本后，企业管理层与民营资本合谋向民营资本输送不正当利益、侵吞国有资产的问题；也发生过国有大股东利用控制权的不平等，侵害小东权益的案例。我国《公司法》虽然明确规定"公司股东滥用股东权利给公司或者其他股东造成损失的，应当依法承担赔偿责任追根溯源"，同时规定了代理投票制、累积投票制、少数股东的股东大会召集请求权和召集权等一系列保护少数股东权益的措施，但在事前保障和事后救济的制度安排上仍存在缺陷。为实现平等对待所有股东，我们建议：a. 考察其他国家在"平等对待所有股东"方面的法制建设，完善《公司法》和相关法律；b. 在司法体系内，简化并完善少数股东权益申诉和救济的工作机制，做到司法独立；c. 在组成混合所有制公司时，股东各方可签订一般法律框架之外的合约规定，譬如核心高管的任职安排、投票权分配、退出机制等等，以避免未来可能发生的冲突；d. 同时，为避免少数股东滥用其申诉权利，在保护少数股东权益立法和执法机制建立的同时，同样保护董事会、管理层的权益，建立替代性的听证会或仲裁制度，以避免高成本的法律诉讼；等等。

加强外部监督和信息披露：在发展混合所有制的过程中，要防止"国有资产流失"和"内部人控制"现象的发生，需要加强对国有企业的外部监督和信息披露，以便国有企业的最终股东"全体人民"知情并监督。当前，国资委作为监管机构，设定了严格的审核、稽查、监事派出等机制，发挥了重要的外部监督作用。但是，国有企业内部人控制所致的贪污腐败案例仍时有发生，证明外部监督机制仍需进一步健全。为此我们建议：a. 建立和完善独立的资产评估机构和审计部门，就国有企业的资产出售、股权受让等，开展独立的资产评估和外部审计；b. 鼓励政府监管机构聘用第三方专业审计机构对国有企业和控股混合所有制企业开展定期或专项外部审计；c. 借鉴市场经济成熟国家对国有企业信息披露的相关规定，在遵循市场竞争原则的基础上，加强对外信息披露，譬如公开国资管理平台整体财务状况、公司治理机制、重大资产出售等信息；等等。

保护其他利益相关者的权益：在发展混合所有制的过程中，国有企业其他利益相关者的权益也有可能受到影响，譬如引入民营资本后，企业可能为降低成本开展大规模裁员，或者在与银行、供应商的合作中引入不规范的操作等等。为保护员工、债权人、供应商、客户等利益相关者权益，我们建议：a. 完善《劳动法》《合同法》《破产法》等相关法律，并强化执行；b. 在组成混合所有制公司时，政府、国有股东、非国有股东就利益相关者的权益保护达成协议，譬如裁员规模等；c. 在混合所有制的董事会、监事会建设中，给予利益相关者相应席位，令其能够参与公司治理，等等。

## 四、小结

总而言之，发展混合所有制经济的意义在于调整国有经济布局、提升国有企业效率。

发展混合所有制的重点领域在战略类和竞争类，保障类领域则仍需维持国有资本的绝对控股。战略类领域要破除各种形式的行政垄断，竞争类领域实现国有资本的参股或退出。发展混合所有制经济要循序渐进，并完善相应的市场和法制机制。

完善国有企业（包括混合所有制企业）公司治理，政府监管机构和出资人机构应分开设立，短期内在国资委下设立国资管理平台行使出资人职能。政府对平台的管理及平台对企业的管理应以董事会建设为核心；保证董事会独立、专业、高效。党管干部到平台，平台以下企业引入职业经理人，并建立长效激励机制。同时完善公司治理的外部环境，平等对待所有股东，加强外部监督和信息披露，保护其他利益相关者。

（本文由中国发展研究基金授权刊发）

# 提升中小企业
# 在经济发展中的作用

渣打银行

## 一、中小企业概况

### （一）中小企业在经济建设中的作用

中小企业（SME）是经济发展的催化剂，对发展有重要贡献，因此不论是发达国家还是发展中国家，都十分重视中小企业。人们普遍认为，鼓励创业精神有利于提升竞争力、促进贸易和创造更多工作机会。此外，小企业还是推动创新、减少贫困、创造就业和促进社会融合的推动因素。

中小企业是全球经济的支柱，对GDP和就业有重要意义。这一板块通常占企业总数的95%左右，雇用近66%的劳动力，占各国GDP的比例达到30%～60%。从历史上看，在我们经营业务的大多数市场中，中小企业的增速约为GDP增速的两倍，在中东、非洲和亚洲，中小企业的年增速有望达到10%～12%。

### （二）中小企业在中国的作用

中小企业对中国的经济和社会发展至关重要。官方统计数据显示，中小企业为中国贡献了约60%的GDP、70%的出口、52%的税收和80%的就业。此外，75%的技术创新和80%的新产品也来自中小企业。随着中国经济向价值

---

题图为渣打集团行政总裁冼博德（右）在"中国发展高层论坛2014"上与其他嘉宾交流。（摄影/张玉雷）

Enterprise & Industry ［企业改革与产业升级］

链的更高端转型，中小企业将成为未来中国经济发展的重要环节。

政府和非政府组织通过各种政策和工具来扶持中小企业的发展，其中包括补贴担保计划、拨款、培训，以及在法规方面给予银行各种激励，鼓励它们向中小企业贷款等。

### （三）其他国家的中小企业成功经验

许多国家都曾成功利用中小企业推动经济发展。研究其中表现出众的国家，能让我们大受裨益。下文选择了韩国和意大利的例子，其原因在于：①中小企业在推动这两个国家转型成为发达经济体的过程中发挥了重要的作用。②这两个国家的政府不断推出成功的政策，扶持中小企业的发展。③这两个国家从全盘发展的角度看待相关计划，不局限于法律框架或中小企业技术项目（或政策）。后文将重点介绍其他国家在特定领域采取的最佳做法。

1. 韩国：与时俱进地提供政策支持

纵观全球发达市场，韩国的中小企业对就业的贡献最大，其比例高达90%左右，高于德国（80%）和美国（50%）。这归功于韩国一直以来坚持从政策和基础设施发展方面支持中小企业的发展。

韩国的中小企业政策独具特色，它们内容全面、与时俱进。其中包括：制定相关法律框架（制定支持中小企业的法律和政策），推出提升中小企业能力的项目（小企业支持中心和女性企业中心），提供资金支持（《1994年地区中小企业法》规定向特别支持区的中小企业

提供资金，2005年创立韩国风险基金投资公司（KVIC）组合型基金）。

过去50年，支持主题不断演变。20世纪60年代，中小企业的发展刚刚起步，中小企业政策主要关注基本面。1966年，韩国实施《中小企业框架法》，1968年在商务部下设中小企业司，负责处理逐渐增多的中小企业相关事务；还针对当地工会，颁布了《中小企业合作法》。20世纪70和80年代，支持重心投向发展。一系列推动出口和技术设备更新的政策出台，鼓励本地化及降低对进口的依赖。20世纪90年代，为了应对金融危机，支持重心转到了重组和创新上。1994年，《地区中小企业法》出台，旨在进一步促进特别支持区中小企业的发展，并设立了信用担保。2001年，《中小企技术创新促进法》实施。2005年，由政府支持的组合型基金KVIC启动，为技术创新领域的中小企业提供稳定的资金。目前，该基金的管理资产达15亿美元，投资超过150家风投公司和收购公司，并每年向风投基金注资2亿～3亿美元。它还支持企业与外国投资者合作，鼓励打造全球网络，并确保基金管理系统的透明度。KVIC的创立推动了韩国的立法并强化了其法律体系，确保为风投行业提供稳定的资金，同时还促使国家修改法规，力求吸引更多的私人投资者投资风投基金。

2. 意大利：小企业集群带动的大型全球经济体

鉴于其在欧盟的独特地位，意大利的经济发展尤其耐人寻味。意大利经济规模庞大，主

**072** / 中国智库 / China Think Tank ⑤

要特征包括较高的人均GDP、相对高昂的人工成本以及小企业的影响力。意大利是全球最大的经济体之一，但其工业企业中，员工不足100人的高达98%。近90%的公司员工人数少于20人。意大利工业企业的平均员工人数为7人。

意大利政府制定的中小企业支持项目和政策，无不彰显出其独特的中小企业DNA——"中小企业集群"。中小企业集群指生产同类产品、高度合作、高度专业和相互依赖的中小企业群体。位于帕尔马的帕尔马干酪商业联盟就是一个典型的中小企业集群。公司加入集群后，可以接触到分包商，获得零件和服务，规模小不再是劣势。生产组织和现成的治理结构都有利于降低新企业的准入门槛。

与韩国一样，意大利也会根据集群处于的不同发展阶段调整政策。在集群刚刚形成时，中小企业还处于启动阶段，重心会放在降低准入门槛上。Sabatini法为机械设备融资提供利率补贴。政府对南部地区的小公司给予更大的支持力度，该地区处于初期阶段的集群比例较高。在集群达到可观的规模后，支持重心将转向发展。1989年，意大利出台了出口融资法律，中小企业只有在其商业联盟成员达到8个时，才有资格获得资金支持。1991年，意大利政府还向中小企业商业联盟提供财政补贴，鼓励它们发展技术。

虽然复制意大利中小企业集群结构的难度很大且不现实，但中小企业在特定行业合作产生的协同效应，既能降低准入门槛，又能形成规模优势，这一点值得研究。如果能够针对特定目标行业的群体推行中小企业计划，那么这些计划在落实起来会更加简单。

## 二、中小企业的需求

### （一）资金来源

除非中小企业能提供重要的抵押品，否则金融机构通常不愿向规模较小的中小企业提供贷款。这是因为中小企业倒闭几率较大，因此风险更高。另外，中小企业往往缺乏规范的财务报表，透明度不够，且财务方面缺乏自律。此外，透明可靠的公共和私人信息（征信系统）欠缺、薄弱的法律框架和不良债权，令情况雪上加霜。

### （二）有利的营商环境

不同国家的营商环境大相径庭。物业注册、合同执行、公用事业基础设施、税率和贪污等问题，都会对小企业造成不同程度的影响。

此外，由于中小企业管理经验相对不足且缺乏正规的管理团队，中小企业业主普遍需要学习管理和财务技巧。当前的各种举措，不论是政府、非政府组织还是私人行业发起的，往往只能在个别领域实施。

### （三）金融便利

中小企业业主往往身兼多职，工作时间长。因此，他们需要简单、便利和有效的银行服务，确保有效快速地处理生意。所以，他们需要的是便利的银行服务平台。

## （四）中小企业在不同生命阶段的银行服务需求不断变化

随着中小企业不断发展，他们对银行服务和解决方案的需求也在演变。规模较小的中小企业更喜欢"低干涉"的合作方式，更简单的流程和产品。随着规模不断扩大，他们的需求日益复杂，因此需要更加精细的服务和定制的解决方案。而在这些企业变得更加成功之后，他们需要跨境拓展。他们可能需要建立海外业务，或者为新成立的子公司获取贷款。因此，他们需要无缝跨境银行服务。

# 三、满足中小企业需求的解决方案和最佳实践

政府和金融机构在中小企业的发展中均扮演着重要角色。下文阐述了政府和金融机构支持和加快中小企业发展的途径。这些解决方案还与上文提到的中小企业需求形成对应。

## （一）银行如何支持中小企业

### 1. 制定创新的中小企业信用担保标准

与规模较大的企业相比，中小企业缺乏规范的财务报表，透明度不高。这使得中小企业难以通过传统的方法和流程（例如使用财务报表判断信用度）获取贷款。而通过更简单的创新信贷审批流程，中小企业获取贷款的难度将降低。例如，渣打银行在部分市场推出了商业分期贷款（BIL）服务，以银行结单和征信机构信息作为审批贷款的依据，并采用基于分析法的记分卡评估此类信息。这种方法为小型企业提供了快捷便利的贷款解决方案，而BIL也成为渣打银行在各个市场中的领先产品之一。中国是渣打银行最重要的BIL市场之一。截至2013年12月，渣打银行在中国有约4亿美元的BIL贷款余额，而在全球有20亿美元的BIL余额。

### 2. 提供能降低中小企业信用风险的金融解决方案

传统的贷款解决方案需要提供许多中小企业没有的抵押品。此外，中小企经营历史短、规模小且更易受市场波动的影响，因此中小企业的信用度弱于大型企业。为了解决这一问题，渣打银行提供应收账款服务和保理服务等解决方案，通过这些解决方案，中小企业供应商可以凭借大客户的应收账款获得流动资金贷款，有效地将供应商的信用风险转移给他们的优质客户。

### 3. 与私人和公共部门合作，培训中小企业的银行和商业技能

许多中小企业缺乏基本的财务规划技能，在这一方面银行可以提供帮助。自2009年起，渣打银行开始向其所在市场的中小企业客户提供培训，帮助他们更好地管理企业。

例如，2013年9月，渣打银行（中国）有限公司与普华永道合作在成都举办了一次面向中小企业的定制培训项目。为期一天的研讨会有超过130位中小企业业主到场，他们接受了财务管理和会计方面的培训。这些培训计划旨在帮助中小企业更有效地管理财务，同时获得

发展业务所需的适当产品和服务。

渣打银行（中国）还面向中小企业客户启动了eMBA项目。客户将在接受商业模式优化、税务规划、公司内控和管理、现金/资本管理等主题的培训后，获得相关认证。

4. 提供专为满足中小企业需求的便利交易服务

从市场研究和客户访谈中，渣打银行得知中小企业业主十分繁忙，没有时间处理他们的银行交易。因此，他们更喜欢简单易行的银行服务。为了解决这一问题，银行需要拉近服务与客户之间的距离。渣打银行专门针对中小企业的需求，推出了全球网上银行平台Straight2Bank。通常，银行会提供零售网上银行平台和/或企业银行平台。前一种平台对中小企业客户而言过于简单，因为他们拥有不同的产品（例如贸易），需要更精细的功能（例如针对不同管理团队成员的多级访问权和授权）。另一方面，后一种平台对中小企业而言过于复杂，许多与他们无关的功能令他们望而生畏。而面向中小企业的Straight2Bank，在易用性与需求相关性之间达到平衡。

截至2013年12月，渣打银行在中国已经拥有超过7000个Straight2Bank活跃用户，约占渣打中小企业客户总数的2/5。2013年全年，通过Straight2Bank执行的交易总数超过35万件，占处理交易总数的85%。

5. 根据中小企业的生命阶段，向其提供差异化的服务和解决方案

中小企业的需求随其生命周期不断演化。

规模较小的中小企业看重服务的便利性，因为他们的需求较为基本，银行知识也处于初级阶段。为了满足此类需求，渣打银行在多个市场（尤其是新加坡、阿联酋和韩国）推出了一体式捆绑解决方案，从现金管理到贷款解决方案均涵盖其中。这不仅帮助中小企业简化了交易过程，更为他们提供了满足需求的综合解决方案。例如，向阿联酋中小企业客户推出的商业精华（Business Essentials）捆绑式服务，就是适合规模较小的中小企业的一体化交易解决方案之一。它包括提供免费支票本的存款账户、免费注册使用为中小企业量身定制的Straight2Bank网上平台、优惠的定存利率、外汇服务、汇出电汇服务（OTT）、员工薪酬服务和中小企业商务借记金卡（SME Gold Business Debit Card）。只需一个应用程序（而不需要分散的多个应用程序），便可将单据数量减少30%~40%，将交付时间缩短25%~50%。此外，组合式交易定价相比临时购买单个产品和服务，能够为客户节省成本。

随着中小企业不断发展，他们对服务的需求也愈加复杂。为此，渣打银行委派专门的客户经理，在外汇、贸易和现金管理专家团队的支持下，为客户度身定制满足其需求的解决方案。

6. 提供跨境人民币解决方案

随着中小企业日益成熟及希望向海外拓展业务，渣打银行需要满足他们的跨境银行服务需求。例如在中国，渣打银行设立专责跨境代表，与所在市场的其他代表合作，为非洲、东南亚和中东等中国主要"贸易走廊"提供更好

的服务。渣打银行还对发展中的人民币国际化予以支持，向中小企业客户提供创新的解决方案。例如，渣打银行中国是首批完成人民币跨境公司间双向借款的银行之一，根据面向位于昆山的台资企业的一项试点计划，帮助了该地区一家台资企业开展该业务。

### 7. 利用大数据抢占优势地位

作为下一个创新、竞争和生产力的前沿技术，"大数据"如今成为全球瞩目的焦点。银行也开始积极创新，提供利用"大数据"的解决方案。虽然这些解决方案大多处于初级阶段，但潜在解决方案可能会覆盖广泛的领域，例如风险管理、市场分析、流程效率和客户体验。基于大数据应用程序的智能分析结果已被用于增强跨渠道的营销效率，实施事件驱动的营销，并指导银行网上平台的实时营销。未来，其中一些程序将有助于中小企业客户提升他们的效率，并降低银行服务的成本。

### （二）政府如何支持中小企业

#### 1. 制定促进中小企业贷款的政策和担保计划

政府可以通过实施促进中小企业贷款（不论是自愿型还是强制型中小企业贷款）的政策和计划，对阻碍中小企业发展的市场失效做出赔偿。

自愿型中小企业贷款计划旨在提升中小企业贷款的吸引力，进而鼓励银行增加对中小企业的贷款。这些举措旨在解决下面的一个或全部问题：①如果银行因为资产负债表受经济危机或更高资本要求的掣肘，而不愿意向中小企业放贷，那么政府将推行各种计划，降低向中小企业提供融资的成本。②如果银行因为中小企业的信用风险高而不愿意向它们贷款，那么政府会试着介入，以降低银行承担的信用风险。

为了应对银行资产负债表减值问题，各国政府都实施了各种资助计划，力求向中小企业提供融资成本。英国推出了融资换贷款计划（FLS），根据银行的贷款账目，按照补贴利率向银行注资。该计划更注重对中小企业的贷款，银行越早提供贷款，获得的奖励越高。埃及也推出了类似的计划，其政府宣布银行持有的中小企业资产不必遵守央行14%的准备金要求。

一些国家政府选择解决中小企业信用风险问题。政府信用担保（CG）计划为中小企业的部分贷款提供担保，降低了中小企业的固有信用风险。CG计划可以采取多种形式，为投资组合或账户提供担保。渣打银行与8个国家或地区的政府携手合作，为中小企业提供政府分期贷款（GIL），这八个政府分别是：中国香港、新加坡、中国台湾、马来西亚、泰国、韩国、印度和巴林。截至2013年9月，渣打银行的GIL结余达12亿美元。

推出贷款保险计划（LIS），是缓解中小企业信用风险的另一个途径。以新加坡为例，总保费由保险公司根据借款人的现状确定，并由政府提供50%的保费支持。

一些政府则选择实施强制型的中小企业贷款计划，要求银行向中小企业贷款。例如，阿曼央行规定商业银行的中小企业贷款必须占其贷款总额的5%以上。对银行而言，此方法的主要缺点是，如果信贷环境欠佳，银行在切实遵守该要求时就会面临挑战；还会导致外资银行不愿投资该市场，从而影响当地银行业的竞争环境。因此，要想使此方法发挥作用，应在此基础上制定更广泛的计划，构建透明、高效的环境，降低银行面临的中小企业信用风险。

### 2. 改善有关财产权和抵押权的法律框架

有效的抵押体系可降低违约率，减少贷款人的违约损失，从而鼓励放贷。这涉及到一系列的许可抵押品（尤其是动产抵押品），以及确定明确的优先级排序（澄清抵押债权人的权利）、高效的抵押登记（使优先权益为公众所知），并且在发生违约的情况下，应有效执行对抵押品享有的权利（包括扣押和处置）。中东地区在这一领域面临挑战。而美国、英国、中国香港和新加坡等发达市场，均已建立了行之有效的成熟抵押体系。

2004年，中国开始着手改革其动产担保框架，鼓励抵押有价动产获取融资。在改革之前，中国法律对动产抵押品的使用做出的规定是中小企业融资的主要制约因素，因为银行贷款主要基于房地产抵押，而中小企业通常并没有这类抵押品。《物权法》的制定显著扩大了动产抵押品的使用范围，并且该法律在电子登记系统创建后得到了进一步落实。中小企业可以申请应收账款（AR）抵押融资，此类融资可通过电子登记系统注册在案。2007年至2011年底，AR抵押贷款达9万亿元人民币，其中43%流向中小企业。

### 3. 提升信贷和信息透明度——征信局、中小企业评级、公司登记册

政府可通过建立征信局、协调制定中小企业评级和设立公司登记册，促进信息流动，从而帮助缓解已知的中小企业高风险。

征信局的目标在于开发全面的征信系统，涵盖个人和商业信用信息，实现对微型、小型和中型企业的无缝覆盖，从而帮助贷款人更有效地管理信用风险，扩大获得信贷的渠道。同时还强制规定，应向信用登记处/登记局提供数据，并向其进行相关咨询。另外，这些数据应当能以电子方式实时访问和使用，并保持更新。在发展中市场，信息环境尤为脆弱，需要着手收集金融服务行业中所有相关参与企业以及非金融参与企业（例如公用事业和零售商）的信息。还应鼓励征信局提供信用评分等额外服务。

新加坡征信局（CBS）得到了政府的大力支持，是东南亚为数不多的私立征信机构，同时收集消费者和企业的数据。该局与邓白氏集团建立了伙伴关系，可获得上千家新加坡公司的交易信用数据。2010年5月，CBS推出定制的信用评分解决方案，以准确量化与中小企业信贷申请相关的风险。这包括贸易信贷经验，并将这些与企业所有人和主要利益相关者的个人信用记录结合起来。在应对小型企业的风险时，如果没有详细的财务信息或此类信息不可靠，那么这种形式的混合分数就显得尤为重要。

印度中小企业业信用评级公司（SMERA）

是该国第一家关注微小中型企业的评级机构，提供综合评级，供金融机构在信用评估中使用。截至2011年底，该机构共覆盖8万家中小企业。SMERA的股权十分多元化，由11家银行共同拥有，因此贷款人都愿意认可其评级，并向评级好的中小企业提供财务和非财务优惠待遇。评级按照规模进行分类，所以公司都会接受同业间的评估。定价政策旨在将费用维持在中小企业可负担的水平。

另外一项挑战也正逐渐显现，即在全球范围内执行日益严格的客户尽职调查（CDD）和反洗钱（AML）要求。如果银行在权衡收益机会时，发现达到这些要求的成本过高，那么就有可能不向部分中小企业提供银行服务。因此，银行和政府应当通力合作，寻求相应的方式（如设置新程式或改进现有的风险参数）来解决这个问题，并确保CDD和AML合规。

### 4. 标准化会计和审计准则

强大的会计和审计准则可降低信息的不透明现象，改善中小企业的融资渠道，并鼓励基于财务报表提供贷款。然而，各国必须在提高透明度与减少中小企业监管负担之间取得平衡。国际财务报告准则（IFRS）已针对中小企业做出修改，大约有60个国家或地区似乎已采用国际财务报告准则中小企业版。其他国家如德国等欧盟国家认为，中小企业版仍过于昂贵，因此采用了简化版。在欧盟，员工不足50人的公司无需开展强制性审计，这一规定也是为了在提高透明度与减少小企业监管负担之间取得平衡。

### 5. 放松商业限制，减少官僚作风

研究显示，国家的市场准入成本、财产登记成本越低，其制造业中的中小企业规模越大。另外，监管改革可以促进建立正规的中小企业。例如，墨西哥和哥伦比亚通过改革，简化了工商登记手续，使得注册企业数量大幅增加。

过去几年，中国已实施了改革，加速企业注册和贸易，简化借款流程，加强保护投资者。世界银行对中国在改善经商便捷度方面所做出的努力也给予高度评价。未来，随着中国从投资驱动型模式转型，政府对企业在其生命周期各阶段（包括起步、运营、贸易、税收及歇业），提供支持和强大的基础设施显得更为重要。

### 6. 继续进行金融改革

中国在新的领导班子带领下，正不断加快金融改革的步伐。利率市场化、人民币国际化和上海自由贸易区（FTZ）的建立将提升金融资源配置的效率，并对银行在华开展业务的方式产生深远影响。渣打银行积极地应对这些变化和机遇。自中国人民银行2013年中颁布简化跨境人民币业务的措施以来，渣打银行已完成数个跨境人民币借款业务。此外，渣打银行已于2014年3月在上海自贸区设立一家支行。

### 7. 协调与整合中小企业计划

已有的研究表明，利用现有中小企业支持计划的功能协同效应，比建立成本昂贵的新机构更有效。可建立一个"牵头机构"，负责协调该领域的公共和私人组织。该机构还应作为

不同计划的信息知识库，内容包括支持政策的接受者的特征、成功案例和产出率。

马来西亚的中小企业支持计划涵盖法律和监管问题、金融基础设施和融资，并采取整合方式进行落实。为了确保协调、有效地实施中小企业发展计划，马来西亚中小企业公司（SME Corp Malaysia）成立。全国中小企业发展理事会（NSDC）提供政府政策指导，确保制定和有效协调适当的政策，促进中小企业发展。2004年，NSDC和马来西亚中小企业公司制定了中小企业发展框架，协调针对中小企业的各项计划。框架分三个阶段：加强中小企业发展基础设施、建设国内中小企业能力、增强融资渠道。

**8. 同非政府组织和商业组织合作开发其他融资渠道**

股权是发债的有力补充，尤其是对高增长的创新型中小企业而言。同其他中小企业融资方式相比，股权基金中的中小企业参与度有限，因为股权基金通常关注那些有高增长潜力的优秀公司。不论如何，这些公司在得到深度开发的同时，推动了就业增长。此外也鼓励雇佣年轻专业人士，因为高增长的创新型行业中的管理人员通常较传统行业中的年轻。股权基金案例成功的关键因素就包括聘请一位技能高超且经验丰富的基金经理。此外，在较小的新兴市场中，区域性基金较之某一国基金更受欢迎，因为这将带来更多的投资机会和渠道。

2001年在巴西推出的创新项目（The Inovar Program），通过建立一个风投资本市场并加强对科技类企业的私人投资来支持新的科技型中小企业的发展。Inovar创立了一个研究/知识和信息发送平台，并为引入和加强风投在巴西小企业基金中的投资开发管理能力。该项目的风投平台为2650位注册企业家和200名投资人提供了不同项目的注册方式的信息。该平台还建立了科技投资设施（Technology Investment Facility），投资者可借此对风投基金进行联合分析和尽职调查。在此平台上已开展了超过50次联合尽职调查，15个风投基金的约1.65亿美元得以落实或批准。该项目还成立了20个风投论坛，以便于中小企业同潜在投资者和目前的商业计划沟通，使得45家中小企业获得超过10亿美元的风投/私募投资。

另一个鼓励股权流动的方式是推动诸如英国的Crowdcube（www.crowdcube.com）和美国的Cricle Up（www.circleup.com）这类众筹网站的发展。对政府而言，股权记录和登记方式的最有效设计、网站在何种程度上对集资的小企业的破产和轻罪等负责任的相关政策仍然存在疑问。很显然，用衡量上市公司保荐人的标准来对待这类网站并不现实。但不论如何，这是一种增加融资渠道、开发新的资金来源的方式，值得进一步探索。

影子银行能提供融资的新渠道，但需要对其加以监管以确保风险可控，这点对中小企业尤其重要，因为他们往往更容易受欺诈和不受监管的银行活动的影响。

（本文由中国发展研究基金会授权刊发）

# 京津冀区域产业转型和升级

波士顿咨询公司[①]、中国发展研究基金会

京津冀地区作为中国三大核心经济圈之一，在中国整体经济增长和产业发展中具有重要的战略地位。在中国产业转型升级和城镇化的整体背景下，京津冀地区的产业转型和升级面临三大挑战：①北京作为中国智力、信息和科技创新资源最密集的地区，如何率先进行产业升级，成为我国创新驱动产业的先驱和龙头；②区域内部分地区高污染和低附加值传统重化工业大量低水平重复建设，不但给整个区域的生态环境带来严峻问题，而且造成严重产能过剩（钢铁行业为突出代表）。如何改造和提升传统重化工业，以及如何解决削减落后产能后的就业和产业缺口问题；③区域内经济发展不平衡，河北经济发展远远落后于北京和天津，区域产业协同薄弱，如何突破区域内隔阂，促进要素流动，实现优势互补和协同发展。针对这三大挑战，本文通过国际经验对标、地区禀赋分析、企业调研，以及借鉴波士顿咨询公司在全球及中国范围内的相关咨询项目经验对京津冀地区产业发展提出了升级目标，并围绕这些目标提出了四大举措建议。

## 一、京津冀发展定位

发达国家及经济体的产业升级经验为京津冀地区的发展提供了宝贵的借鉴。从包括德国、芬兰、瑞典、日本、韩国、新加坡和中国台湾地区在内的多个国家和经济体产业升级的历史中，可以看出大部分经济体都经历了从资源密集型产业向资金密集型、进而向技术密集型和知识密集型产业演进的升级过程。产业升级需要分步进行，循序渐进，而非一蹴而就。每一个阶段为下一个阶段积累必要的技术能力、人力资源和市场基础。京津冀三地经济发展水平和产业发展阶段差距较大（见图1、图2），在产业升级目标设定方面也应因地制宜，避免采用单一化标准去要求所有地区，欠发达地区无法直接实现向高精尖新兴产业一步到位的转型。

---

① 波士顿咨询公司本项目团队的领导和参与者包括廖天舒、周园、程娜、屠毓琳、杨昕舟、曾春阳。波士顿咨询公司（BCG）是一家全球性管理咨询公司，是世界领先的商业战略咨询机构，客户遍及所有行业和地区。

2011年京津冀三地GDP构成（%）

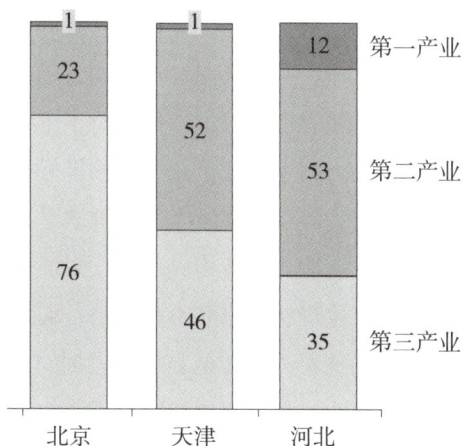

**图1 京津冀的产业结构处于工业化的不同阶段**
资源来源：《中国统计年鉴》，2012。

全国31省区市2011年人均GDP及排名
（万元/人）

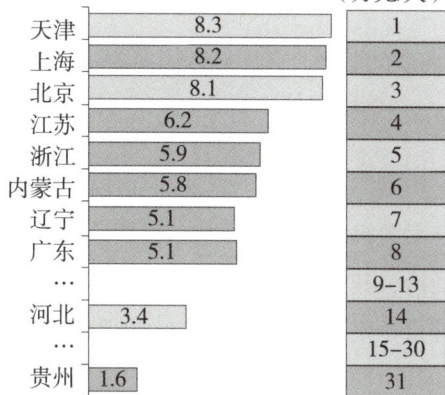

**图2 京津经济发展水平位于全国前列，而河北与京津有较大差距**
资源来源：《中国统计年鉴》，2012。

本文基于三地的产业基础和资源禀赋分别归纳建议了北京、天津和河北的产业转型和升级目标。

### （一）北京：大力发展知识密集型产业，逐步降低制造业比重

北京作为中国的首都和国际化大都市，已经进入后工业化时代，形成以服务业为主导（2012年，服务业占GDP比重76%）的产业结构。信息技术、科技研发、教育文化为代表的知识密集型产业发展尤为迅猛，在全国居于领先地位。从自身禀赋分析，北京一方面是中国智力、信息和科技创新资源最密集的地区，另一方面制约制造业发展的关键要素——土地和劳动力成本居高不下。世界主要都会城市的制造业一般都在GDP的10%左右或以下，相形之下，北京的制造业比重（不含建筑业）占GDP的18.8%（2012年），仍然有下降空间（见图3）。综合产业基础和禀赋条件，北京应该一方面逐步降低制造业比重，另一方面大力发展以创新经济为核心的知识密集型产业，力争成为中国的研发和创新基地，成为知识经济和创新驱动产业升级的先驱。

世界各主要大都会圈制造业占GDP的比重（%）

**图3 相对于世界主要大都市，北京制造业比例仍较高**
注：为保证不同统计口径的一致性，建筑业未包含在制造业中。
资料来源：北京市统计年鉴，美国经济分析局，韩国国家统计局，日本东京都统计局，英国国家统计局。

## （二）天津：北方先进制造业中心、现代物流中心以及金融改革创新基地

天津处于工业化后期，第二产业仍是最重要的支柱，占比达到52%。天津具有良好的制造业基础：形成了门类齐全，配套完善、较高水平的现代工业体系，拥有一批龙头企业，特别在航空航天、新材料和光电一体化等高新技术产业带动下，先进制造业快速发展，在全国形成优势产业集群。同时，现代服务业逐步发展：依托天然的区位和港口优势，天津是北方重要的国际航运中心和物流中心；同时围绕现代制造业和国际贸易物流的发展，相关的金融服务业发展迅猛，也为制造业和物流业的发展提供重要支撑。天津成为继北京、上海、深圳之后全国少数拥有金融全牌照的城市之一，是全国私募基金、融资租赁服务和产权交易等的重要聚集地（至2011年，天津私募股权投资基金和基金管理公司达到917家；融资租赁业务总量占全国的24%）。综合产业基础和禀赋，天津应该着力打造北方的先进制造业中心和现代物流中心，并以此为契机，推进金融改革与创新。

## （三）河北：传统重化工业转型和升级，进一步提升工业化的程度和质量

河北仍处于工业化中期，第二产业占主导地位，但仍然处于资源和资金密集型的早期发展阶段，粗放型、高能耗的重化工业为主，技术水平和附加值相对较低。低水平重复建设严重，以钢铁为代表的传统重化工业存在严重的产能过剩，而且对于区域生态环境产生了极大的负面影响。从禀赋角度分析，河北的主要优势是毗邻京津，自然资源、土地和劳动力较为丰富，价格相对低廉，这一优势对于土地资源稀缺和劳动力高企的北京是潜在的极好补充。河北的主要劣势在于高级人力资源缺乏，技术水平落后，制造业产业构成单一，附加值水平低。综合产业现状和禀赋不难看出，河北现阶段的重点仍是着力于转型和提升占据GDP主体的传统制造业，降低粗放型重化工业的比例，寻求转型和升级。与此同时，河北可以抓住京津发展高端服务业和先进制造业的契机，吸收京津原有产业的转移，同时成为京津服务业和制造业的产业外围和上下游延伸及配套基地。

## 二、京津冀产业转型和升级的举措和政策建议

从京津冀产业升级目标中可以进一步总结出三大关键课题：①鼓励创新驱动的知识密集型经济，其中尤以北京为代表。②改造和提升传统重化工业，使其向环保、高附加值方向转变，其中尤以河北为关键。③强化区域协同，拉动欠发达地区，实现优势互补，促进区域内平衡协调发展。围绕这三大课题，本文提出以下四大举措和政策建议。

### （一）鼓励扶持创新型中小企业

京津冀地区以北京为龙头发展创新驱动经济，需要大力扶持有创新活力的中小企业发

展。国际经验表明，中小企业对于发展创新驱动的知识经济可起到重要的拉动作用。即使在韩国和新加坡等传统以大企业为主导的亚洲经济体，在向知识经济发展的转变过程中，中小企业的重要性也日益受到关注。近年来各国出台了一系列旨在促进创新型中小企业发展的政策，如新加坡的SPRING机构和GET-UP计划，及韩国的"300全球之星"计划，这些政策注重选拔出有潜力的创新型中小企业，帮助其加强研发、管理和营销等能力，使其成为新兴产业乃至全球化的生力军。结合对北京创新型中小企业的调研，我们认为政府可以在科技研发、创新融资和基础设施三方面，为支持创新型中小企业发展提供有力帮助。

①在科技研发方面，建议创建以应用技术研发及转化为根本目标的应用技术研究院，并以此为基础为中小企业提供强有力的技术支持。目前北京虽然拥有众多高校和科研机构，但是由于定位和机制问题，科研成果的产业转化率差强人意。通过组建应用技术研究院，可以打造以市场和企业需求为导向的应用技术研究能力。研究院的建立可采用政府、产业和科研院所合作的方式，而研究项目可以包括受企业委托的攻坚项目，科研院所基础研究实用化项目，以及具有实用前景的自主研究。应用技术研究院的另一项职能是打造中小企业的研发实验室，与中小企业共享实验设备，提供测试及其他研发服务，可显著降低中小企业的研发成本，加速研发流程。最后，研究院可以成为一个理想的应用技术人才和创业家培育摇篮。

研究院应该一方面鼓励研发人员从事应用技术的开发，另一方面通过初创企业孵化机制帮助他们将新技术产业化。这方面中国台湾工业技术研究院的经验提供了有益借鉴（见图4）。

②在创新融资方面，政府应该充分引入市场化的投资决策机制来进行相关扶持和引导资金的分配。调研发现，当政府直接分配创业扶持资金时，由于决策过程的透明度低和利益不兼容等问题，资金分配和利用的效率不尽如人意，从而使得资源很难到达最有潜力的项目。针对此情况，我们建议将政府基金作为投资（可以通过贷款、有限参股、共同投资等不同模式）交给市场化的专业投资机构来运作，由其进行项目筛选和投资。这样不但可以优化投资决策，还可拉动更多的私人资本为创新性中小企业提供融资。在国际上，这方面的成功案例包括以色列政府的Yozma计划，其主要运作方式是与国际知名的创业投资机构合资发起创业投资基金，或合作进行创业投资，在合资成立的子基金中，以色列政府资金最高占40%，私人资本则占60%以上。新加坡、中国台湾地区政府均有类似的投资政策。目前我国国有资金参与投资，仍然有一系列复杂的管理流程和审批程序，难以匹配市场化投资的效率要求，政府应该考虑简化手续，鼓励和支持政府基金进入市场化投资渠道。

③在基础设施方面，首先，我们认为政府应着重促进中小企业能力的提升，应该提升现有高科技产业园的创业孵化辅导和其他软性增值服务的能力。北京虽然建立了以中关村科

中国台湾工研院通过五大核心业务和职能　　提升中小企业科技水平

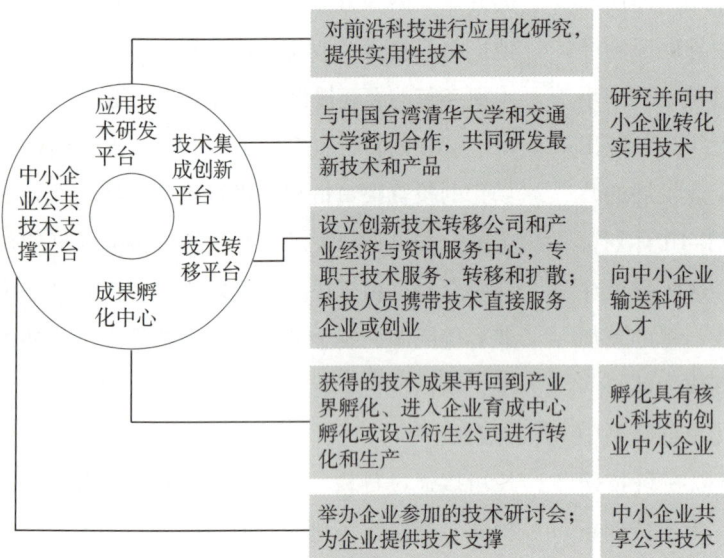

| | |
|---|---|
| 对前沿科技进行应用化研究，提供实用性技术 | 研究并向中小企业转化实用技术 |
| 与中国台湾清华大学和交通大学密切合作，共同研发最新技术和产品 | |
| 设立创新技术转移公司和产业经济与资讯服务中心，专职于技术服务、转移和扩散；科技人员携带技术直接服务企业或创业 | 向中小企业输送科研人才 |
| 获得的技术成果再回到产业界孵化、进入企业育成中心孵化或设立衍生公司进行转化和生产 | 孵化具有核心科技的创业中小企业 |
| 举办企业参加的技术研讨会；为企业提供技术支撑 | 中小企业共享公共技术 |

取得可观的科研成果，并实现向产业界的转化

· 成立以来在多个领先领域，如集成电路、个人电脑、自动化技术等取得了一大批具有知识产权的成果

· 为中小企业的研发中心和技术服务中心孵化出一大批领先企业，之后成长为行业领军者

**tsmc** 台积电　全球最大的专业集成电路制造服务公司

**UMC**　中国台湾第一家集成电路公司，目前世界上重要的晶圆代工企业

**图4　案例：中国台湾工研院是极为成功的应用技术研究机构，为中小企业提供公共技术支撑，同时成功孵化众多的中小企业**

资料来源：中国台湾工业技术研究院，BCG研究。

技园为代表的一系列高新技术产业园区，然而大部分产业园仍以提供场地和硬件为主，核心是工业地产。对于创新型的中小企业，创业辅导、商业资讯、法律服务和融资服务等增值服务更为关键。政府管理的高新技术产业园应该重点加强软性服务能力，这方面可参考国外高科技企业孵化器的经验，如美国硅谷Y-Combinator和德国Seed Camp。根据企业所处的不同的生命周期，提供创业导师辅导、融资计划咨询、行业知识分享等多种增值服务。针对中小企业寻求商业咨询的经验和支付能力有限的特点，新加坡政府曾聘用专业的管理咨询公司，针对中小企业的管理能力提升，设计一系列可复制和推广的辅导计划以及提升政府部门服务中小企业能力的长期方案，取得了良好的效果。同时，政府也应该鼓励市场环境自然衍生出的新兴创业孵化机构发挥积极作用，如联想之星、3W咖啡等。

其次，确保中小企业能够获取和使用世界一流的信息基础设施与网络。为了实现互联、合作以及进行竞争，中小企业需要获取易于使用、价格适宜、值得信赖且安全可靠的信息和通讯技术（ICT）网络。波士顿咨询公司对美国、德国、中国、印度、巴西这五个全球最大经济体的4000多家中小企业2010～2012年的企业经营状况调研结果显示，各行业中的"技术先锋企业"（主要针对于新兴IT工具利用）创造工作岗位的速度几乎是其他中小企业的两倍，年收入增长率高出其他企业15%。北京作为中国信息产业的中心，具有得天独厚的信息基础设施的优势，可以充分发挥其对本地、整个区域乃至全国中小企业的服务作用。建议政府可以采取的行动包括：确保中小企业能够获取新信息技术，提供有效利用此类技术所需的支持和培训，创造一个良好的法律环境，以便中小企业充分利用此类技术并保护各类创新成果。

## （二）改造和提升传统重化工业

区域内，以河北为代表，传统重化工业经过多年粗放式增长面临严重产能过剩，不但效益低下，而且造成严重环境污染和巨大资源承载压力。转型和提升需充分考虑环保、效率和就业三大因素。本文将以问题最为突出的钢铁行业为例来进行讨论（见图5）。

首先是严格落实环保标准的执行。在过去很长时间，部分地方政府从保证GDP的角度出发，在环保问题上放松监管，大量钢铁企业违规运营，成为空气污染的主要原因之一。严格落实对企业的环保要求是真正缓解京津冀的环境污染压力的必要步骤。同时，相比于政府直接干预产能规划，落实环保要求是淘汰落后产能的公正且有效的途径。节能环保不仅有明确的法律要求，也有相对完善的标准体系和监

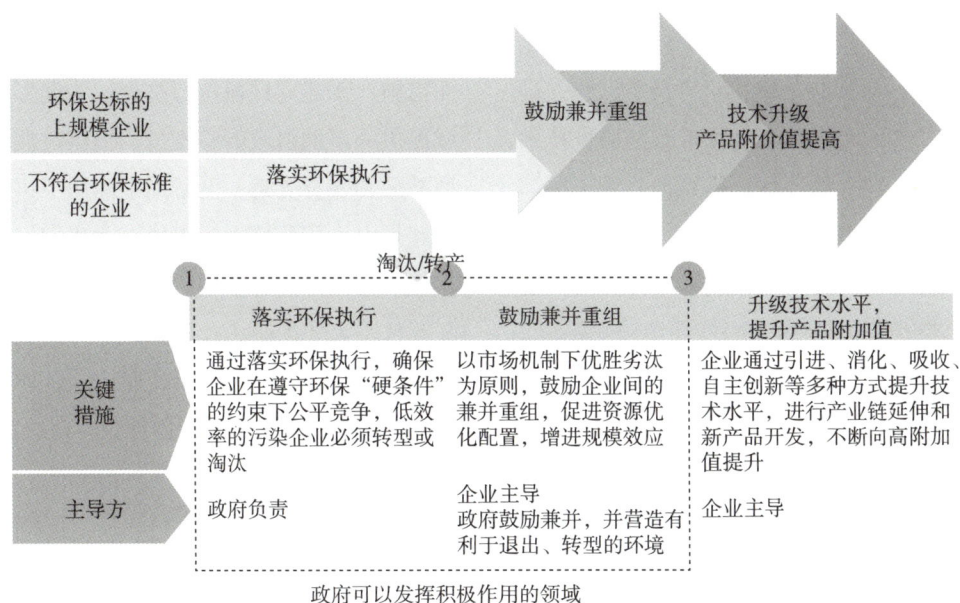

**图5 钢铁行业转型升级分三步进行：首先落实环保执行，其次鼓励市场原则下的兼并重组，最后提升技术和附加值**

资料来源：2013年12月对于河北钢铁企业的调研成果，BCG分析。

管措施，它的公正透明可以减少企业的寻租空间，淘汰真正的污染企业，并保留能够改进技术降低排放依然具备市场竞争力的优秀企业，为建立在公平基础上的市场竞争打好基础。调研发现许多落后产能的存在得益于逃避环保等其他社会责任的收益，环保合规和非合规企业的环保成本差距高达100～120元/吨。通过落实环保要求，违规企业将无利可图，必然进入淘汰或升级的轨道。

关于实现产业的环保要求，我们的具体建议包括：①严格落实对企业排污情况的监控和达标要求。现代信息技术已经使得24小时排污实时监测成为可能，关键是地方政府的执行意愿，需要通过加强对地方环境指标的考核以及引进社会公众监督体系为保障。②除了违规处罚外，环保部门也可以尝试采取更多市场化的激励手段，比如向企业拍卖排污量，建立排污量交易的二级市场等。③推广节能减排技术和最佳实践，建立循环经济体系，强调资源综合利用与可持续消费。根据调查，高耗能行业（如钢铁行业）的大多数企业在维持相同产量条件下至少有节省30%～40%能耗和50%温室气体排放的空间，这将为企业带来可观的能源和排污成本的节约，促进企业生产力和经济效益的提升，为企业加强环保管理提供正面激励。

其次，行业效率和企业竞争力的根本性提升还需要通过基于市场自由竞争下的兼并重组。只有通过让优秀企业兼并吸收落后企业，才能促进整个行业健康的新陈代谢。这对于注重规模效应的钢铁行业尤为重要，国际钢铁主要生产国的钢铁行业发展历程中，大规模的行业兼并重组是推动行业技术升级的关键步骤。然而，产业整合重组要想真正发挥作用，需要让市场之手来决定资源如何重新配置和优胜劣汰，让企业根据市场需求调控投资和产能。历史经验证明，政府主导的重组往往易于失败。政府在资源重组的过程中最重要的是提供公平竞争和企业自由组合的环境，不要让所有制形式、地方保护主义等因素影响市场力量发挥作用。此外，兼并重组后的整合工作也尤为重要，是影响兼并重组成功的关键因素。

淘汰落后产能，压缩产量，必然造成短期地区经济下滑，失业增加。需要充分认识到社会影响的严重性，建立配套机制，理顺产能退出通道，缓解受影响地区的阵痛，同时帮助他们寻找新的发展机遇。我们建议采取以下几方面措施：①建立区域统筹基金，为受影响的区域提供一定的财政转移支付，提供过渡性的转型补贴和融资支持；②帮助下岗职工再就业，尤其是引入职业培训，提供专业咨询、优惠贷款等；③提升教育水平，加强教育投入，弥补高等技术人才的缺乏；④积极鼓励民营经济发展，开拓有地方特色的新产业；⑤延伸传统产业的产业链，发展下游深度加工，吸收就业。

## （三）激活和发展民营经济，向高附加值提升

通过激发民营经济活力和促进其转型提升，可以加速经济增长、创造就业机会、完善产业结构、促进城镇化特别是县域经济发展。

我们重点调研了河北民营企业（以中小企业为主），从中发现：河北民营经济呈现分区域小产业集群，如白沟箱包、安平丝网、文安板材等，但产品均以技术水平低和附加值低的工业原材料和初级加工品为主。下一步的发展和升级，河北民营经济面临几大困境：缺乏发掘好的商业机会的能力，缺乏人才，管理落后，融资困难。我们建议参考长三角、珠三角经验，从打造商贸平台、鼓励优秀人才创业和发展中小企业融资体系三方面着手支持民营经济发展。

①打造线上线下商贸平台：打造河北民营经济商贸平台旨在解决河北中小企业商机信息闭塞的问题，同时帮助搭建一个河北中小企业与外界市场的桥梁。通过商贸平台，企业可以和外界市场交流，同时获取市场信息和商机，亦可对外进行品牌宣传，推介产品；可以利用已有大型线上电子商务平台，如广东东莞在阿里巴巴平台上开辟东莞专区，同时也可以打造线下展会和定期商贸参访机制。针对河北民营经济分区域小产业集群的特点，区域集合品牌对外推介是一个好的选择，如浙江义乌以小商品闻名，通过区域行业协会进行区域集群产品的统一宣传、统一谈判、统一协调，整体提升区域产业集群的知名度。

②鼓励优秀人才回流和创业：企业家精神、优秀技术和管理人才是促进产业升级的重要要素。河北人才外流至京津的情况比较突出。因此鼓励具有技术和管理能力，视野开阔的高级人才在本地创业，吸引人才回流，对于提升民营经济具有重要意义。为此，地方政府应该站在企业家的角度在软硬件两方面积极建设优良的生活和创业环境。

③发展地方性的中小企业融资体系：融资困难是河北乃至全国民营中小企业的共同问题。我们建议，一方面应该大力发展本地化的小微金融服务（本地中小银行有助于解决这一问题）；另一方面可以通过信息技术降低融资成本，政府可以通过鼓励中小企业的信息化和交易的电子化，以及支持线上商贸平台的发展，借助互联网金融等创新手段缓解中小企业融资难题。

**（四）推进区域间产业转移和配套合作，加强区域协作**

现阶段在推动京津冀区域的产业合作方面，有两个关键的撬动点：一为推动北京制造业和低附加值配套产业的外移。二为增强河北承接产业转移的吸引力和产业配套的能力。

北京对外产业转移和延伸的动力已经存在：一方面是土地和人力成本的不断上涨，另一方面环境污染和资源承载能力已经接近极限。事实上，许多企业已经表现出了转移的意愿，例如访谈了解到北京80%以上的电商企业已经开始将仓储物流环节转移至天津。我们也了解到许多企业希望将人才和信息密集型的研发和营销环节保留在北京，而将附加值较低且土地和劳动力密集型的制造环节转移到北京以外的低成本地区。这实际是市场实现资源优化配置的最佳选择。然而当前的问题之一在于地方政府往往对企业外迁带来的经济指标下滑有所顾虑，甚至阻拦。针对这种情况，区域可考虑借鉴成都与上海异地产业园模式，建立京津冀三地产业合作的飞地，通过利益共享机制在制度上增强转移方政府的意愿。

三地合作的另一个关键因素是河北自身的产业承接和配套能力，这是移出企业是否愿意选择落地河北的关键。外资引进的历史数据显示，河北对于外部资金的吸引力在东部沿海地区较为落后。究其原因，除了人力资源、基础建设等相对落后外，商业环境、政府服务意识等软性因素也是一大掣肘。我们建议，政府应该转变职能，提高服务意识，在注册、审批和生产等环节切实为企业发展提供帮助。另外，政府应着重提升招商引资能力，可通过引入专业的招商机构来加强服务和管理的专业性。这方面已看到积极的尝试，如廊坊经济开发区和固安县政府引入专业化工业园招商及管理机构打造固安产业新城。国际范围内，产业在毗邻区域转移成功的代表案例有新加坡与和其接壤的马来西亚依斯干达（Iskandar）特区的产业合作，马来西亚中央和地方政府引入大量专业顾问和机构参与该园区的城市规划、房地产规划、环境规划、法律、市场营销、业务再造流程、社会政策等战略制定，为当地打造了良好的文化、教育、卫生、商业、法律环境。

## 三、小结

总而言之，京津冀产业转型和升级目标在于：北京成为创新为驱动的知识密集型产业中心，天津成为先进制造业、现代物流中心和金融改革创新基地，河北持续推动传统重化工行业的转型和升级。围绕实现这三大目标，政府需要下大力气鼓励和扶持创新型中小企业的创立和发展；通过严格落实环保政策和鼓励兼并重组推动传统重化工业的转型和升级，通过大力发展民营经济打造新产业并创造就业机会。最后，加强区域协同，促进区域内的产业转移，提升相对落后地区的投资环境和配套能力，实现整个区域产业合作，共同发展。

（本文由中国发展研究基金会授权刊发）

# 中国能源改革建议书

壳牌（中国）有限公司

## 一、中国能源体系改革的历史和背景

自1980年以来，中国经济体制改革已经实现了经济快速增长和转型。中国已经从一个落后的农业大国走向一个大力推动城市化进程的工业国家，实现了从计划经济向市场经济的转变。这样的转型源于具有显著累积效应的经济政策转变，而且各个转变之间保持了连贯性。1978年发端于农村的经济体制改革，已逐步发展到覆盖中国经济的几乎所有领域。过去几十年，中国经济改革取得了举世瞩目的成就，贫困人口大幅减少，人均收入快速提高，工业及生产力的地理布局实现了转变。

随着时间的推移，中国能源政策的目标也有了新的发展。虽然最近几十年，中国已经实行了旨在保障能源安全、促进经济繁荣的重大能源政策，但当前的治理和政策措施并不足以达成中国政府提出的2030年的发展目标。在建设现代化可持续发展能源体系的过程中，决策者面临着诸多严峻挑战，包括：

①决策者能否清楚地阐明总体能源战略，为政策制定和实施给予更好的指导。能源政策应从能源战略出发，模糊或多变的能源战略目标和优先事项会破坏一个国家制定并实施政策的能力。

②能否通过在政府内部及各级政府机构之间进行更好的协调，避免重复性工作，保证连贯性。良好的能源政策不应在政府机构

之间造成重复性工作，并且各个政府机构制定的政策应当保持连贯，而不是相互掣肘。在负责制定能源发展政策的中央政府机构之间，以及中央与地方政府政策之间，保持连贯性至关重要。

③当短期政策目标与长期政策目标相互抵触时，能源政策与宏观经济政策能否适当地二者兼顾？逆周期宏观经济政策应当刺激需求，而这很可能在短期内增加国内能耗。虽然这不一定与能源政策目标相矛盾，但如果逆周期政策提供了针对排放密集型生产活动的激励，那么，它们可能在能源供应和需求以及碳排放强度方面产生持续性影响。另外，能源价格调节与消费品价格之间可能发生冲突。

④政府能否对能源体系进行恰当干预，同时避免因筹划不周的过度监管，降低人民总体生活水平？不同于消费品市场，能源市场的特点是存在重要的外部影响，如自然垄断和内在战略的重要性。挑战在于采取适当数量和类型的干预，以充分发挥优势，同时避免因"将问题留给市场来解决"而付出沉重代价。

⑤能源政策能否处理好效率、公平与国际竞争力等目标之间时有发生的冲突？在为能源价格松绑时，政府必须将下游行业和居民的购买力纳入考虑因素。应当谨慎权衡这些政策措施及其他举措对个人和企业的影响。

其中许多挑战都直接或间接地与赋予能源体系管理机构的权力有关，而不论这些机构能否不断发展，实现构建一个安全、高效、绿色的能源体系的目标。为了支持中国因快速增长

带来的根本转变，在制定法律框架时必须把握好节奏。虽然中国加入WTO为许多经济部门推进深化改革注入了动力，但能源体系改革却没有得到类似的刺激。中国能源行业改革步伐在很大程度上取决于对国内形势的判断，尽管意外的冲击（如进口能源价格飙升）会导致改革速度加快或力度加大。

## 二、能源体系改革的国际经验

中国并非第一个细致检查其能源体系并寻求改进的国家。其他国家在改革其能源体系的过程中取得的成功和失败，都能为刚刚踏上能源转型之路的中国提供有益的经验与教训。国际经验涵盖了各式各样的问题，从能源体系的全面治理，到设计排放权交易机制等细节，不一而足。理解其他实行能源改革的国家所作的努力，有助于中国确定其可能希望效仿的政策和应当避免的前车之鉴，因为中国的改革道路可能与大多数国家的经历大相径庭。中国是一个大国，其决策及产生的结果可能影响到国际市场和全球环境。中国向市场化高收入经济体转型是一个持续的过程，中国计划经济的一个历史遗留问题是存在大量国有企业，这构成了特殊的挑战。通过分析其他国家所作的努力，并从中国的独特处境中来审视这些努力，我们得出了10个核心经验教训，可能值得中国借鉴和汲取。

①能源市场要求进行强有力的监管，市场手段与行政指令应双管齐下，围绕着能源形成

的自然垄断环节要求进行积极的监管。此外，能源市场失灵会影响到整个国民经济乃至国家安全，能源生产和使用过程中产生的排放也会对全球造成影响。

②竞争性市场是可行的，但有时候，得到了妥善监管的垄断是必要的。在能源行业的某些部门，如零售部门，竞争性市场很管用，因为竞争可以降低价格，为消费者提供更好的体验。但在诸如运输等部门，自然垄断——不论是国有还是私营——可能更为恰当，因为其成本是固定的，网络重复建设会摊薄效益。

③在逐步从计划经济转向市场经济的过程中，改革顺序极其重要。应当尽早实行基础改革和以行政指令为主体的长效政策，如旨在提高能效的政策。在初期阶段，还应当建立强有力的监管和治理机制。接下来，应当推进所有权和市场结构改革。在零售部门推进改革之前，应当首先实现批发价格自由化。

④在开展周期漫长的计划之前，必须审慎考虑。在能源行业，固定资产的使用寿命很长。此外，其他政策领域的抉择，特别是交通领域的决策，会令一个国家的能源需求走上特定增长轨道，难以进行调节。同样地，供应侧投资会对发电部门的碳排放强度产生长达数十

壳牌集团原首席执行官傅赛（左）在"中国发展高层论坛2014"上接受媒体采访。（摄影/张玉雷）

年的影响。在敲定系统组件之前，做出明智的抉择，可以降低能源需求、增强能源安全、提高能率、减少排放，以及产生其他诸多长期效益。

⑤为了克服变革阻力，可能需要对实力雄厚的传统垄断企业给予短期支持。通常，能源政策的一个主要目标是在很大程度上让供需关系决定价格，同时适当地将所有外部影响内部化。改革往往会威胁到传统垄断企业的业务模式，但通过既能为其带来效益又不会妨碍长期经济发展目标的短期过渡性安排或配套政策，可以克服有关阻力。

⑥监控、合规和强制执行至关重要。有时候，中国的能源政策其实与发达国家的能源政策不相上下。在诸如建筑物和家用电器的能效标准等领域，实际的挑战在于通过加强监控或提供更有效的合规激励等强制合规。

⑦应当避免不必要地广泛推行政策和采取重叠措施。能源政策包含多重目标，政府往往实行有时相互重叠甚或彼此矛盾的多项政策。一项政策取得的效果可能在一定程度上或完全被另一项政策所抵消，譬如，二氧化碳排放税和排放权交易制度。诸多不同决策者之间应当协调行动，以免不必要地扩大政策范围，造成重叠或冲突。

⑧如有可能，政策应当侧重于具体目标，而不是实现这些目标的手段。市场经济体制允许参与主体利用有价值的分散化信息来作出更加明智的决策。侧重于目标的政策给企业留出了创新空间，同时，通过明确政策倾向，政府赋予了企业在政策发生冲突时作出适当决策的能力。

⑨各级政府作出的决策会对能源体系产生持久影响。各级政府作出的决策都会影响到国家能源体系。诸如电力基础设施开发和能源外交等政策必须由中央政府来实施，但还有许多政策在本质上更具地方性特点，如城市交通和规划。对于地方政策实施，中央政府制定的明确框架有助于保证地方政策与国家目标相一致，在其制定过程中也能对所产生的影响作更加透彻的考量。

⑩降低能源消耗和碳排放强度与提高人民生活水平并不相悖。建立在廉价能源和对环保的无知之上的西方经济增长模式已经过时。当前人们已经认识到矿物燃料排放对环境的危害，并且能源成本高昂。中国正是在这样的时代背景下，朝着发达国家过渡。然而，其他国家在同一时期作出的努力表明，清洁能源和环保举措可以与经济增长并肩同行，为一个更具可持续性的全新发展模式指明了道路。

## 三、符合中国国情的现代能源政策框架

要保持高速增长，中国能源体系必须不断发展。必须大力推进改革，以满足国家快速向现代化高收入国家转型的需要。为补充国务院发展研究中心从历史、政策和经济的角度就中国能源体系开展的研究工作，我们确定了6个首要政策领域，构成符合中国国情的现代能源政策框架的支柱。

①能源价格政策：中国能源体系必须从主要由政府定价向由大多数价格运转良好的市场定价转变。

②竞争政策：能源市场不能由少数几家拥有不当权力的企业主导，而应让运转良好的市场在能源行业发挥优化资源配置的作用。

③资源税费政策：中国应适当提高资源税负，完善计征方式，将重要资源产品由从量计征改为从价计征。

④能源安全政策：一条多管齐下的策略可以通过加强国内能源开发、丰富进口燃料供应渠道、通过提高能效降低需求、开发战略储备以及帮助稳定国际能源市场等途径增强能源安全。

⑤能效政策：在坚实的法律框架的支持下，中国可以通过充分发挥监管作用和市场机制，在所有经济部门全面提高能效，达到国际先进水平。

⑥环境保护政策：必须将降低能源碳排放强度作为首要任务，中国必须将行政监管与市场机制并举，努力实现2015年和2020年约束性减排目标，在为本国创造短期效益的同时，为从长远上保护全球环境作出贡献。

在制定符合中国国情的现代国家能源政策框架的过程中，需要思考三个根本问题：良好的能源政策框架有什么特征？鉴于这些特征，应当采取什么样的流程来制定框架？所制定的框架应当包含哪些要素，包括哪些总体政策目标？因此，我们列出了适合中国的良好能源政策框架的6个特征。

①战略性：框架应当以长远的目光看待能源体系，融合中国领导人确立的工作重点、长期行动计划的内在目标以及总体经济发展的关键目标。

②连贯性：框架应当保持连贯，避免不同政策之间相互重叠和掣肘。连贯的总体战略应当协调短期和长期目标，缓和彼此矛盾的能源政策目标之间以及能源政策与其他国家政策之间的紧张。

③全面：框架应当包含能源体系的所有关键要素，包括关于供应和需求、定价、技术创新、竞争、能源安全、城市化和交通等领域的政策。

④高效：框架应当推行理论上合理、实践中可行、能够实现其目标的政策。成功的实施应当结合总体经济发展工作重点，体现战略高度，如为处于不同发展阶段的中国各地区量身定制配套措施。

⑤机动灵活：框架应当包括定期政策回顾，以确定所产生的影响和取得的成效。框架应当机动灵活，可根据战略、国内国际能源市场、总体经济形势以及其他因素等变化作出必要调整。

⑥市场机制：框架应当强调向市场化能源体系转移，为应对许多当前及未来的能源挑战做好铺垫。政策可以瞄准整个能源市场，从供需两方面发挥有效作用。供应侧政策应当激励投资，如开放市场准入和放开价格管制，而需求侧政策则应包含鼓励消费者更加高效地使用能源的价格信号。

为了搭建符合这些特征的政策框架，我们从目标结果的角度，考虑了目标投入和有关政策方面。要做到综合全面，政策框架必须既包含能源行业政策，又涵盖诸如城市化和交通等对能源体系实际成效有显著影响的领域的政策（见表1）。

**表1　　　现代国家能源政策框架**

| 安全 | 高效 | 绿色 |
|---|---|---|
| 多元供应<br>战略储备<br>国际合作 | 能效<br>竞争<br>新资源 | 碳排放权<br>交易制度<br>碳排放税<br>透明定价 |
| 专业分析 | | |
| 路径 | | 国际经验 |
| 技术创新 | 城市化 | 交通 |
| 基础政策领域 | | |
| 能源定价 | 竞争政策 | 资源税费 |
| 能源安全 | 能源效率 | 环保政策 |
| 基础分析 | | |
| 体制机制改革<br>改革监管体系<br>自上而下制定、颁布和执行 | | 市场机制<br>市场准入和定价<br>竞争政策、税制 |

要成功实施，措施必须基于基础和专业分析。通过这样的分析，我们提出了中国能源发展主要目标：建立更加安全、高效、绿色的能源体系。市场治理改革可以为实现这三个目标作出根本性贡献。包括完善负责监管能源市场各个方面的机构和政府部门；加强能源市场竞争法规建设；通过部分和全部私有化，优化市场结构；放宽对新企业的进入限制；促进开发

新产品和技术创新；降低成本（见表2）。

**表2　　　中国能源体系改革**

| | 安全<br>增强安全性，<br>减轻动荡 | | 高效<br>提高人民生活<br>水平 | | 绿色<br>降低碳排放强度 | |
|---|---|---|---|---|---|---|
| 关键指标 | 进口能源占比 | 电力、燃料多元化 | 人均GDP增速 | 电价实惠 | 碳生产率 | 碳预算余量 |
| 供应侧机制 | 多元供应<br>战略储备<br>国际合作 | | 开发低成本供应 | | 碳定价<br>支持清洁能源 | |
| 需求侧机制 | 通过下列途径，降低（峰值）需求：<br>提高能效<br>结构调整 | | 通过下列途径，降低（总体）需求：<br>提高能效<br>结构调整 | | 通过下列途径，降低（无效）需求：<br>提高能效<br>结构调整 | |
| 市场治理 | 体制<br>部门结构<br>独立监管机构<br>（如竞争管理局） | | 法规<br>上网定价机制<br>资源税制<br>MRV | | 市场参与主体<br>国有企业<br>私营企业准入<br>外企准入 | |

## 四、挑战与机遇

在中国能源体系朝着监管有序的竞争性能源市场转型的过程中，能源政策的复杂性和改革的迫切性将对中国提出明确挑战。但近几十年来，中国在经济发展方面取得的史无前例的成就证明，不论多么艰巨的困难，中国都有能力克服。相比于其他行业，能源行业的改革更为复杂，因为经济理论和国际经验表明，能源市场不可能在只有最低限度政府干预的情况下轻而易举地放开。能源政策的两大首要目标——安全和绿色——之所以确然无疑，正是因为如果不加以干预，仅靠市场机制不可能实现想要的结果。

除这些挑战之外，国内国际形势也促使中国加快推进能源改革，改革步伐要迈得比当今的发达经济体更大更快。发达国家早在数十年前便已踏上转型之路，因此这些国家的电价普遍较低，但最近，它们也开始收取排放税费，这导致了能源价格上涨。相比之下，中国必须几乎同时以相对较快的速度应对这两方面的挑战，并且还要兼顾能源安全、经济持续增长以及气候变化威胁等问题。中国改革规模之宏大，也是前所未有的。虽然这样的宏大规模带来了一定的益处，但这也令政策抉择变得更加复杂，因为首先一点，国内决策将对全球价格和技术进步产生直接影响。

此外，必须克服制度和政治障碍，包括：

①既得利益：在西方经济体，国有能源企业惧怕能源市场改革，引入竞争会削弱其盈利能力，因而大力阻挠变革。在中国，大型国有企业和廉价能源的其他主要用户，以及严重依赖于能源密集型行业来实现GDP和经济增长的地方政府，也面临着类似的盈利下降风险，可能对改革构成阻力。通过从新能源行业入手启动改革，并且在短时间内允许实力雄厚的传统垄断企业继续获得部分经济租金，可能有助于消除阻碍。这些经济租金的许可期限和企业进入门槛应避免造成长期财政成本问题，并应帮助达成改革的长远目标。

②监管领导力度微弱：美国的经验表明了对能源市场进行强有力的监管的益处。相反，微弱的监管、领导或协调会阻碍改革，不利于一个国家充分挖掘其潜力。一个可能的解决方案是将计划的协调和监管职责委派给具备充分权力的高级官员。

③来自底层的阻力：如果政府不通过补贴来抵消能源价格上涨的影响，那么居民也会反对改革。在中短期内，销售电价有可能依然由政府决定，让居民承担任何价格的上涨，都属于政策决策事务。最佳途径有可能是逐步向反映了发电和输配电的实际成本，并纳入了碳能源环境成本的销售电价转型。

尽管存在这些障碍，中国在其他经济部门实行改革所取得的成功，以及在能源行业采取的初步行动表明，这项任务是可以完成的。自20世纪80年代以来，通过开展一系列以市场为导向的经济体制改革，中国经济实现了突飞猛进的发展，中国的经济和社会发展取得了巨大成功。在这个过程中，中国的能源体系为现代历史上最大幅度的生活水平提升给予了支持，能源体系治理和政策也得到了显著改善。

通过我们开展的研究工作而提出的现代国家能源政策框架和政策建议，融合了我们对中国能源体系近年来的发展和治理的深刻理解，从曾经面临过类似的艰难的能源体系改革的其他国家汲取的经验教训，以及通过我们的专家专有建模得出的真知灼见。尽管面对重重艰难险阻，但分析表明，所提出的政策建议将有助于中国建设更加安全、高效、绿色的能源体系。

（本文由中国发展研究基金会授权刊发）

# 绿色杠杆：能源和碳市场价格

英国石油公司（BP）

## 一、目标和政策工具

根据BP的经验，在一个国家确定能源发展方向的过程中，定价和市场化改革是根本驱动力。这样的路径不仅能提高能效、降低碳排放和当地污染排放，还有助于新技术和新产业的发展，从而成为可持续发展的新引擎。

显然，中国正在采取重大举措（包括逐步开放能源市场），遵循可持续发展的道路，以期持续增长。如我们所目睹的，经由制定目标、法令、财税政策和市场导向的改革，中国已取得了很大进步。展望未来，中国决策者面临的重大问题是选择什么样的手段营造可持续发展的未来。

在本文最后部分，我们将分析不同政策的优点，探索为促进经济更可持续健康发展，中国未来实施价格为主和市场导向政策的潜力。

## 二、开放市场和市场定价——益处

BP认为，从长远来看，开放和竞争的市场是分配稀缺资源最有效的机制，而且市场定价可推动节能与增加清洁能源供应所需的技术创新。

基于此，BP欢迎中国能源价格市场化趋势及创建碳交易市场。如前所述，这一趋势在原油和煤炭价格领域尤为明显，成品油和天然气价格在逐步放开，监管严格的电价领域亦有限放开，碳交易系统尚在早期。

题图为英国剑桥大学教授彼得·诺兰在"中国发展高层论坛2014"上。（摄影/张玉雷）

我们认为，有几点原因正推动这一趋势的进展——这很大程度上与市场定价和机制激发效率及创新的潜力有关。

在市场框架中，价格和数量是供需的结果——价格决定于供应成本和消费者所愿购买数量的交集。一般而言，这将产生最佳的社会和经济效益，反映收入消费及资源利用方面的社会集体偏好。在可持续发展方面很难找到比优化稀缺资源配置更好的方法，而有助于提高政策作用和促进持续发展的关键政策因素是能源领域价格改革。

市场竞争决定的定价带来的另一大收益是"绿色发展"，即竞争与不断提高效率齐头并进。市场参与者在谋求竞争优势时，往往有一个内在的持续动力推动着他们去追求各种效率。这一原则既适用于从开采到产品制造的各种资源生产活动，也适用于消费——各方寻求新的改进方法来降低成本和资源投入，同时维持相当的产出或服务水平。对生产者而言，这会增加利润或市场份额；对消费者而言，这会增加消费或可支配财富。对整体经济而言，这有利于经济增长。

价值链上的许多组成部分的效率均可改善，包括工艺、材料、设备、基础设施等，并体现在不同程度及不同增量变化上，如增加使用绝缘材料；以及所提供和消费的商品与服务的方式发生更激进的转变，如运输方面，转向混合动力汽车发动机、公共交通甚至远程办公。从这层意义上讲，开放和竞争市场提供的内在持续动力不仅提高效率，更有助于创新。

在以市场为主导的创新方面，近期大概没有比美国"页岩气革命"更好的例子。在美国，水力压裂等开采技术的创新应用促进了美国非常规天然气以及石油产量的迅猛、显著增长，由此扭转了多年来产量下滑的趋势，且有望在2018年由能源净进口国转变为能源净出口国。多种因素共同促成了这一重大转折，包括灵活的劳工法规、矿权所有权、完善的输配基础设施以及有利的监管环境等，而创新的主要驱动力是高度开放且具有竞争力的能源市场——在这个市场环境中，能源价格可以根据供需变化而自由浮动。

这样的变化往往在市场允许自由运作时发生，且市场价格可刺激企业进行资产、技术和产能投资。

## 三、财税政策：税赋和补贴 ——收益与风险

当然，各国政府总会遇到政治、社会和财政压力，促使其对某些活动进行补贴或征税，而能源资源消费往往同时牵涉到补贴和征税措施。然而，尽管这些措施可以在中短期内取得成效，但从长远看，我们认为会造成经济效率低下，因为它们对市场有扭曲效应，可人为地降低或提高价格以及增加或减少需求，而这会导致资源的次优配置。如果它们成为永久性措施并植根于经济结构中，从长远看，经济方面会表现欠佳，而且可能大大抵消任何短期社会效益。

出于此种原因，我们认为应尽量慎用财税措施，并尽可能作为暂时过渡之用。即使征税旨在提高基本公共服务收入，也应维持在最低限度，并尽可能以减少扭曲影响为前提应用与支出。

事实上，许多新兴和发展中经济体通常的做法是，保持能源价格低于供应成本，并为消费者提供补贴，以力求能源可支付得起并被广泛使用，尤其是对弱势人群而言。然而，这样的价格管制阻碍了供应方面的创新——只有投资回报更具吸引力，供应方面的创新才会接踵而至。从长远看，这种管制减少了能源供应，并加大了能源价格压力。即使在短期内，这样的政策也会造成鼓励过度使用能源的后果，并使富人得到的补贴多于穷人。总之，价格补贴无助于解决价格承受力或公平性问题。我们认为，最好通过其他方式解决这些问题。

经常听到有关人为压低能源价格的类似辩护，认为能源价格上涨会削弱一个国家出口方面的竞争优势，并随之影响就业、GDP和税收收入。然而，这种说法既低估了能源价格上涨对创新和提高效率的激励作用，也有悖于国际经验。在日本和德国，能源价格上涨促使生产更为高效、出口更具竞争力；在美国，市场化价格促成页岩气革命和包括制造业复苏在内的多重经济效益。

## 四、碳排放市场

在进行广泛的市场机制与价格改革同时，将市场力量引入碳排放控制，一些重要原则有助于中国建立碳排放交易体系并实现绿色经济增长。

市场竞争力和市场定价本质上都是可持续发展的重要内在支持因素，同时，通过引入更多的市场和定价功能也有可能放大或加快"绿色"效应。

特别是，它们可以用来控制经济活动中的环境和社会影响，而这些影响的成本和利益却未在市场价格上得到充分或直接的反映，这通常被称为"外在效应"。

最明显且最重要的外在效应例子可能就是从各种工业生产过程、土地利用及化石能源消费利用中所排放出的二氧化碳和其他温室气体。

如果这些气体对气候的影响所造成的社会和生态成本未能反映在市场价格上，那么从社会观点看，这一失误本身会导致资源的无效配置。同样问题还涉及到当地的空气污染和与之相关的人类健康成本。

另一方面，如果只能通过直接、自上而下的强制指令及调控监管措施来限制排放，以扭转失误，这种干预往往会偏于武断并造成经济效率低下——因为通常有关部门会强制开展一些昂贵且无效的减排活动，却忽略了其他一些廉价又有效的减排机会。

外在效应定价可以通过由市场决定何时何地进行减排活动来克服上述问题，从而有利于以最小成本开展减排活动。这就是BP之所以支持将设立碳价作为限制温室气体排放的最佳且最有效政策的原因。确定碳价可使能效更具吸引力，并使低碳能源更具竞争力。基于此，中国着手建立碳排放交易体系是一大进步，该体系有望逐步撤除强制性计划，如万家企业节能低碳行动实施方案。

通过征税或创建一个"总量管制与排放交易"市场，可以设定二氧化碳排放量的总体限额，并完成碳定价。之后，市场参与者可购买或出售总体上限内的二氧化碳排放许可。

BP一直推荐根据总量管制与排放交易系统确立碳价——主要是因为市场往往能为客户提供最高效、最具创新性的解决方案，还因为这一过程可从设定排放限制开始，而排放限制在某种程度上是按科学方法测定的——并让市场通过以最小成本提供减排所需级别来设定碳价。而以税收形式进行碳定价的困难就在于，碳排放的社会成本或危害成本几乎无法计算，也无法达成一致，更何谈将碳税设定在适当水平。若设置过低，为避免不能接受的环境后果而进行的减排将有所不足；若设置过高，经济发展又将受到不必要的制约。

外在效应定价，尤其是碳定价的一个优点是经常能够提供一些所谓"共同利益"。为体现有效性与高效能，政策应明确哪些具体的外在效应具有针对性，以帮助确定适当的价格。

就这一点来说，与针对各种环境破坏问题（如全球气候变暖、局部地区空气污染或水污染）而设立更为广泛的"环境税"或定价措施相比，专门的碳定价往往更为可取，因前者需采用极为不同的估值方法，且每种方法本身都

可能十分复杂并具争议性，几种方法共同确立的如此宽泛的税种往往极不透明，且难以量化或求证。

这个问题至少在某种程度上由针对单一资源的外在效应定价来解决，因为它通常具有同时应对多种形式的环境和健康损害的功效。比如，重视降低碳排放还会使当地空气污染和相关不良健康影响减少。当然，这并不表示在某些情况下完全不需要更为直接的监管干预，例如考虑到健康或安全原因，或者污染只是小范围的且外在效应定价具有较大影响时，需要严格测定阈值。

碳定价机制的另一挑战是如何支配碳排放税或碳补贴拍卖收入。从纯粹政策角度讲，对外在效应赋予一定价格主要是为了改变人们的行为，而不是增加财政收入。不过，外在效应定价确实以最低的社会成本减少了对环境的破坏，同时也可能意味着相当大的财富转移——政府可以出于此种原因选择外在效应定价，或者至少善用这一元素。

对于设置在国家经济体系内的碳定价机制，大量的财富将从碳密集型产品领域及其消费者处转移至中央政府部门，而政府部门必须决定如何支配这一收入。若碳定价最终成为全球性定价，财富将有可能从成立时间较长的经合组织市场经济体流向非经合组织国家。

一种选择是将全国性碳收入用以资助扩大限碳影响的活动，但其经济效率低下。另一选择是使用碳收入补充政府一般性收入中的公共开支，但其具一定政治风险，因为一旦外在效

应价格成功改变了人们的行为，收入将随时间推移而下降。BP认为，最经济有效的方式就是简单地将收入回馈于经济发展中，并以不扭曲的方式进行回报，比如，减少企业税或所得税或国家社保费。

无论首选哪种碳定价方法，都必须了解并避免潜在的不良后果，如"碳泄漏"风险。当国际社会尤其是国际竞争对手尚未实行可比价格时，在国内实施不成比例的碳排放价格会使国内能源密集型企业发展失衡，并在国际竞争中身处劣势，包括国内经济增长得不到环保收益，因为工业活动和温室气体排放只会移向别处。

基于此，在国际上推出可比定价机制之前，通过对能源密集型贸易部门提供过渡性保障来营造公平竞争环境就显得十分重要，哪怕只是暂时性的。BP更倾向于从总体碳排放费用中拨出临时救济款给客观定性为能源密集型的企业和贸易部门，并以某些免费排放津贴的形式进行分配。我们认为，这种做法比所谓的碳税或能源税的边境税调整（BTA）更为可取，因为碳价适用于国外进口，BTA则可被视作贸易歧视，其具一定操作复杂性，并会引发政治摩擦。此外，尽管BTA不鼓励进口国外碳密集型产品，其在支持国内出口方面也毫无作为。

## 五、采用有针对性、过渡性的激励措施补充碳交易市场

中国目前拥有一套不断发展的减排政策工具（以量化为导向、以财政和市场为导向），但需要强调的是，BP认为，若能够小心谨慎、有针对性地使用这些工具，有时或有所助益。

即使是在辅以碳定价的开放而充满竞争性的市场，对于有额外限制和有时限的政策干预，针对性和临时性支持有时也是正当的，BP称之为"过渡性激励措施"。事实上，近年来中国在实践过程中采取的诸多措施均属此类激励措施。

这种激励措施的主要目的不是为了减少碳本身，而是尽量降低新兴低碳技术的成本，使之在仅辅以碳定价的前提下，最终达到市场竞争水平。早期使用新的可再生能源和低碳技术是有必要的，以便进行必要的学习并使其最终参与市场竞争。

例如，整体经济的碳价不能单纯依靠鼓励低碳技术的大规模开发和应用，或仅依靠一个时间表，而时间表中要求减少的排放量又超越现有技术或系统所能达到的性能。即使设定了碳价，对于寻求独立项目、尤其是大型能源基础设施项目的私营企业而言，示范和应用创新技术的风险回报与成本效益比率也有可能过高。

尽管如此，我们认为，有资格争夺这些激励措施的技术应基于严格和透明的标准，特别是要显示出能大规模实施碳减排的潜质，并且还有降低成本的可靠途径。此外，这种激励措施必须是临时性的（过渡型），最长持续时间不超过实现目标所需的时间，并应尽快清零。

## 六、碳定价和过渡性激励措施
### ——欧盟和美国的经验教训

虽然过渡性激励措施可以发挥有限的过渡性推动作用，但需要强调的是，它们只是为达到目的所采取的手段（降低技术成本）而已。在我们看来，目的本身（碳减排）与之截然不同，所以应该由不同机制（即碳价本身）来传导。区分这一点至关重要，因为一旦忽略这种差别，当过渡性激励措施指向以节能减排为目的的可再生能源技术时，即可再生能源技术本身变成目的时，人们很快就会认识到这是一个多么昂贵且不可靠的碳减排途径。

这也是欧盟过去十年来经历过的非常挑战。加上欧盟碳排放交易体系（EU ETS），总量管制与排放交易系统几乎涉及欧盟经济的半壁江山（大型工业和电力设备），欧盟制定了雄心勃勃的可再生能源发展目标，并将这一目标与成员国绑定起来，这就必须要求有补充政策支持，以期实现这些目标。

尽管欧盟已成功降低了一些可再生能源技术成本（比如陆上风电），但这些雄心勃勃且对成员国具有约束力的可再生能源发展目标却造成两大不良后果。其一，可再生能源为达到适度减排消耗了非常高昂的经济成本，隐含的碳价高达每吨数百欧元（尽管这在某种程度上是由几个成员国所选择的特定支持机制造成的）。第二，由于可再生能源发展目标适用于电力部门，而后者已包含在欧盟碳排放交易体系（EU ETS）中，因此它们有效地切断了该

体系内其他地方所需要的减排，并在排放交易系统中将碳价减至约5欧元/吨。反过来，这又减少了对低碳创新和碳排放交易体系中温室气体减排活动（包括以气代煤）的激励。与此相反，碳排放交易体系（ETS）中的低碳价意味着欧盟发电厂从美国进口和使用低成本煤炭变得经济实惠，发电行业煤改气曾使得发电用煤被越来越多廉价而充足的天然气所替代，而在当前情况下，燃煤发电仍可满足碳排放交易体系中的上限要求。针对以上两大后果，一些欧盟成员国开始削弱对一些可再生能源技术的支持力度，虽然可再生能源发展目标目前在欧盟范围内仍然有效，但整个欧盟开始反思2020年之后是否及应如何对可再生能源提供专项支持。

欧盟经验与美国经验形成了鲜明对比，后者既无碳价也无强制性可再生能源发展目标（生物燃料的目标除外），但在过去18个月里，其温室气体排放量得到大幅削减，减幅之大超过包括欧盟在内的任何一个国家或地区。究其原因，一部分归结为经济低迷，但主因还是电力部门煤改气推动美国煤炭出口到欧盟，而美国页岩气革命产出更多廉价而丰富的天然气推动了煤改气。正如我们所见，页岩气革命部分程度上是由美国支持建立开放而有竞争力的市场及市场定价所促成的。因此，我们回到了问题的原点：市场和市场定价是分配稀缺资源和实现增长的最有效机制，且对于分配稀缺的自然资源和实现绿色发展尤其如此。

如果对自然资源进行市场定价是实现可持

续发展的最有效手段，那么值得一提的是，天然气是中短期内最有可能为可持续发展做出重大贡献的特定自然资源。天然气不仅产量丰富，供应安全，经济实惠，天然气发电所排放的二氧化碳也不及燃煤发电的一半，而且其成本只相当于除陆上风电以外的大多数可再生能源当前成本的一小部分。更为重要的是，天然气可以大规模使用，从而较快实现大规模温室气体减排。若煤改气发电增加1%，则全球范围内二氧化碳减排量大致相当于可再生能源发电量增长了11%，使用天然气显然更为切实可行，其不仅有助于更快实现减排目标，且成本也更为低廉。

随着社会（包括中国和其他国家）日益关注实现绿色发展，尤其关注如何应对气候变化，我们认为，最行之有效的方法是从两方面进行资源价格改革：一方面，通过逐渐减少资源消费补贴，实现以真正的市场能源价格为准；另一方面，在整个经济范围内逐步推行碳价。这将促使我们在当前作为的基础上采取更为迅速且更大胆的行动（也就是说，加快改进能源效率、增加天然气的使用），与此同时，逐步发展那些成本较高且尚不成熟、但终将成为必需替代品的项目，如碳捕获和储存及可再生资源技术。

值得注意的是，如果国内推行碳价的速度过快，或全球其他地区跟风速度慢甚至不推行碳价，商机就会变为代价极高的挑战，因为国内重工业将被迫转移，而且/或者事实证明低碳商机过于昂贵或无法实现。

选择任何政策都会面临挑战。比如，能源价格放开后，能源消费者要付出更多，而这可能导致其短期内对价格的担忧。

不过，从长远来看，我们相信消费者会从自由运作的市场中获益——不仅是能源价格方面，还有对经济层面更广泛的积极影响。

（本文由中国发展研究基金会授权刊发）

# 能源改革与绿色增长

卡特彼勒公司

## 一、中国能源绿色增长面临的挑战

全球经济正在向绿色发展模式转型，作为全球经济绿色可持续发展的关键要求，推动能源绿色发展已经成为世界各国能源战略调整的共同方向。

中国经济将保持飞速发展，在加快步入工业化、城镇化进程的形势下，随着人民生活水平的提高以及更多能源依赖型技术的兴起，能源消耗量会越来越大。未来20年，中国对能源的需求将显著增加。中国的能源绿色发展将持续承担存量优化与持续增长的双重任务，并面临环境污染治理和应对气候变化的双重压力。在满足经济发展需求的同时实现污染治理和碳减排承诺，将成为中国能源绿色发展的核心问题与长期挑战。"十二五"规划的制定为解决这些问题和挑战提供了一个很高的基础，也为实现可持续发展提供了方向和动力。在具体实践过程中，我们了解到在能源项目的效率与经济性、综合全面利用各种能源、能源政策与市场机制等方面仍面临一些现实性问题。

### （一）能源项目的效率与经济性有很大的提升空间，尤其需要关注工业能效

全球能源利用效率提升空间巨大，能效提升蕴藏了巨大的技术和经济潜力。自1990年以来，全球所有新增能源需求中有半数以上是通过能效提升实现的，每年由此节省的能源相当于1.5万亿美元。能效提升已被公认为满足全球能源需求的"头等大事"。依据麦肯锡全球研

题图为论坛主席、国务院发展研究中心主任李伟（右）和论坛外方主席、卡特彼勒公司董事长兼CEO道格拉斯·欧博赫曼在"中国发展高层论坛2014"上。（摄影/包月阳）

5　China Think Tank / 中国智库 / **103**

究所报告，在从当前到2020年这段时间内，通过提高能源效率可以使全球能源需求增长量减少一半以上，从而使每年节省的能源需求总量达到142EJ，这相当于5000多座1000MW发电厂的年总产量。在过去数年中，全球已有许多大幅提高能效的实例，例如2007～2013年，美国汽车燃油经济性提高了25%，对2035年前美国的电力需求预测也在几年间数次调低，能效提高的潜力以及由此带来的经济效益出乎人们意料。

中国能源利用效率总体偏低，2012年中国国内生产总值约占世界的11.5%，但能源消耗占世界的21.9%，单位国内生产总值能耗是世界平均水平的两倍以上。依据美国劳伦斯伯克利国家实验室的研究，通过提高包括工业电机、配电变压器等在内的设备能效，到2030年时中国每年可节约5600亿TWh电力，相当于届时全国电力消耗的6.8%，同时每年还可节约1.0EJ天然气能源、减少6亿吨CO2气体排放。

中国工业能效提升潜力巨大，2011年电力与热力生产、石化、化工、钢铁等各类工业行业消耗的能源超过了整个中国能源消耗的70.8%，包括全国发电量的73.8%。与此同时，当前的中国正处于技术节能边际效用的高峰时期，用于提高工业能效的每万元单位投资可以带来4～5吨左右标准煤的年等效节能量，远超过相对于太阳能、风能、核能领域的单位投资节能量（见图1）。因此提高工业能效是中国能源绿色发展的便利途径，也是实现可持续工业发展的一个最有前景的途径。

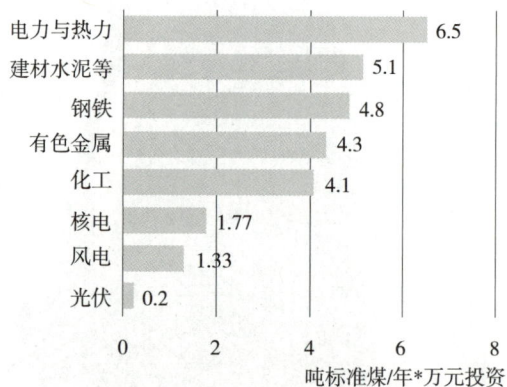

**图1  工业节能和新能源的单位投资节能能力**

数据来源：WWF，2010，中国经济刺激计划对气候和能源的影响。

能源项目应以资源最优化利用为衡量准则，应以能效的高低而非规模的大小作为能源项目的首要考核目标。不应以装机容量大小而应以节能减排指标和经济效益为首要考核目标。能源效率的高低与项目规模的大小并非正比例关系，以天然气分布式能源为例，项目之所以综合能效高、经济效益好，关键在于其发电后的余热是否得到了真正的有效利用。只有在余热得到充分匹配利用的情况下，才能产生较高的能源利用效率，进而获得良好的经济效益。因此并非规模越大的项目能效就越高，经济效益就越好。针对一个工业园区的区域型大型分布式能源项目，规模多大于100MW，普遍采用燃机联合循环+冷热电三联供形式，发电效率较高，但综合热效率较低，在利用余热为周边供热时，因其周边多个工业用户的热负荷需求的多样性、变化性，很难将余热充分匹配利用，同时大型项目的供热管道也相应较长，热损耗较大。相反，为单个工业用户量身设计的小型天然气分布式能源项目，多为50MW以下规模，直接采用热电联产或冷热电三联供形式，发电效率略低，但热效率大大提高，可以较容易地实现电力与热力的综合最优匹配，可以灵活、高效地满足该工业用户的实际负荷需求变化。因此，小型的分布式能源项目，反而能够比大型项目更好地体现出综合、高效的能源利用效率。

再以沼气能源为例，作为农业大国的中国拥有丰富的农业沼气资源，并已开发了数量可观的农村小型沼气工程，但其中为数众多的项目处于效率低下甚至废弃状态。中国将农村沼气定位为改善民生，列入国家国债资金支持范围，着眼于沼气项目的覆盖范围与数量，资金补贴仅简单依据项目数量提供，而不是优先考虑项目的规模大小、运行质量，这导致农业沼气工程面临一些问题：①无形中鼓励了大批小规模的、专业化程度不高的沼气项目上马。工艺落后，沼气生产不稳定，运行成本高；②沼气用途单纯，多为炊事和照明，利用效率低下；③运行管理不专业，目前留守农村的以老人、妇女和孩童为主，多数沼气工程的经营者缺乏沼气工程运行和管理的专业知识与技能，导致沼气工程难以为继。

**（二）各种能源需要综合利用，在开发利用煤层气、沼气等高品质高可靠性的清洁能源方面存在很大空间**

获得经济、可靠的能源解决方案对能源安全、经济增长至关重要。能源政策应当平衡而全面，鼓励负责开发和利用所有能源，包括传统能源和清洁、可再生能源。没有一种单一的方式能够解决全球日益增长的能源绿色发展需求。在想方设法降低风能、太阳能的发电成本，并使之更可靠的同时，也必须设法确保基本负荷的电力、热力供应，必须大力发展清洁煤利用、天然气、煤层气、沼气等高品质、高可靠性的清洁能源。

与风电、光伏"靠天吃饭"不同，天然气包括煤层气、沼气等高品质、高可靠性的清洁燃气能源可以持续生产供应，年利用率极高，是可以承担电力、热力基础负荷、满足电力市场持续性需求的稳定来源，在电力供应链中的系统消纳成本更低，并且带来的碳减排量更高，以天然气分布式能源为例，其每兆瓦装机容量的年均$CO_2$减排量分别是风电、光伏的1.5、2.4倍（见表1）。

**表1 天然气分布式能源节能减排能力对比**

| 类别 | 单位 | 10MW 天然气分布式能源 | 10MW风电 | 10MW光伏 | 10MW（比例）天然气联合循环发电 |
|------|------|------|------|------|------|
| 年利用率 | ％ | 85 | 34 | 22 | 70 |
| 年发电量 | MWh | 74446 | 29784 | 19272 | 61320 |
| 年产热量 | MWh | 103417 | 0 | 0 | 0 |
| 年节能量—标煤 | 吨 | 12805 | 12619 | 8166 | 6428 |
| 年减排量—$CO_2$ | 吨 | 42751 | 27644 | 17887 | 28172 |
| 年减排量—$NO_X$ | 吨 | 59 | 25 | 16 | 39.3 |

数据来源：Combined Heat and Power: A Clean Energy Solution, USDOE & USEPA, 2012。

长期来看，作为高品质的清洁低碳能源，天然气、煤层气、沼气等各类燃气将一直是能源系统转型的重要助力。近年来，全球地缘政治格局变化、天然气供需关系发生转变、气候变化和环保压力、美国非常规天然气突破、日本核危机影响以及新能源的经济技术性等因素，也进一步推高了全球对天然气的重视度和依赖度。

中国是全球最大的风机、光伏电池生产国，拥有丰富的风力、太阳能资源，也同样蕴藏着丰富的天然气、煤层气、沼气资源，这些清洁燃气能源的高效利用，将对中国的能源安全、能源结构、经济增长带来重要影响。中国对于常规天然气和页岩气、煤层气等非常规天然气的勘探和开发正在大力进行，但在煤层气利用、沼气产业化等方面仍面临问题与挑战。

### （三）中国的能源、电力体制和市场机制亟须改革

建立并完善以市场机制为主导的能源政策，是世界各国能源体制发展的基本趋势。为促进能源绿色发展，实现节能减排，欧美国家无论实行强制性政策还是诱导性政策，均以市场机制为主导。美国于2009年启动390亿美元资金用于成立能效公益基金，用于发放低息或无息贷款等，另有80亿美元用于能效贷款担保计划，并通过税收杠杆调节新能源产业的资金流向，这些措施或创新的金融平台充分调动了美国的节能服务和新能源企业能以最快的速度与市场对接，参与低碳发展。

欧盟成员国利用固定价格法和固定产量法的杠杆作用，鼓励电网公司采购新能源电力。与此同时，欧洲、日本等大力发展节能服务（EMCO）产业，利用市场化的机制使得节能产品提供商与有节能需求的客户联系起来，并把这一产业充分商业化。

与西方国家不同的是，中国的节能与碳减排工作中，各级政府扮演了更为重要的角色，并形成了具有自身特色的节能与碳减排机制，中国政府鼓励企业进行技术改造与新能源投资，特别是国有与国有控股企业，这些企业正是中国目前低碳产业的投资主体。中国的电力、能源体制依然亟须改革，而由于节能与新能源相关的投融资机制不健全，能源服务企业难以获取足够的融资，中国的节能服务业在相当长的时间内处于小而散的状态。中国的这种特色机制为风电等新能源快速发展带来支持，但也造成了诸如沼气等可再生能源产业化进程缓慢等问题。举例来说，全球大型沼气工程技术已经成熟，中国的沼气专业公司多项技术全球领先，并已经通过多个世行、亚行贷款示范项目获得证实，但由于中国沼气产业定位不明确、财政支持力度不够、国有企业关注缺少、市场投融资机制尚不健全，导致了中国沼气商业化程度较低的现状。

## 二、对中国能源改革与绿色增长的具体建议

依据卡特彼勒在全球能源项目的经验，结

合中国的具体情况，基于我们的行业知识以及与中国和其他国际合作伙伴的互相学习，本报告对中国能源绿色发展提出了一系列具体建议，涉及政策法规建议、制度标准修订、市场体制创新与改革，主要包括如下几点：

**（一）优化能源项目投资，最大化实现环境和经济利益，推动能源高效利用，从电力、热力的生产环节入手提高工业能效**

许多工业能效提高的重点放在了输配电、用电环节，例如变压器、电机、LED灯节能改造，然而发电与热力生产的环节是节能减排、提高能效空间最大的环节，这个环节不但能效非常低，也是最直接的污染物排放环节。举例来说，工业用户如果采用天然气分布式能源的方式同时获得电力、热力，而非从燃煤电厂、锅炉分别获得，就可以将终端用户能源利用效率从45%提高到75%甚至更高，并且二氧化碳排放减少50%以上，二氧化硫、固体废弃物排放减少为零。

因此我们建议从电力、热力生产这个最初始环节入手提高工业能效，继续推广余热余压利用、加速推广工业用户燃气分布式能源、热电联产：

在能源密集型工业用户中推广小型天然气分布式能源。在能源消耗密集、负荷需求稳定的行业，针对能源成本敏感度较高的工业用户，单独量身打造高效的小型天然气分布式能源系统（50MW以内）。依据卡特彼勒的调研，以及各行业的生产运行、负荷需求特点，

以下行业最为适宜运行天然气分布式能源，并可有效凸显项目的经济效益：①造纸/制浆/木材加工；②食品加工/奶制品/饮料/酿酒；③化学/化工/炼油；④制药；⑤水泥/石膏；⑥塑料；⑦轮胎/橡胶；⑧制造；⑨陶瓷；⑩纺织。

在实施工业锅炉"煤改气"的进程中优先鼓励发展燃气分布式能源。"煤改气"不能简单地等同于将燃煤锅炉改为燃气锅炉，在当前中国天然气供不应求的条件下，应选择能效最优的利用方式，优先鼓励工业用户将分散燃煤锅炉改建为小型分布式能源站，将宝贵的天然气最为高效地转化利用。以一台30蒸吨锅炉改造为例，与市电+燃气锅炉方案对比，小型分布式能源方案在获得同样容量的电力、热力情况下，可以将综合能效由54.7%提高至78.9%，减少4.3万吨二氧化碳排放，并节约37%的能源总成本。"煤改气"清洁化改造的过程中，工业用户为节能环保、大气污染治理带来社会效益的同时，企业自身也能随之得到切实的经济效益。

在焦化、冶金、石化、化工用户中推广工业废气热电联产。这些工业用户产生的大量焦炉煤气、兰炭煤气、矿热炉尾气、炼厂气、黄磷/电石等工业废气，存在排放、空燃现象，推广热电联产，可以实现工业节能与循环经济，在为工业用户带来能源成本下降的经济效益的同时，也会显著降低单位产品能耗指标、提高产品利润，提升企业竞争力，促进产业升级。

在轻工业用户中推广有机废弃物沼气热电联产工程。在酒精、造纸、食品、生物制药等轻工业中，回收有机废弃物，开发大型沼气热电联产工程（1MW以上），可为工业用户提供清洁、稳定、可靠的电力、蒸汽或热水等能源，在提升能效的同时减少废物排放。

### （二）全面高效利用各种能源，加快煤层气有效开发利用，产业化发展沼气行业

高品质、高可靠、可承担基础负荷供应、同时具备经济效益与投资回报的绿色低碳能源如煤层气、沼气发电等，应获得国家战略关注与支持。清洁燃气能源的积极作用应当被充分认识，在中长期发展规划中给予相应的战略位置，在政策制定和执行中给予明确的激励政策，并确保落实到位。

以煤层气为例，应倡导建立清洁、安全、高效的煤炭开采行业，继续积极开发煤层气等煤炭共伴生资源、鼓励投资开发利用废旧煤矿瓦斯发电：建议修改《煤层气（煤矿瓦斯）排放标准》中的煤层气排放限值，对低浓度煤矿瓦斯做进一步的细分并区别对待。对于10%~15% $CH_4$ 浓度的煤层气，应禁止排放，可考虑与高浓度煤层气混合以适应30~40% $CH_4$ 浓度发电要求；对于15%~30% $CH_4$ 浓度的煤层气，应鼓励进行低浓度发电。同时，进一步加快简化煤层气项目审批手续。减少实际操作层面上的项目核准、土地、并网发电等各类手续办理审批时间。确保煤层气发电企业气源供应。加强煤层气矿业权管理，协调好采煤企业与发电企业的利益关系。

在沼气方面，中国有丰富的各类废弃生物质资源，考虑技术可行性和资源竞争性，每年可用于生产生物燃气资源潜力约2000亿 $m^3$，能转化当量天然气1250亿 $m^3$，相当于2012年中国天然气表观消费量的85%。沼气是一种清洁的可再生能源，沼渣沼液是优质的有机肥，可以形成资源利用的良性循环。与此同时，沼气生产不受传统天然气市场波动影响，对中国降低天然气进口依存度、保障能源安全带来积极影响。建议注重可再生能源与循环经济的结合，有效支持沼气行业产业化。在城镇化、工业化的快速发展中，加强推广畜禽废弃物、餐厨垃圾、垃圾填埋、污水处理等废弃物在无害化处理的同时实现沼气化、资源化循环利用。

对于新建规模化的畜禽养殖场，沼气收集利用工程应成为规划必需附属项目，并在选址过程中充分考虑附近农业生产种植面积配套，充分消纳利用沼渣沼液，确保促进循环农业发展；对于餐厨垃圾，考虑制定餐厨垃圾管理条例，对餐馆按照用水量和营业额征收餐厨垃圾专项使用费用，从而促使餐厨垃圾的收运集中处理，推广厌氧发酵发电技术；对于污水处理沼气，应当加速新的污水、污泥处理行业标准修订，明确污水、污泥区分，把污泥处理的重要性提升到与污水达标相等的地位。对于日处理量超过10万吨的污水处理厂，积极鼓励引入沼气发电循环利用。对于低于10万吨日处理量的项目，可以更多从环境影响而非经济性上进

行考量。在此基础上，适时建立对资源化和能源回收利用的补贴政策，或针对创新技术给予减税。在具备条件的地区，可先行补贴、减税试点。鼓励信誉好、技术强、具有前瞻性的公司入市，在污泥技术上设定高标准起点，摒弃无序竞争，进一步推进行业市场化。

### （三）深化改革开放与体制创新，建立并优化环保效益与经济效益共同驱动的长效市场机制

以能源效率为主要出发点修订相关能源产业政策，对同类型的清洁能源项目以能效的高低区别对待。政策支持包括补贴政策要充分与环境目标、能效目标相一致。通过系统性综合考虑全生命周期的综合营运成本以优化产业投资，提高经济效益和能源效率。

以沼气行业为例，农业沼气应当从改善民生的定位转向扶持行业规模化、商业化、专业化发展，从追求项目数量、地区覆盖广度转向以项目质量、能效、经济和环保效益考核。沼气补贴应当从产业链前端向终端倾斜，不再依据项目数量发放一次性补贴，而是依据发电量、产气量提供补贴，从而达到鼓励高效、专业化的沼气工程建设，项目良好管理运行的目的。沼气发电价格政策应该根据沼气发电造价及运营成本变化情况，按照合理成本加合理利润的原则，适时提高沼气发电上网标杆电价，同时考虑依据发酵原料不同，给予不同的电价补贴。

对天然气应用来说，在当前中国天然气供不应求、气价面临上涨压力的情况下，应按照项目能效的高低进行区分，修订《天然气利用政策》中的天然气利用顺序：将综合能效最低的天然气发电项目列入第三类（限制类）或第四类（严禁类），将能效居中的大型天然气热电联产、大中型天然气分布式能源项目列入第二类（允许类），将综合能效最高、更能够体现经济效益的小型天然气分布式能源项目（<50MW）列入第一类（鼓励类）。与此同时，简化小型天然气分布式能源项目的行政许可程序，并施行积极的补贴优惠政策，激励节能服务公司投资开发针对单个工业用户量身设计的高能效项目。

修订《电力法》相关条款，扩大直供电许可范围。全面推进电力用户与发电企业的直接交易，允许分布式能源自发自用或直接向终端用户售电，扩大直供电交易范围至所有的可再生能源站、天然气分布式能源站，放宽电压等级限制与直购电用户范围，进一步在发电侧和售电侧形成多买方、多卖方的市场竞争，打破电网企业单一买方和单一卖方的市场格局。

设立绿色电价机制，并与碳排放交易联动。企业、机构、个人可自行选择支付高于普通电力价格的绿色电价，绿色电价高出部分资金用于补贴支持清洁能源、可再生能源。购买绿色电价的单位，可将相应的减排量用于碳排放交易中的配额清缴。

同时，我们建议，在全国范围内推行峰谷电价、差别气价政策，继续深化碳交易市场机制建设。推进电力体制改革，开放民间资本进

入电源建设和运营领域。加强对能源项目信息、关键电力数据的搜集和分析。为能源政策的制订提供更加准确、及时的决策支持。此外，金融支持是能源改革不可或缺的部分，建议促进发展能效贷款担保基金。基金可逐次投入、分批试点以降低商业风险，最终逐渐取代节能或新能源领域的部分财政拨款、政府直接投资或政府奖励。这种创新的绿色金融平台将会充分调动商业资本投资低碳产业，扶持更多节能服务企业（EMCO）参与工业能效提升改造、可再生能源项目。

## 三、结束语

作为世界第一大能源生产国，中国已经构建了安全稳定的现代能源产业体系，中国能源的发展，不仅保障了国内经济社会发展，也对维护世界能源安全作出了重大贡献。

我们相信，通过关注工业能效、注重清洁燃气能源、支持基于市场机制的能源解决方案、深化改革开放与体制创新，可以帮助中国更好地实现能源绿色增长，推动能源可持续发展，为保障全球能源安全和应对气候变化作出卓越贡献。

（本文由中国发展研究基金会授权刊发）

# 保障中国粮食安全

瑞士再保险公司

## 一、全球粮食安全趋势

粮食安全概念多年来一直在演变。这一术语最初是指全球基本粮食供应是否充足，之后涵义逐步扩大，包括可以满足人们积极健康生活和饮食偏好等所需要的安全而富有营养的食物（见图1）。

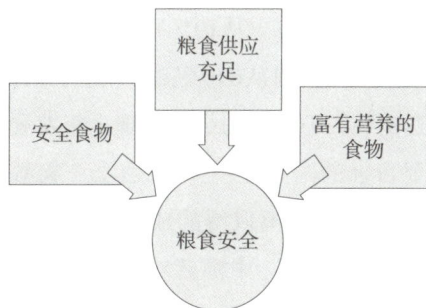

**图1 粮食安全定义的核心元素**
资料来源：瑞士再保险经济研究及咨询部。

目前尚无现成可得、全面的衡量粮食安全的方式，通常使用的指标是世界饥饿或营养不良[1]人数。虽然营养不良并不是粮食安全问题的直接衡量指标，但的确是一个重要表现形式。例如，1996年世界粮食峰会率先制定出粮食安全政策行动方案，主要目标是到2015年将饥饿或营养不良人口减少一半。

根据联合国粮农组织统计的数据，1990～1992年和2004～2006年间，世界饥饿人口数量减少了1亿以上，但是自此之后该数字未明显变化。导致这一情况的主要原因是2007年和2008年初粮食价格飙升及随后而来的全球金融和经济危机。另一个因素是政府和国际机

---

[1] 关于营养不良的定义，请参见http://www.fao.org/hunger/en/。一般是指主要营养素和/或微量营养素消费不足、不均衡或过度所造成的异常生理状况。重要的是，营养不良包括营养不足和营养过剩以及微量营养素不足。

构对农业重要性有所忽视。粮农组织最新估计数据显示，2011～2013年，全球有8.42亿人，大约每8个人中就有一人长期处于饥饿或不能定期获得正常生活所需的足够食物[①]。

在2011～2013年全球8.42亿饥饿人口中，有98%来自新兴市场地区。如图2所示，亚太地区占总数的63%，排在其后的是撒哈拉以南非洲地区（27%）、拉丁美洲和加勒比地区（6%）及西亚和北非（3%）。发达国家也存在粮食安全问题，不过规模要小很多。这些地区的粮食安全问题主要是食品安全和营养问题（即营养过剩问题），而不是新兴国家的营养不足问题。

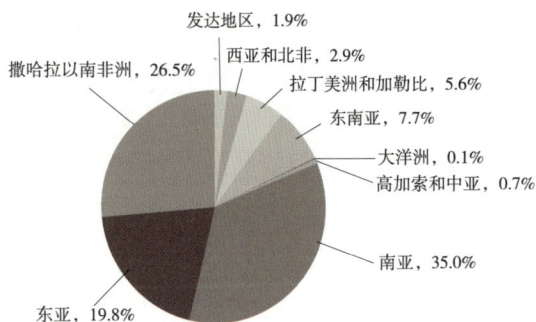

发达地区，1.9%
西亚和北非，2.9%
撒哈拉以南非洲，26.5%
拉丁美洲和加勒比，5.6%
东南亚，7.7%
大洋洲，0.1%
高加索和中亚，0.7%
南亚，35.0%
东亚，19.8%

**图2　2011～2013年饥饿/营养不良人口的区域分布**

资料来源：联合国粮农组织，http://www.fao.org/hunger/en/。

与此同时，世界各地有数亿人患有饮食过度或饮食不均衡导致的疾病。2000年以来，世界超重人口几乎与饥饿人数相等。[②]例如，哥

伦比亚41%和巴西36%的成人被认为超重。在中国，超重成人的比例从1989年的9%增至1992年的15%。虽然肥胖往往被视为富足的象征，但通常也是营养不均衡或营养过剩的征兆。

据估计，世界超过一半的疾病可归咎于饥饿、能量摄取不均衡或维生素和矿物质不足，而发展中国家正迅速加入营养不足或过剩导致严重健康问题的国家之列。

未来几十年，鉴于全球粮食价格不断上涨、世界人口迅速增加、城市地区扩张和极端天气事件频发等问题，粮食安全势必将成为更严峻的挑战。将粮食安全和营养作为公共政策和计划的重点，对于大幅度减少贫困和营养不良现象至关重要。

## 二、中国面临的主要粮食安全问题

中国为全球扶贫工作做出了杰出贡献。世界银行指出，1990～2005年间，世界贫困人口（以2005年购买力平价计算，日均生活费为1.25美元或以下）从19亿减少至13亿。这期间，中国贫困人口从6.83亿减少4亿至2.12亿，降幅达61%。中国成为提前实现千年发展目标之首要目标的国家之一（见表1）。在减少营养不良方面，中国取得的成就也值得褒奖。2000～2002年间，中国营养不良人口的比例占14%（1.835亿人），2011～2013年间降至11.4%（1.58亿人）[③]。

---

[①] 计算依据是粮农组织（2012年）报告的饥饿和营养不良人数。请参见http://www.fao.org/hunger/en。

[②] 请参阅 Gary Gardner 和 Brian Halweil 所著《营养不足和营养过剩：世界营养不均衡流行病》（*Underfed and Overfed: The Global Epidemic of Malnutrition*），世界观察报告150号，世界观察研究所，2000年3月（http://www.worldwatch.org/node/840）。

---

[③] 资料来源：联合国粮农组织，http://www.fao.org/hunger/en/。

表1 截至2012年底中国实现千年发展目标之首要目标的完成情况

| 目标 | 当前状态 | 政府支持 | 挑战 |
|---|---|---|---|
| 目标1A：1990～2015年间，日均收入不到1.25美元人口的比例减半 | 已经完成 | 强劲 | 无 |
| 目标1B：实现包括女性和年轻人在内的所有人获得充分的生产性就业并拥有体面的工作 | 有希望完成 | 强劲 | 劳力供求矛盾 |
| 目标1C：1990～2015年间，饥饿人口的比例减半 | 已经完成 | 强劲 | 无 |

资料来源：中华人民共和国外交部，联合国驻中国机构，《中国千年发展目标进展2013年报告》（CHINA'S PROGRESS TOWARDS THE MILLENNIUM DEVELOPMENT GOALS, 2013 REPORT）。

1978～2012年间，中国农业国内生产总值（GDP）增长强劲，年平均增长5%左右，显著超过这期间的人口增长。主要农业产量实现从长期粮食短缺到基本满足国内粮食需求的新水平的历史性转变。例如，主要粮食总产量从1978年的3.04亿吨增至2013年的6亿多吨。这期间，农作物、水果、牛奶和水产等产量的年增长率都在5%～10%之间。中国在粮食安全方面取得了巨大进步，但是仍面临一些主要挑战，包括农业生产资源短缺、营养不良与食品安全问题共存，及农村与城市地区之间的食物摄取差异问题。

**（一）中国依然是世界上农业生产资源严重短缺的国家之一：仅拥有占世界9%的耕地和6%的水资源，却要养活占全球20%的人口**

过去几十年来，中国在粮食生产方面取得了长足进步。2013年，中国粮食总产量连续第

10年实现增长，同时连续第7年粮食总产量超过5亿吨——这一成就来之不易。这表明中国有能力满足人口未来的粮食需求。20世纪80年代初推行的家庭联产承包责任制、20世纪80年代中期以来取得的科技进步和开展的价格改革都对农业生产迅猛增长起到了推动作用。

中国虽然成就斐然，但仍面临很多严峻挑战。中国户均耕地面积远低于其他国家，如美国和欧盟成员国（见图3）。

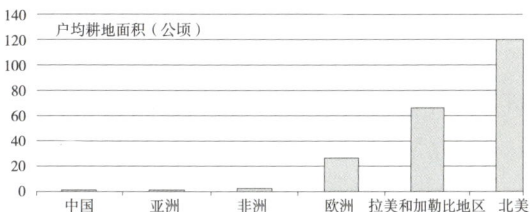

图3 中国与其他地区户均耕地面积比较

资料来源：Von Braun, J.《全球化及其对小农户的影响》（Globalisation and its effects on rural small household），2005。

其中，北京户均耕地面积最小，仅为0.2公顷，黑龙江最大，户均约3公顷[①]。此外，多年来，中国耕地面积和土壤质量一直在下降。20世纪80年代中期，中国耕地面积总计达21.57亿亩（1.44亿公顷），2001年，这个数字已经降至19.06亿亩（1.27亿公顷）。到2008年，中国耕地面积进一步萎缩至18.26亿亩（1.22亿公顷）。在快速工业化和城镇化过程中，要达到政府提出的维持18亿亩（1.2亿公顷）耕地面积的目标显得越来越困难。

水源缺乏也对农业生产形成重要挑战。中

---

① 资料来源：国家统计局，2012年。

国水资源整体不足，可利用水源与耕地面积之间不匹配现象进一步恶化。中国北部的水资源（包括松花江、辽河、海河、黄河和淮河以及西北地区的河流）仅占中国水资源总量的16.8%，但是耕地面积却占全国的70%左右。此外，中国人均水资源仅为全球平均水平的1/4。

从劳动力角度来说，中国农业生产也面临着劳动力匮乏现象。特别是随着中国城镇化进程进一步推进，越来越多的农村劳动力正迁至城市地区并在各个非农业部门工作。中国国家统计局指出，截至2012年底，约2.5亿劳动力迁移到城市地区并从农业转到非农业部门；即便是那些留在农村地区的人，很多也转而从事非农业部门的全职或兼职工作。

中国粮食安全前景面临的其他潜在威胁包括：

①气候变化和自然灾害导致粮食产量波动。

②农业和食品行业供应链对于关键基础设施和供应商（尤其是种子供应和食用油加工）的依赖度较高。

③一些重要粮食作物（如大豆）依赖进口，会让中国面临国际粮食价格波动风险。

展望未来，正如2014年初发布的针对农业产业结构调整的中央一号文件中所强调的，中国的粮食供应将日益依赖传统农业大省，如吉林、黑龙江和河南。在确保粮食安全方面，无论是在国家还是省份层面，中国都将面临新的挑战。

## （二）随着人均收入的提高，食品质量，尤其是食品安全和营养问题成为全社会的关注焦点

随着收入增加，中国居民的食品消费也从以谷类为主转向更多的糖、脂肪、食用油和蛋白质。饮食与人体健康密切相关。充足而健康的食物消费加上均衡的营养摄取，可改善人们的健康，并帮助预防食物相关疾病。而不健康的饮食、营养过剩或不足则可能是有害的。

根据波士顿咨询集团、嘉吉公司、瑞士再保险、新西兰恒天然集团共同提交的2013年中国发展论坛报告[①]，中国人均肉类产品摄取量预计将从2010年的45公斤增至2020年53公斤。与此同时，中国消费者更加注重营养。据波士顿咨询集团在其2012年全球消费者信心指数调查中发现[②]，超过75%的中国消费者认为健康因素是他们未来增加食品支出的原因，这一比例高于所调查的任何其他国家（美国、意大利、西班牙、法国、德国、英国、巴西、俄罗斯和印度）。此外，中国消费者在2012年给予"营养保健类食物"的排名显著高于此前在2010年所做调查时的排名。

目前，中国城市地区所面临的的营养问题已经与发达国家没有多大差异。高血压是中国

---

[①] 波士顿咨询集团、嘉吉公司、瑞士再保险、新西兰恒天然集团，《构建中国粮食安全的万里长城：粮食危机离中国有多远？》，向2013年中国发展论坛提交的合作论文。

[②] 波士顿咨询集团，《中国消费者的变化》和《把握全球消费业的新潮流：2011年BCG全球消费者信心调查报告》，http://www.bcg.com.cn/cn/newsandpublications/newsandpublications_splash.html。

人死亡的主要原因之一，鉴于中国人吸烟比例较高，这也许并不令人感到意外，但是这也受到中国人饮食习惯的显著影响。最近的研究显示，中国人的钠消费量比世界卫生组织建议的最高水平高出近三倍，并且比一般美国人的消费量高出50%。糖尿病也成为城市地区的主要疾病之一，并已经达到类似美国的水平。儿童II型糖尿病在30年前属于"难以想象"之事，但现在已经在中国出现[①]。

中国已经基本能够实现粮食安全这一目标，食品安全则开始迅速成为另一个关注焦点。进入21世纪以来，一系列的食品安全事故接连曝光，其中涉及陈米、有毒番薯、茄子、黄瓜、豆类、豆芽、种子、水饺、瘦肉精、地沟油、有毒奶粉和三聚氰胺奶粉等等（见表2）。食物中的有毒和有害物质（食物的生物或化学污染）对健康有害，并引发公共安全问题。中国在食品安全方面最重要的问题包括食物中有毒物质（如重金属和药物）残留过多、微生物污染和生物毒素过多，以及生产和加工过程中的食物掺假现象。

**表2　2009年新《食品安全法》生效后发生的主要事件（2010和2011年）**

| 时间 | 事件 |
| --- | --- |
| 2010年2月 | 海南豇豆发现有杀虫剂残留 |
| 2010年2月 | 地沟油 |
| 2010年2月 | 查获被三聚氰胺污染的奶粉 |
| 2010年3月 | 连锁超市销售的草莓发现有杀虫剂残留 |

---

[①] 乐施会（香港），《食物分配公正性研究（中国报告）》，2003年4月13日。

续表

| 时间 | 事件 |
| --- | --- |
| 2010年7~8月 | 南京小龙虾中毒 |
| 2010年12月 | 有关过氧化苯甲酰作为面粉漂白剂的争论 |
| 2011年2月 | 婴儿食品中发现砷和有毒金属 |
| 2011年3月 | 双汇猪肉产品中发现氨哮素或"瘦肉精" |
| 2011年3月 | 沈阳毒豆芽案件 |
| 2011年8月 | 燕窝中发现亚硝酸盐 |

资料来源："改善中国食品安全"（Improvement of food safety in China），中国卫生部与德国国际合作协会（GIZ）的合作项目。

截至2010年，全国有45万家食品加工企业，但是约有17万家没有食品生产卫生许可证。环境污染往往是导致食品不安全或被污染的一个主要因素。据估计，中国70%以上的河流和湖泊受到污染，近1/6的耕地受到重金属污染，65%以上的耕地由被污染水源灌溉。水源和土壤污染往往会导致消费者的食物被污染。杀虫剂和兽药管理不力及非法使用食品添加剂也是主要因素。

**（三）中国城市与农村地区之间的食物消费差异较大**

中国在解决粮食安全问题、改善城市和农村居民营养和健康方面已经做出巨大努力并取得重大成功。然而，这种改善在各地区并不一致。很多农村地区依然面临营养摄取不均衡、食物所致疾病发病率较高及粮食安全程度较低等问题，尤其是对于较低收入群体来说更是如此。总之，虽然在全国层面已经取得巨大进步，但是对于边远地区的很多贫困家庭来说，粮食安全问题在数量和营养方面依然是个基本问题。

在食品支出占家庭总支出的比重方面（恩格尔系数），中国农村地区家庭显著高于中心城市地区。城市地区的恩格尔系数一直在下降，从1978年的57.5%降至1995年的50.1%，2000年进一步降至35%~37%（见表3）。根据联合国的标准，这是相对"富裕"的状态。而同一时期，中国农村地区的恩格尔系数从1978年近70%降至2012年的39.3%，与中国城市地区2000年的数字相近，表明中国农村地区家庭食品支出方面的改善落后于城市地区约10年时间。

从食品消费结构和趋势来看，农村和城市地区也存在显著差异。在中国城市地区，主食在食品消费中的比例稳步下降，从1985年的45%降至约2011年的33%。同期鸡蛋消费比率从不足10%提高至15%。猪肉、牛肉和羊肉消费增幅甚至更大。而另一方面，在农村地区，过去30年间谷物消费量一直稳定在60%左右。此外，肉类消费保持在低位。1985年，中国农村地区人均肉类消费量不到城市地区的一半。虽然目前农村地区肉类消费逐年增长，但是这种差异依然存在。

中国农村和城市地区之间的食品消费差异从营养摄取方面也可以看出。与城市居民相比，农村居民摄入的碳水化合物更多，蛋白质和脂肪更少，例如，城市地区的动物蛋白占总蛋白摄取量的35.8%，而农村地区只有21.3%，这表明食物的能量摄取较低依然是农村地区食品消费的一个常见特征。

## 三、根据国际经验提出的政策建议

根据国际经验，我们认为在应对粮食安全问题方面，中国需要考虑以下重要因素：

①农业保险在确保可持续的农业风险管理方面可以起到重要作用；

②管理整个食品价值链的风险以确保粮食安全；

③多方合作确保粮食安全。

### （一）农业保险在确保可持续的农业风险管理方面可以起到重要作用

农业保险是任何可持续农业风险管理体系的重要部分，对于确保粮食安全可以起到重要

表3　　1978~2012年中国人均年食物消费情况

| | 1978 | 1985 | 1990 | 1995 | 2000 | 2005 | 2010 | 2011 | 2012 |
|---|---|---|---|---|---|---|---|---|---|
| 恩格尔系数（%） | | | | | | | | | |
| 城市 | 57.5 | 53.3 | 54.2 | 50.1 | 39.4 | 36.7 | 35.7 | 36.3 | 36.2 |
| 农村 | 67.7 | 57.8 | 58.8 | 58.6 | 49.1 | 45.5 | 41.1 | 40.4 | 39.3 |

资料来源：中国统计年鉴，历年。

作用。如图4所示，农业保险对于提升粮食安全有多方面的作用。农业保险可帮助管理食品价值链风险并稳定农业收入，也可以作为信贷抵押，使得小农户获得资金。此外，农业保险可用来鼓励农业基础设施投资，包括仓储和运输、配送及其他物流服务。事实上，这是新兴市场农民从自给自足农业向可持续农业经营转型的途径之一。

农业保险不是仅限于农作物保险，还包括牲畜、林业、水产和温室保险。保障范围也可从单纯的财产保障扩大到包括责任和其他金融风险。农业保险产品涵盖补偿性产品（目前主流农险产品）以及指数产品和小额保险等创新性解决方案等。

农业保险计划因国家而异，且主要受到社会经济发展阶段、农作方式、基础设施建设和政府政策等因素的推动。农业保险计划结构由多个元素决定，包括保障风险、保障类型（强制性或是自愿性）、参与方（政府机构、私营市场业者，或两者都有）、政府支持（事后或

事先）以及产品种类（传统型或指数产品）。

在美国、加拿大、澳大利亚和欧洲等发达市场，农业保险具有悠久历史，发展相对良好。这些市场的特点是技术先进、农场规模大，供应链系统完善，而且容易融资。政府通过补贴和各种返税政策支持农业部门发展。补偿性农业保险产品在这些市场非常普遍，提供针对指定灾害、多种灾害、价格风险以及经营风险等广泛保障。农业保险市场结构完善，包括提供风险保障的专业保险公司和再保险公司、分销代理机构和中介机构，以及提供核赔和结算服务的专业理赔机构。这些发达市场通常可以提供时期较长的农业保险数据，这对于确定风险模型十分重要，并有助于为保险产品准确定价。

以美国为例。美国农作物保险计划规模位居世界第一，2011年保险金额和保费收入分别为1140亿美元和120亿美元[①]。美国农业保险体系以市场为基础，以公私合作模式为主并可获得政府补贴。保险计划面向100多种农作物，

图4 （再）保险在农业风险管理中的作用

资料来源：瑞士再保险经济研究及咨询部。

---

① 雨水冰雹保险协会《2012年农作物保险最新信息》（2012 Crop insurance update），2012年5月。

包括产量保险产品、农作物收入保险产品、美元计划（Dollar Plan）[①]、团体保险计划以及牲畜保险[②]。巨灾风险保障的背书也是可行的，其保费由联邦政府支付，生产者只需支付管理费。

新兴市场的农业保险已经取得快速发展，然而这些市场之间的农作方式差异很大。例如巴西和俄罗斯的农业模式更接近发达市场，采用大规模农场作业，并使用现代技术。因此，这两个国家的农业保险市场与发达保险市场相仿，补偿性农业保险产品在这里更为普遍。

而在印度、中国、东南亚和非洲，小农作业更为流行，农业部门的特点往往是发展落后，供应链体系和金融市场处于初步发展阶段。小农户也普遍缺乏保险意识，而且保险产品种类有限，甚至没有。分销渠道有限、农业或天气数据缺乏、个人损失评估成本较高等限制了传统补偿性农业保险产品的发展。在一些市场，除了补偿性产品，还在探索性地推出创新性保险产品，如指数保险。

新兴市场如要成功、可持续地推行农业保险计划，以下因素十分关键：

①有效的分销渠道是农民获得保险产品的关键；

②各方需要共同努力提高农民风险意识，以便鼓励参保；

③农业保险业务模式必须具有成本效率，

以确保产品在农户的可承受范围内；

④保险公司对产品定价时应该力求遵循保险公正原则；

⑤获得客观、准确和及时的数据至关重要；

⑥发展农业保险需要良好的基础设施，包括银行、运输、物流和仓储。

新兴市场政府在农业保险市场增长过程中起到重要作用。

## （二）管理整个食品价值链的风险以确保粮食安全

实现粮食安全的很大一部分工作不仅包括改善农业部门，还要改善整个食品价值链的风险状况。实际上，粮食安全的主要推动因素取决于提高食品部门的生产力。食品部门的确是粮食安全问题的中心所在。图5显示了在很多市场经济体中常见的食品价值链结构及其面临的主要风险。风险是互相关联的，例如，价格和产量风险之间存在负相关性（在宏观而非微观层面），它们是独特的并有助于抵消或减少农户所面临的风险，因此可作为天然的风险对冲机制。监管变化会影响到农业生产和食品加工业面临的责任风险。技术进步可带来抵御干旱或病虫害的新型种子，但是如果发现存在健康隐患，也可能具有潜在的责任风险。风险格局的复杂性要求采取整体的风险管理策略，涵盖全部风险范围及其相互关系。这对于大型农场比较容易，但是对于自给自足为主的小农户则非常困难。

---

① 美元计划是指可用于部分商品保险的保险计划。通常是以每英亩或其他一些计量单位按美元投保。

② 其他产品包括团体收入保险、牲畜总收入、降雨量指数和植被指数。

中国食品供应系统逐渐由传统的统购统销方式转向面向市场的价值链系统。虽然农业生产依然是确保粮食安全的焦点所在，但是价值链的其他环节也应得到适当的关注，并要防范价值链上不同的风险事件。这些价值链组成部分包括提供如种子和化肥等必要投入的上游活动以及加工、包装和配送等下游活动。此外，粮食生产需求增加预计将会刺激对设备和机械等农业基础设施的投资。

价值链上一种较少被关注，甚至不受关注的风险就是责任风险。新兴市场目前的责任保险深度非常低，因为相关风险往往被认为较小，且在可控范围内。然而，与发达市场目前的状况一样，未来责任保险将成为新兴市场的一个主要保险类型。责任风险可包括业务中断风险、第三方责任风险（在食品/农产品质量未达标的情况下）和食品召回风险等。产品召回（具体而言就是食品召回，比如在受到污染时）现在已经被认为是食品行业所面临的一个重要风险。据估计，全球保险行业每年的召回成本已经超过10亿美元，因此对盈利形成巨大压力[1]。在消费者保护力度加强、生产者责任增加和食品质量法规更严格的背景下，对防范召回成本和第三方责任索赔的保险需求很可能

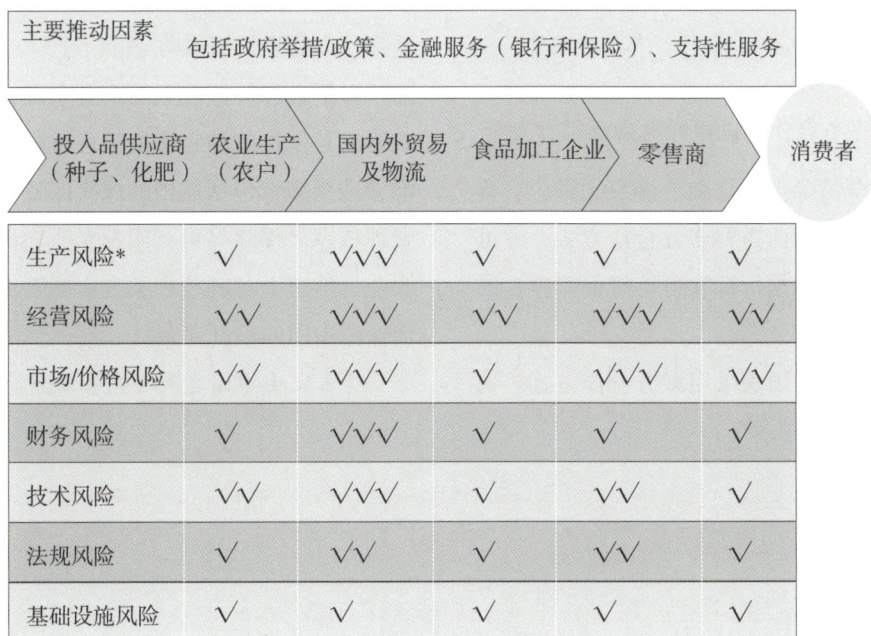

| 主要推动因素 | 包括政府举措/政策、金融服务（银行和保险）、支持性服务 | | | | |
|---|---|---|---|---|---|
| | 投入品供应商（种子、化肥） | 农业生产（农户） | 国内外贸易及物流 | 食品加工企业 | 零售商 | 消费者 |
| 生产风险* | √ | √√√ | √ | √ | √ |
| 经营风险 | √√ | √√√ | √√ | √√√ | √√ |
| 市场/价格风险 | √√ | √√√ | | √√√ | √√ |
| 财务风险 | √ | √√√ | √ | √ | |
| 技术风险 | √√ | √√√ | | √√ | |
| 法规风险 | √ | √ | √ | √√ | |
| 基础设施风险 | √ | √ | √ | | |

**图5　食品价值链上的主要风险**
* 包括影响农户的天气风险和影响地区/国家的自然巨灾风险
风险等级：高（√√√）、中（√√）、低（√）
资料来源：瑞士再保险经济研究及咨询部。

---

[1] 怡和立信（亚洲），《食物和农业产业化》，2010，第4页。

会继续增加。

业务中断是与食品生产相关且不断增长的责任风险。日益复杂的全球供应链要求来自各个供应商的原材料及时交付。这同样也适用于粮食生产过程，例如，从事食品加工的跨国企业依赖于全球各地的合作社/生产者提供农产品。由于业务中断风险加剧，对防范损失的保险需求也随之增加。业务中断保险包括[1]，由于原材料短缺而造成食品加工停产，或者生产或加工过程中设备发生故障，或者由于疾病或传染病而造成牲畜供应不足等的情形。因此，保险产品不仅有助于粮食生产者平抑收入波动，对食品供应价值链上的其他从业者也都有所帮助。

### （三）多方合作可以更好地确保粮食安全

粮食安全情况十分复杂，涉及到供应、营养与食品安全。因此需要多方合作方式，方可确保有效、高效地推行旨在可持续保障粮食安全的结构性计划。

世界上有很多国家采用多方合作方式。例如，在发达国家，除了政府之外，非营利组织和私营部门也是确保粮食安全的重要参与者。政府对于提高食品价值链上各个部门的风险意识起到了不可或缺的作用，包括在产量不足、价格波动、运输风险、食品安全风险、饮食知识和业务中断等方面。而指数产品、天气衍生产品和业务中断保险也得到了积极推广并应用于特定情形。

通过进一步发展合约式农业，加工企业可以稳定加工业务所需的原材料供应量。产量保险可在原材料供应严重下降时保持盈利稳定。通过支持发展商品交易所并让更多农产品进入交易所，政府可以为农民和农业企业提供更多选择，以管理价格风险。

对于食品价值链上的企业来说，税收优惠政策或其他形式的经济支持可鼓励它们采取风险管理措施，包括适当的保险保障和内部风险管理程序。保险界可利用其专业知识和经验为农业价值链上各利益相关方定制解决方案，从而保障中国的粮食安全。

（本文由中国发展研究基金会授权刊发）

---

[1] 业务中断保险是财产保险的补充险种，涵盖修理中断业务时发生的额外开支或损失。承保范围取决于财产损失保险的基本保单。也可以包括在临时场所经营所发生的额外费用。对于规模较小的企业，基本财产保险保障是作为一揽子政策提供的，如雇主责任险等。详见瑞士再保险Sigma 5/2012，《承保不断演变的商业风险》。

# 高效、开放、可持续的粮食安全保障体系
## ——国家粮食安全政策建议

邦吉集团

## 一、供求矛盾依然存在，对外合作不可或缺

尽管中国农业生产力的二次飞跃，将中国的农业产出提升到全新的高度，但有限的资源和日益增长的需求之间的矛盾是依然存在的客观事实，更广泛和有效的国际合作成为不可或缺的选择。

### （一）资源和环境的制约

人多地少是中国的基本国情。中国的人均耕地面积约为1.4亩（少于0.1公顷），仅为世界平均水平的40%，世界排名第126位以后（见图1）。尽管中央划定了18亿亩的耕地红线，但人均耕地面积水平将会随着人口的增长进一步下降。在现有的18亿亩耕地中，只有34%分布在平原盆地，一级耕地仅占耕地总面积的41%。

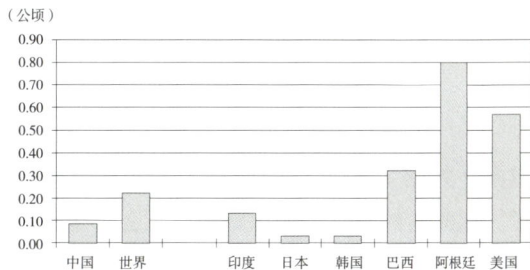

（公顷）

**图1 中国人均耕地面积与其他国家的对比**

有限的水资源是限制中国农业产量进一步提升的另一重要因素。中国的人均淡水占有量约为2186立方米，仅为世界平均水平的28%，在世界上名列第110位（见图2）。目前全国城市中有约2/3缺水，约四分之一严重缺水。以华北为例，虽然地处黄河、海河、淮河三河流域，却仍然是中国缺水最严重的地区之一。这里占有全中国40%的耕地，水资源却只占全国的10%，但生产出了70%的小麦、50%的棉花和40%的玉米，几乎已经把资源禀赋利用到了极限。水质的污染使得本已经稀有的水资源更岌岌可危。据监测，全国废污水排放量由1980年的315亿吨增加到2012年的685亿吨。多数城市地下水受到一定程度污染，并且有逐年加重

的趋势。据2013年初步调查表明，华北平原浅层地下水综合质量整体较差，几乎已无Ⅰ类地下水；可以直接饮用的Ⅰ～Ⅲ类地下水仅占22.2%；需经专门处理后才可利用的Ⅴ类地下水则占56.5%以上。2012年，国家批复《重点流域水污染防治规划（2011～2015年）》，积极开展水生态保护和修复工作；2013年，《华北平原地下水污染防治工作方案》发布，标志着中国地下水污染治理工作迈出了重要一步。然而，当前中国水污染的整体形势仍未扭转，多起水污染事件接连上演，例如山西长治苯胺泄露事件及昆明东川小江变"牛奶河"事件等。如此紧缺和污染的水资源无疑会严重制约中国农业产出的进一步提升。

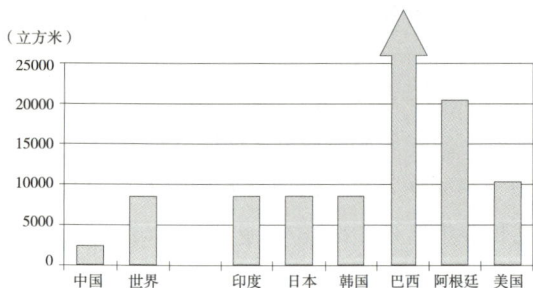

（立方米）

**图2 中国人均可再生水资源与其他国家的对比**

化肥是中国过去三十年农业生产中增幅最大的要素投入。据前瞻网报道，中国近60年来化肥使用量增加了近百倍。中国的耕地面积只占世界的8%，而氮肥和磷肥的用量占到世界总用量的1/3。为了满足快速增长的需求和提高业已高企的农业产出，中国只能进一步加强密集耕种和化肥使用。然而，化肥中的有害物质

用当今的技术仍难以有效降解，会进一步污染水资源。过度种植还会降低土壤肥力，例如缺乏根瘤作物（如大豆）与玉米的轮种，土壤的含氮量就会降低，进而使土地更依赖化肥。

今天的中国用少于世界8%的耕地和6%的可再生水资源生产出了世界1/2的猪肉、1/3的大米、1/4的棉花和1/5的玉米。然而，由于上述环境和资源的限制，农产品产量继续大幅上升的空间已极为有限。

## （二）人民日益增长的需求

尽管中国在粮食生产上有着成功的经验，但需求的快速增长使有限的资源显得捉襟见肘。随着城镇化的深入和人民生活水平的提高，中国人的饮食结构正在发生巨大的变化，尤其是对动物蛋白的需求快速增长。从以碳水化合物为主的饮食结构转向更多的蛋白类食品消费，是人民达到更高生活水平时对更健康生活方式的必然诉求，在很多发达国家的历史上都有所见证（见图3）。农村和城镇低收入家庭的肉类消费大大低于城镇中高收入人群，因此收入的增长及城镇化的推进将持续推高中国对肉类的总需求（见图4），而对肉类需求的增加又将推高对饲用粮食（如玉米）以及粕类蛋白的需求。同样，对水果、蔬菜和食用油的总需求也将继续增加。尽管对小麦和大米的需求会保持稳定，甚至略有下降，但因此富余的耕地远不足以弥补对其他农产品的需求增加。

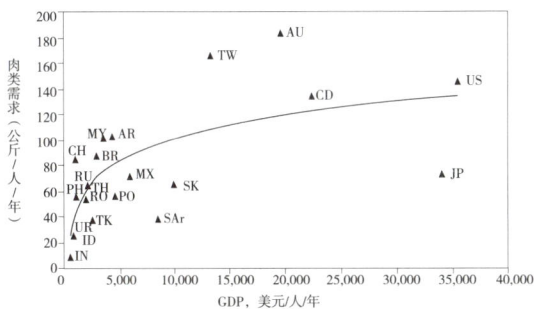

**图3 世界各国肉类需求**

数据来源：联合国粮农组织、美国农业部 2003，2004
肉类包括：鸡、鸭、火鸡、猪肉、羊、牛、水产品

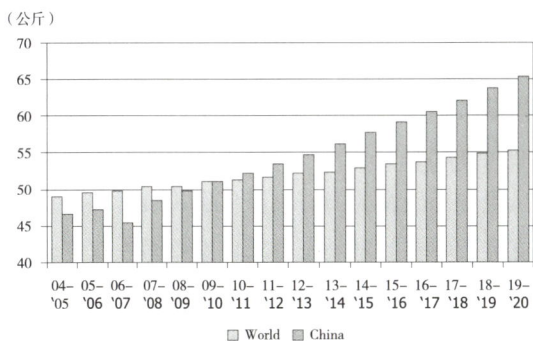

**图4 中国与世界人均肉类需求预测**

综上所述，尽管在过去三十年，中国的农产品产量得到了大幅的提升，基本做到了粮食的自给自足，然而资源环境的限制和人民不断增长的需求之间的矛盾将在未来不可避免地扩大。一方面制定可持续的国内农业政策，优化资源配置；另一方面积极寻求国际合作，逐步成长为国际市场的成熟参与者，双管齐下，统筹利用国际国内两个市场、两种资源，是确保中国长期粮食安全的明智之选。

## 二、开展广泛、有效的国际合作

无论是国内农产品市场还是国际农产品市场，由于天气、物流、需求、政策等不确定因素的共同作用，波动性都是伴随始终的内在属性。在中国从注重国内市场向注重统筹利用国际国内两个市场、两种资源转变的过程中，如何有效管理风险、如何确保安全稳定的农产品供给成为关键命题。

在国际农产品市场中，各环节的参与者——生产者、贸易商、终端消费者——都在长期的商业活动中积累了管理商品价格风险的有效方法，国际农产品公司在大宗农产品风险管理上更是经验丰富。在国际农产品交易中要保证安全稳定的货流，必须依靠在原产国巨大的实体资产和广泛的交易员与市场分析员网络。大型的国际农产品公司在逾百年的经营中建立起来的资产和人才网络是这些公司的宝贵资产，也是中国在参与国际农产品市场的过程中可以选择的合作资源。

成熟的网络和专业的人才是这些公司的宝贵资产。农产品的供求形势瞬息万变，在农产品交易中长期持有一定头寸会使自身暴露于价格风险。对价格走势的判断依靠大量的市场信息，也依靠独立交易员和市场分析员的有效合作。判断失误有可能会造成巨大的经济损失。农产品交易的历史是许多公司发展壮大的历史，也是很多人因有效风险管理的缺失而变得一无所有的历史。部分成功的大型农产品公司能较早预判这些价格走势，以便于在合适的时机和地点进行商品的交易。需要指出的是，充分而及时的市场信息是这些公司得以准确判断市场走势的重要因素，因此，增加中国农产品供求信息的准确性和透明度对于增强中国市场的抗风险能力至关重要。

在原产国广泛的资产分布使得国际农产品公司在某国出现供给问题时依然有能力从其他原产地取得货源，从而保证稳定的供给。例如，2010年，俄罗斯干旱导致小麦产量大幅下降，俄罗斯政府对小麦出口实施禁运，邦吉迅速从巴西、阿根廷和欧洲组织了约100万吨的小麦，供给中东和北非地区的俄罗斯小麦传统进口国，从而缓解了这些地区的粮食短缺。

同时，国际农产品公司在长期的经营中，与原产国的生产者和消费国的终端用户都建立了强大而广泛的联系，他们为生产者和消费者提供可靠的客户或货源，以及丰富的风险管理经验，生产者和消费者也为他们提供稳定的货源和客户，从而扩大他们的信息和业务网络。这些信息和业务网络最终有可能发展成合资公司，形成全球-本土的合作模式，以追求稳定的货流和共同的利益。

以邦吉为例。19世纪初在荷兰阿姆斯特丹成立，经过半个多世纪的发展，公司将重心逐渐转移到阿根廷，20世纪初拓展到巴西，在南美两大农产品原产国一百多年的经营中，邦吉日臻完善其"从农场到餐桌"的完整产业链。随后，邦吉将总部迁至美国，将其在原产国的优势拓展到北美。近年来，为提供更完善的全球粮食安全解决方案，邦吉又开始大力开拓亚洲和非洲等新兴市场。在近两个世纪的历史中，邦吉在全球主要农产品原产地积累了巨大的实体资产，建立了遍布全球的优秀的市场研发团队和经验丰富的风险管控团队，相对有效地降低了油籽和谷物在全球贸易流动过程中的市场风险。

加强与国际大型农产品公司的合作能为中国提供更安全稳定的农产品货源，以更低的成本满足日益增长的粮食需求和人民饮食结构多元化的需求，从而将资源转移到投入产出比更高的农产品或其他产业，在确保粮食安全的同时促进中国经济的整体发展。中国国有粮企借助广泛的国内网络在其中发挥重要作用，同时国际农产品公司借助其强大的国际网络和风险管理经验为国有粮企提供风险管理和货源支持，并在此基础上寻求协助中国农业"走出去"的契机，合作共赢，联手保证中国的粮食安全和与国际市场的平稳融合。

## 三、多目标农业政策的实现困境与政策建议

### （一）多目标农业政策的实现困境

农业是关乎国计民生的基础产业，因此中国历来的农业政策往往同时肩负粮食安全、农民增收、物价稳定等多重使命。然而，与世界上许多其他宏观经济政策一样，各目标之间的内在客观矛盾使得多目标农业政策在实行过程中往往陷入顾此失彼甚至适得其反的困境。

以菜油的收储为例（见图5）。自2008年起，国家为保护农民收入、稳定国内物价，开始实施菜油收储，至今总共已收储700万吨以上。然而，五年间，除了在2010～2011年度通过顺价拍卖和直接放储的形式向社会释放约200万吨菜油外，其余时间基本没有顺价销售的机会。这是因为，为了保护农民收入，收储价格逐年提高，但同时国际市场的植物油价格却因产量充足而相对稳定，于是造成了国际国内价格的巨大倒挂。国家如果要放菜油，就必须接受价差带来的损失，同时产生的还有巨大的存储成本和质量恶化带来的损失。巨大价差的存在为在储备菜油中非法掺混进口菜油带来丰厚利润。2013年，据多家主流媒体报道，个别被赋予托市收购资格的企业，利用进口的便宜菜油掺入国产菜油上交国储库，从中赚取差价。同时，收储政策也向国际市场发出来自中国的"虚假需求"信号，使得国内植物油长期供大于求，造成了国内资源的浪费，也不利于国际农业资源的优化配置。不仅如此，菜油收储与否已成为决定国内菜油乃至其他植物油价

格的晴雨表，收储的消息一出，全盘飘红，收储结束，市场又大跌至原来水平，这无疑人为增加了市场波动，与稳定物价的目标背道而驰，也不利于农产品价格的市场化改革。

与菜油相似，针对其他诸多农产品的收储或补贴政策也因其对市场的扭曲和对社会资源的浪费而逐渐显现出其弊端，寻求更有效的国内农业政策已成为燃眉之急。多目标政策的困境是在宏观经济学领域被广泛探讨的命题，也是世界上许多其他国家面临的难题，在农业领域尤为如此。在诸多现实面前，政府确立并引导农业的长期发展方向，同时着力加强农民的就业竞争力、推动农业科技创新和生态环境保护，而让市场更大程度地发挥在资源配置中的基础作用，更符合"建立高效、开放、可持续的粮食安全体系"的要求。可喜的是，2014年一号文件对"口粮绝对安全"的精确定义和农业要素的市场化改革，使得集中精力保证口粮安全而对其他农产品进一步市场化在未来成为可能，市场的巨大力量得到重新重视。

### （二）政策建议

今天的中国已经成为国际农产品市场的一个主要参与者，而根据中国中长期的需求，对内推进农业要素的市场化改革，对外建立广泛、有效的国际合作，更好地利用国际国内两个市场、两种资源，从而建立高效、开放、可持续的粮食安全保障体系，是实现长期粮食安全的行之有效的途径。因此我们提出以下三方面的政策建议。

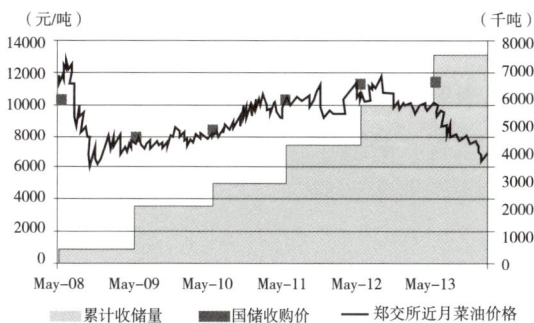

**图5　2008年至今国储菜油收购价格与收储量、郑交所菜油价格**

①建立全面和透明的中国农业数据库。全面建立涵盖各品种、各地区农产品生产、需求、库存信息的中国农业数据库，实现对中国农业信息的系统化动态管理，使之服务于研究、政策决策和商业决策。同时，在合理的范围内增强信息的透明度和可得性，使得农产品供求各方能及时预判未来的供求形势，避免因需求的突然涌入或供给的突然短缺而造成剧烈的市场波动。

②全面推进国内农业要素的市场化改革。理论和实践已经证明，市场的内在机制能优化资源配置的效率，而过多的人为干预则会导致额外成本。就国内农业生产而言，将农业资源配置到投入产出率更高的品种，有利于提高土地的总产出，也有利于提高农民收入。同时公平的竞争环境有利于鼓励市场参与者更积极广泛地参与国际市场的活动，对个别品种加大改革开放力度，有利于促进市场化供给体系的建立，降低整体采购成本。

③开展广泛、有效的国际合作。国际合作是解决农产品供求矛盾的内在要求和未来方向。建立广泛、有效的国际合作，不仅不会让中国受制于国际政治风险，更有助于中国建立国际合作网络、积累风险管理经验，使中国成为国际农产品市场的成熟参与者，从而在根本上确保中国的粮食安全。

## （三）结语

未来十年，市场环境会变得更加复杂，中国的食品供给将面临更大挑战。尽管依靠国内供给能满足短期供给，却会因为要素价格的上涨提升食品价格。向有限禀赋攫取无限产出，使中国不得不继续加强密集耕种，导致环境恶化、水资源枯竭、土壤肥力下降，最终降低产出。但另一方面，中国人对肉类需求的增长，尤其现代化养殖业的发展，使蛋白粕类和饲用粮食的需求大幅增长。

更有效地配置国内资源、进一步融入国际农产品市场是中国实现粮食安全的长期有效途径。注重统筹利用国际国内两个市场、两种资源，通过建立"公共—私有"的新型伙伴关系，开创中国政府、国有企业与国内外私营企业之间的合作双赢局面，既有利于充分发挥大国经济体的优势，又有助于中国多渠道有效利用全球资源和国际市场，是新形势下中国粮食策略的发展方向。在国际市场一体化的进程中，价格风险和其他风险的有效管理至关重要。广泛参与国际市场、建立与国际大型贸易公司的互利互信，有助于中国更好地管理风险，确保粮食安全稳定供给。

（本文由中国发展研究基金会授权刊发）

# 食品的安全与可持续性：
# 平衡中国的肉类消费和自然资源

赢创工业集团

## 一、概述

世界各国正在为不断增长的人口努力提供充足的健康食品，中国在其中发挥了重要的作用。中国在过去几十年里，成功减少了处于贫困和饥饿的人口，并成为全球领先的农业生产大国之一。如何利用有限的自然资源来提高农业产出并减少农业特别是畜牧业对环境的影响，将成为今后十几年中国需要应对的挑战。特别是在猪肉生产领域，需要更多发展理念和政策引导，因为猪肉的消费在整个经济中具有极其重要的地位。

我们认为通过在饲料生产和饲养方式中引入最佳实践可以显著提高生产力和产出，而不会对生态环境和自然资源产生额外的负担。在从饲料到食品的生产链中实施可持续的理念和整体措施，可以帮助我们评估并减少养殖业的排放量。这需要更多的研究和创新以及政策支持，将这方面的知识和技术广为传播。

## 二、食品安全一直是全球性挑战

人类活动无可争辩地对地球和其资源产生了影响，在资源日趋减少、气候不断变化的情况下如何让不断增长的全球人口保持较高的生活水平，成为人们的热议。大家关注的一个重要问题是，全球人口在2050年将达到90亿时，如何为这90亿人提供足够的健康和营养食品？

在过去40年里，新兴市场经历了快速发展，数千万人的生活水平大幅度提高。1997年是历史上第一年居住在城市的人口超过了农村。事实上，超过10亿的人口（大约占世界人口的20%）已经迁入了城市，使得城市的规模越来越大。城市带来的后果就是食品和生活方式消耗的资源越来越多，更多用于农业和牧场的土地变成了城市。如果保持这样的增长速度，到2050年全球的资源消费量将是现在的三倍，食品需求量增加70%，肉类产品需求量增加27%。这体现出了动物蛋白消费量与收入增长和城市化之间的关系。到2050年，全球中产阶级将从目前的18亿增加到49亿，增长172%；人均肉类消费量从41公斤增加到52公斤；每人每天从食品摄入的能量将从2860千焦升高至3130千焦。如果对比过去20年的数据，我们会发现今后发展的速度和带来的影响是巨大的。1990年至今，全球食品消费增加了45%，用于种植大豆的土地面积增加了75%，氮肥的用量增加了135%。

食品安全是一个复杂的全球性话题，金砖国家在过去十几年中不仅发展速度很快，而且成为农业大国，在食品安全方面起到重要作用。中国现在已经是猪肉生产的第一大国，巴西是家禽生产的第一大国。与此同时，印度仍然有相当多的人口营养不良；中国虽然取得了巨大的成就，但按照联合国的标准仍然有1.58亿人口营养不良。

中国已经实现了千年目标，即减少50%处于极度贫困的人口。1990年以来，中国的人口增长了2亿，营养不良的人口减少了1亿（42%）。根据世界粮农组织的统计，全球有1.73亿人脱离了食品安全问题，中国占到了2/3。

## 三、中国面临的环境挑战

中国已经取得了巨大进步，但有些问题依然存在，有些是由于发展带来的新问题：中国不仅需要应对人口增长带来的食品安全问题，还需要寻找提供安全和健康食品的方法来应对不断增长的中产阶级。过去对产量的重视让中国的农业生产达到了目前的水平，但这也是导致一系列阻碍食品安全、产量提高和城市化战略的因素：生产需要更多的土地和水资源，但目前的做法恰恰减少了土地的供应。中国政府近期所做的一项调研指出，333万公顷的土地，大约相当于比利时的国土面积，由于严重的污染已经不能用于农业生产。这占到全国耕地面积的2%，也让总耕地面积逼近了政府宣布的1.2亿公顷红线。

这些都源于对饲料作物的巨大需求，而对增长和生产力的追求会产生负面影响，比如会减少动植物自然栖息地面积，土地退化或矿物化。农药和杀虫剂的使用的确可以让作物增产，但现在也成为一个问题。为了提高产量，中国现在使用的合成氮肥总量比整个欧洲和北美加起来还要多。水的情况也不容乐观，世界银行已经发出了警告，对后代会造成严重的后果。中国只拥有世界7%的水资源，但要支撑世界20%的人口，在人口密集的华北平原，情况更加糟糕，缺水每年都会造成相当大的损失。除了自然资源的缺乏和旱灾，个人和工业生产包括农业用水量的增长使得水资源越来越匮乏。江河等地表水的污染非常严重，2012年的一份政府报告把中国40%的河流都归为严重污染。污染的原因是多方面的，但农业生产消耗了中国60%的水，也是造成污染的主要原因，比如化肥的使用和氮、磷的排放。

## 四、肉类生产是可持续增长的关键

中国的发展与肉类的生产消费息息相关。与其他国家不同，猪肉是中国百姓最重要的肉类产品。我们可以用下列数据来说明猪肉对于国人的重要性：2014年猪肉产量预计将达到5500万吨（占全世界的50%），人均猪肉消费量39公斤，而美国是27公斤。在中国人的食谱里，虽然牛肉和家禽的量也不少，但猪肉绝对是最主要的肉类。它的重要性不仅体现在消费者的选择和饮食习惯上，也来源于历史和文化传统——吃肉被认为是生活水平提高的标志。从政治和经济层面来说，猪肉价格的变动对家庭食品开支有很大的影响，迫使政府必须要监督和稳定猪肉的生产和销售。中国是世界上唯一通过猪肉的储备来稳定价格的国家。

从20世纪70年代开始，政府大规模推动生猪养殖，从农户散养到规模化、专业化的饲养，延续至今。1985年，大约95%的猪都是农户散养的，每户猪的数量不超过五头。如今，散养的比例已经降到了27%。这一变化主要发生在过去十年。在规模和形式上，中国现代化的养猪场已与西方国家的标准极为相似，中国培育了一些龙头企业来引导农业的现代化。与西方社会相比，中国的消费者，特别是城市的中产阶级，认为这种产业化是现代化的表现，它对食品安全和质量很有帮助。

## 五、技术是全球食品生产的重要驱动力

随着对畜牧业产品需求的不断上升，全球畜牧业的结构已经发生了变化，包括集约化、垂直整合和规模化以及更多转向精饲料喂养的猪和家禽。中国的生产商适应了大部分的变化，但中国仍然存在散养，也有世界一流的规模化饲养设施，生产力提高还有巨大潜力。

中国的农业产出从1987年到2011年增长了450%。从全球来看，肉类的生产效率从1980年到2005年提高了35%，猪肉产量翻番。技术进步是实现这些增长的主要驱动力。先进的育种和饲养技术，农作物灌溉和肥料技术，精饲料的使用，通过基因实现高产的品种和动物健康的改善是最重要的因素。

但全球9%的二氧化碳，35%~40%的沼气和64%的氨排放是来自养殖业，生产1公斤的猪肉需要消耗5200升的水充分表明这些方面的改善会对环境有巨大影响。

## 六、结论和行动的焦点

经济增长和食品安全与自然资源消耗率的脱钩是全球的一大挑战，对中国来说尤为如此。"既能满足目前的需求且不影响后代满足其需求"是联合国布伦兰特委员会于1989年提出的可持续性的简单定义，这也可以成为中国应对食品安全挑战的指导原则之一。

在过去40年里，创新和技术在全球的增长和生活水平的提高中发挥了重要作用，很显然这样的发展也是有成本的。斯坦福大学生物学家保罗·厄利驰在20世纪70年代早期提出了一个方程式I＝P×A×T，人类对环境的影响（I）与人口（P）、生活水平/消费（A）和技术（T）正相关。这个公式描述了人口增长、生活水平和技术发展会增加我们对环境的影响。P（人口）增长是难以控制的，A（消费）更多食物的趋势似乎在短期内也难以改变，T（技术）必须成为变化的因素，需要知识和政策相结合，研究人员与企业共同合作。

今天中国猪饲养的粗蛋白摄入水平是18%，如果该数字下降到15%，每公斤猪肉的氮消耗量将减少6.13克，假设每人每年食用35公斤猪肉，氮的排放将因此下降24%。如果猪肉的消费量增加到每人每年45公斤而粗蛋白的摄入量不变，如果不采用先进的饲养技术，氮的排放量将增加28%（假设人口数量不变）。这充分说明我们需要改进饲养方法和运用先进的饲养技术。

接下来的建议主要针对食品生产领域的技术改进，特别是从猪肉的饲料到食品生产链。我们将提出提高肉类生产效率以满足不断增长的需求的方法，同时减少肉类生产对自然资源和生态环境的影响。我们会提供其他国家解决这类问题的案例以及中国可以借鉴的部分。

## 七、对政策和行动的建议

赢创认为，通过采用世界最先进的技术和最佳实践并有效地执行从饲料到食品产业链的政策和指导原则，中国在满足不断增长的食品需求上还有巨大的提升空间，并为将来的增长打下良好的基础。

### （一）进一步提高畜牧业的生产力

#### 1. 畜牧业更加高效地使用自然资源

①畜牧业中饲料的成本是最高的，也是提升生产力和节约资源最重要的方面。减少动物饲料中蛋白质的含量在学术界和产业界已有多年的讨论，有证据表明这个变化可以带来多方面的好处。

②动物饲料中的蛋白质来源于植物，这与人类食用的蛋白质的生产加工有直接的竞争。减少饲料中的蛋白质可以让出一部分耕地资源和减少土地用途的转换。

③减少饲料中的蛋白质可以减少动物粪便的排放，进而减少温室气体产生以及引起酸化和富营养化的氮和氨的排放。

氨基酸是一类饲料添加剂，可以在这个领

域所有作为。它们可以减少动物饲料对饲料作物的需求，提升饲料转换效率并大幅度减少牲畜的排放。从数据上看，全球动物饲料使用蛋氨酸减少了约4940万吨二氧化碳的排放，如果做一个对比，它相当于德国工业二氧化碳年排放量的67%。

节约自然资源的效果同样显而易见。2公斤的赖氨酸和1公斤的蛋氨酸混合使用，其氨基酸的含量相当于54公斤鱼肉和34公斤大豆混合使用。最终的效果就是节约了资源，减少用于生产饲料作物的土地。全球使用蛋氨酸而节省的饲料作物土地达到了15万平方公里，约相当于突尼斯的国土面积。

这些效果已为人所知，全球饲料用氨基酸的使用也逐步扩大。中国在"十二五"规划中已经把氨基酸的自给自足作为一个目标。饲料用氨基酸的生产不是问题，国内外厂家均有生产，问题在于其用于生猪养殖的比例仍然有待提高，特别是在中小型养殖厂。虽然国内有研究和成功先例，但目前中国只有很少一部分饲料和肉类企业实施了低蛋白的生产计划。

简单计算，饲料中每减少1%的粗蛋白成分，动物的粪便就会减少10%的氮排放和10%的沼气排放，降低3%的水消耗和5%的粪便量。与其他国家相比，中国的潜力是巨大的。这个转变无需额外增加成本，可以推广到任何规模的养殖厂，当然也包括小型养殖厂。

世界上已有一些政府和非政府组织认识到减少动物饲料中粗蛋白的含量是减少资源消耗行之有效的方法。

①联合国粮农组织有针对提高畜牧业效率的项目。蛋白质减量和使用食品添加剂来提高饲料转换率是他们建议的最有效方法之一。饲料添加剂的使用也可以通过加入新的原料来改善营养结构。

②欧盟委员会在2014年将发布最新的家禽和生猪集约饲养的最佳技术参考文件。这份文件将明确规定通过分阶段喂养和添加氨基酸来减少动物饲料的蛋白质。

2. 采用和执行最佳实践技术

虽然在过去几十年里中国肉类的生产力极大提高，但仍然有改进余地，包括：a. 缩小现代化大规模养殖厂与数量仍然不少的中小农场之间的差距；b. 应用国际最佳实践知识和技术。本建议不涉及各类标准和最佳实践案例的具体内容，但涉及如何能够高效地推广这些标准和技术。

国际案例：欧盟委员会已经推出一系列关于改进服务、产品和生产流程质量和安全的技术方法的文件。这些文件虽然不是强制性的，但它们成为几乎所有欧洲新项目的技术参考，包括能源、住房、建设和农业领域。获取政府对项目的审批需要执行这些最佳技术（英文缩写BAT）。

回到中国，这些文件也可以作为饲料和食品生产企业的标准，帮助当地政府评估新项目，拓展新技术并应用于所有的市场参与者，特别是中小企业。它们也会减少各类碎片化建议并避免责任的重叠。

这些标准的发展需要中国各农业大学顶尖研究人员、农业部和其他政府部门的专家以及优秀企业的共同努力。国际学者和企业的积极参与也一定会大大促进其发展。如果能够让国外的企业参与标准的制定和执行，这会比单纯借鉴经验的方式更加有效。

## （二）规划和评价食品生产需要考虑对环境的影响

### 1. 建立针对现代饲料和食品生产的生态足迹评估

整体来说，世界各国的消费者越来越关心食品和其他农产品是如何生产的。因此，中国的畜牧业在提高产量以满足需求的情况下，也会受到针对环境影响评估、改进和沟通的压力。公众对此的关注意味着畜牧业需要从传统的业务游说转向寻求改善环境影响的解决方案。比如，欧洲不久前认识到他们迫切需要动物性食品供应链对环境影响的定量分析信息。只有这样做，消费者才能了解哪些领域需要优先采取行动，才能更好地对饲料和食品体系做分析研究。

### 2. 将畜牧业的排放与饲料配方和营养进行关联

饲料粗蛋白成分减量化是先进的动物饲养方式，它可以提高饲料的转化率和营养价值。为了应对生产健康食物对环境影响的压力，改进饲料配方并监督不同饲料对环境的排放可能是唯一的解决方法。由此，消费者可以根据透明的信息来做出自己的选择。

### 3. 采用全生命周期评价（LCA）的方法来评估和优化肉类的价值链

全生命周期法是通过收集和评估所有生态投入和某一产品在生命周期各个阶段对环境的影响来描述该产品整体影响的方法。它包括原材料生产、消费者使用以及废物处理环节。全生命周期法最早是用于工业生产流程的，现在也已成为农业生产的一个标准化方法。

## （三）在城市规划中引入区域食品供应系统的概念

随着生产体系的不断专业化和食品加工业逐渐向人口密集的城市群集中，农作物的生产即动物饲料的来源与肉类生产加工逐渐分离。虽然系统化的方式可以给经济型、资源效率和环境影响带来更多益处，比如家畜粪便可以作为农作物的天然肥料，但这样的分离可以使价值链单独一个环节最优化。

目前大家讨论很多的是城市和城市群的规划及联动发展，包括投资、能源、基础设施、交通等等。可持续和低碳的食品供应链应该纳入规划之中。比如生猪养殖，多数都位于农村地区，满足的是城市和城镇化发展的需求。农场对资源的消耗、合理的补偿以及放心肉的供应都必须在区域发展的基础上进行协商，而不是某一个城市的规划。

城市的食品发展战略和规划是一个很新的话题，但在许多国家迅速引发讨论，食品安全和供应是关注的焦点，包括可持续性以及一些社会因素。国家层面的项目有联合国粮农组织多学科的"城市食品"等项目。

### （四）细化政策和项目，扶持农业的可持续发展

与其他国家不同，中国运用了多种政策的组合来推动其结构调整和经济发展，并取得了很大的成功。农业发展始终是政府的头等大事，五年规划和每年政府的一号文件都体现了农业的优先地位。目前针对农业的政策主要有四大类：谷物生产的国家收购、农业产出的补助、农业机械的补助和优良品种的补助。这些政策和配套措施主要针对提高产量和农民的收入，财政支持的力度是相当大的。

虽然近期农业的环境影响和可持续发展问题被不断提及，但政策的组合需要进一步明确目标和方法，特别是如何实施这些政策并平衡那些可能会造成此消彼长的目标。

1. 在整个从饲料到食品的产业链上提高对农业可持续发展的认知度

推动可持续的理念和政策必须令产业链上的主要参与者采取有效的行动。由于中国小农场和现代化饲养在产业化和知识技能上有巨大差别，而小农场主更加关心他们的生产力和收入，这就需要引入和实施新的理念。国际政策制定者和国内的分析都强调了农业项目的有效性问题，特别是在畜牧业生产上，成功的策略是难以改变的。少用资源达到同样或者是更高产出的方法往往受到质疑。

实现这个转变，政策是基础，更需要一套有效的指导体系来进行沟通、培训、演示和实践。饲料和添加剂的私有企业，无论国内还是国外企业，可以积极支持最佳实践的应用和地方项目的实施。

2. 通过公私合作方式有效地执行

有充分的证据表明，在设定标准和制定政策时引入私有部门比如公司、行业协会、食品零售商和非政府组织的参与，可以有效地执行这些政策和标准，并能获取主动的承诺。荷兰"绿色协议"的目标就是加强私有部门的参与，比如荷兰乳产品产业致力于实现零排放；法国的"农场环境认证"也是与许多相关方共同开发的。

作为合作项目的典范，联合国粮农组织推出的"畜牧产业链环境影响标准和监督合作"项目就是由领先的学术机构和产业协会共同合作的，他们提供了一份最佳营养实践的清单。畜牧业环境评估合作项目（简称LEAP）也是政府、社会组织和私有部门共同合作的，提供优化的方法和指导。欧盟委员会也推出了产品生态足迹规则（简称PEFR），邀请了供应链的相关合作方共同开发饲料和牲畜的评价标准和方法。

在中国，此类公私合作的方法可以让利益各方主动承诺，使项目能够有效地执行，并不断交流各自进程中积累的知识和经验。

北京和成都参与了国际城市农业和食品安全中心（简称RUAF）的基金会，与各方合作开发知识、工具和项目。在一些国家，这些方法使得私有部门的利益相关方与各地的政府之间主动达成了有效协议，并且不需要具体的政

策支持。在政府支持的地方合作项目上，澳大利亚、加拿大和新西兰都有成功的案例。

### 3. 提高公众的意识

其他国家成功的可持续发展案例显示，政策是成功的关键因素，但同时强调公众的看法和消费者的行为是主要的推动力。食品安全已经是一个大家都关注的问题，特别是在城镇化的地区和中产阶级，他们更愿意表达自己的需求和关注，这就让消费者和公共决策者把食品安全问题摆在了更重要的位置。

欧洲和北美国家的案例显示，消费者迫使超市和零售商引入可持续的目标，并与他们的供应商共同遵守。产品的可持续概念，全生命周期评估和碳排放或者生态足迹数值越来越成为参与价值链活动的先决条件。虽然亚洲国家还未采用碳或者生态足迹标识政策，但在产业界已有积极推广，某些企业通过在他们的肉类产品上标注碳或者生态足迹创造了差异化优势。

中国应当利用对食品安全的讨论来推动公众相关意识的提升，并作为政策实施强有力的基础。

（本文由中国发展研究基金会授权刊发）

# 农业现代化与食物保障

杜邦公司

## 一、实现食物保障的路线图

### （一）食品供应与民众承受能力

"今天，人类生产的粮食足够养活每一个人"，拉吉·帕特尔（Raj Patel）2011年在《外交政策》杂志（Foreign Policy）上撰文指出，"然而，由于粮食分配方式的缺陷，10亿人口尚处于饥饿之中。"不过，问题不仅仅在于糟糕的分配和全球粮食库存的多少。与食品的供应量相比，民众的承受能力也是同等重要的一个因素。高昂的食品价格剥夺了消费者的食品安全感。就在不久前的2007～2008年，全球粮价飙升，在许多贫困国家造成动荡，同时伴随着囤积现象和食品贸易禁运。另一方面，粮价过低同样具有破坏性，它威胁着农民和食品生产及相关领域参与者的安全处境[①]。

联合国粮农组织（FAO）的科斯塔斯·斯塔穆里斯（Kostas Stamoulis）警告说，全球粮价上升在今后15～20年内几乎是必然的，而且价格振荡会更加剧烈。因此，中国和其他国家必须作好准备，应对不可避免的粮价周期性波动。测算食品开支占家庭总收入的百分比，这是一项能够真实反映国民富裕程度的指标。中国居民在许多方面都有了长足的发展，但其购买食品的支出仍然相当高。2006年，中国人的食品开支占家庭总收入的平均比例为39.8%，相比之下，在美国这个数字为13.7%。据经济学人智库（Economist Intelligence Unit）在杜邦

① M. Ravallion：世界银行政策研究报告，Do Price Increases for Staple foods Help or Hurt the Rural Poor?, 1989–3: 167。

题图为著名"三农"问题专家、国务院发展研究中心副主任韩俊（中），杜邦公司董事长、首席执行官柯爱伦（右）和道达尔集团董事会主席、首席执行官马哲睿出席"中国发展高层论坛2014"。（摄影/张玉雷）

公司赞助下发布的"全球粮食安全指数"报告，过去20年间，在世界各国中，中国农业生产的波动性最低。之所以如此，一部分原因在于中国地域辽阔，但是也得益于中国政府对粮食生产的大力奖励政策。不过，政府正逐渐淡出奖励粮食生产的做法，而是通过其他方式加以鼓励。

## （二）营养与健康

随着人口的增长，中国的目标已不只是增加粮食产量，更要提升营养成分，增加主食品中微量营养素和维生素的含量。此外，随着中国民众日渐富裕，他们的饮食习惯也在悄然发生变化。和所有生活蒸蒸日上的人群一样，中国民众希望获得营养更丰富、消耗更多农业资源的食品，诸如肉、鱼、禽、蛋和奶制品，以及与其日益城市化和工业化的生活方式相适应的各种包装食品和方便食品。

根据国际商业观察组织（Business Monitor International）的报告，中国的零售食品消费（相对于本地出产、本地消费的食品）正以每年11%的惊人速率高速增长。鉴于此，保持健康、均衡的饮食，着眼长远，增进国民健康，对于中国来说至关重要。食品营养价值是个复杂的话题。营养不良问题涉及穷人和富人。

"传统的中国饮食包括丰富的蔬菜和碳水化合物，而源自动物的食品很少，但这种饮食结构如今已趋于消亡"，巴里·波普金（Barry Popkin）2008年在《保健事务》杂志（Health Affairs）上撰文指出[1]。根据联合国粮农组织的统计，在1965～2005年间，中国人餐桌上肉类的消费比例从6%增加到了27%。因此，肥胖现象在中国越来越令人担忧就顺理成章了，糖尿病、心脏病等更多问题也接踵而来。巴里·波普金在同一篇文章中还指出，中国的成年人当中体重超标者占五分之一。据《糖尿病护理》杂志（Diabetes Care）最近估计，2010年中国大约有9240万名糖尿病患者。在中国和其他发展中国家，城市化和不断增长的对高脂肪、高糖份、低营养的加工食品的需求均与"富贵病"的发生密切相关[2]。

## （三）食品安全

在中国，食品安全是人们普遍担忧的一个突出问题。各种食品污染事件频发，动摇了公众的信心。2010年底由《柳叶刀》杂志（The Lancet）发起的一项调查显示，中国民众认为食品安全问题是其日常生活中面临的第二大风险，排名仅次于地震。广为曝光的食品安全丑闻包括毒奶粉事件（婴幼儿配方奶粉中混入三聚氰胺）、瘦肉精事件（一种名为盐酸克伦特罗的合成类固醇被混入饲料喂猪）、铬大米事件、地沟油事件，等等[3]。中国国家食品安全中心刘秀梅研究员表示，政府当前食品安全工

---

① 巴里·波普金：Will China's Nutrition Transition Overwhelm Its Health Care System and Slow Economic Growth?，保健事务，2008-7/8,27（4）。

② Diabetes Saps Health and Wealth from China's Rise，柳叶刀，2012-6-16。

③ China's Invisible Burdenof Foodborne Illness. 柳叶刀，2012-5-3。

作的重点还是查处非法添加物，因为此类案件的公众影响极大。

食品安全问题有一部分属于基础设施问题。中国有6亿多农民，人均拥有耕地面积还不到0.65公顷[①]。中国的大多数农户规模非常小，这意味着，离开政府的补贴就难以维持。北京亚洲农业咨询公司（Asian Agribusiness Consulting）的迈克尔·博丁顿（Michael Boddington）在一文中这样写道："在经济意义上，它们微不足道，农民缺乏必要的知识和技术，去预防和抵御病害的爆发。"[②]

相关的挑战包括假冒及劣质农药的使用以及土地和水的工业污染。更好的作物保护和农民教育将减少化学品的过度使用和随之而来的有害残留物。杜邦公司已经与中国农业部农药检定所（ICAMA）合作制定作物安全指导方针。杜邦还向中国引进了低毒的Coragen®杀虫剂。

### （四）食品浪费

联合国粮农组织近期的一项研究估计，中国的粮食损耗和浪费可能高达其总产量的1/3左右。中国农业部农产品加工局张天佐局长表示，"如此之高的损耗确实惊人。"中国粮食损耗之所以如此巨大，部分归咎于其高温、高湿的环境条件，这增加了粮食病害和腐败变质的风险。尽管中国使用的种子100%都是杂交

品种，但是它们抵御疾病、虫害和温度变化的能力水平差别很大。中国也需要提高农作物收割和储藏的质量标准。

此外，据世界观察研究所的相关数据，在中国每年超过320亿美元的食物被丢弃。中国政府已经采取措施，通过"光盘行动"和"垃圾分类"等活动来增加人们对减少食物浪费方法的了解。持续的创新可以帮助人们在食品价值链上减少浪费。还有特别重要的一点，就是需要研发适当的食品添加剂，帮助延长食品的保质期，抑制酵母和霉菌，以及改进食品包装，降低食品在运输途中和在商店货架上变质、遭受污染和破漏的风险。

### （五）可持续农业

在增加食物供应的同时，中国必须重新规划其农业架构和基础设施建设，改善粮食存储，抑制浪费，并注重耕地与水资源的质量提升和保护。由于耕地和水资源数量惊人的流失，中国北方近年来遭遇了历史罕见的沙尘暴和干旱天气，而南方沿海部分地区则遭到特大洪涝灾害的蹂躏。中国农业可持续发展所面临的挑战还不止于此，农村劳动力的不断萎缩也是一大问题。中国有大约6亿农民，但据估计，这一人群的平均年龄介于50～60岁。在中国，务农在很大程度上仍然仅够维持生计，这是造成农村劳动力萎缩现象的主要原因。据国际粮食政策研究所高级研究员张晓波（他本人就是在一个农村公社里长大的）介绍，中国农户拥有耕地的平均规模不足2/3公顷，通常由

---

① 莱斯特·布朗：《扭转中国谷物产量下降的局面》，《地球不堪重负》，地球政策研究所，2005。

② 《爱尔兰时报》，2012-5-15。

五六块分散的小片土地组成，农民每天到各处田间去照看一圈，路上就得花费两三个小时。无怪乎现今中国农村的年轻人都不愿在家务农，而是期望进工厂、当白领。

## 二、中国在食物保障方面的显著进展

尽管面临诸多挑战，中国迄今为止所取得的显著进步，令人们有理由在未来若干年内，对中国乃至整个世界的食物保障感到乐观。

另一个值得乐观的理由是，中国政府对于前路的挑战有充分认识，正与众多跨国公司、非政府组织和农业专家们，在粮食安全、可持续发展、农业贸易、科学和发展等领域着力开展合作。这一开放的姿态，为包括杜邦在内的许多跨国企业提供了机会，与中国公司和政府机构建立协作关系，把先进的技术带进中国，并依据各地的具体情况进行适应性调整。

> 食物保障的挑战或许是全球性的，
> 但其解决方案必须是本地的

达成食物保障目标需要一套综合、全面的措施，包括基础设施投资，农业和经济的发展，以及多种相互关联的因素的作用。比如，增强人与人之间的理解和互动。但无论如何，科学和技术是这个综合体中不可或缺的一部分。

中国应对自身食品需求的成功秘诀在于有效的长期战略的制定与实施。过去25年间，中国对于科技的投入带动了农业产量的突飞猛进，而且投资势头至今持续不衰。据国内媒体报导，中国计划在今后10年间投入超过4万亿元人民币（6360亿美元），狠抓良种繁育、畜禽生产，以及农产品的运输和储存[1]。另据陈志钢为英国科学办公室（British Office of Science）所做的一项研究，鉴于人们对环保的关注程度日益增长，中国有关方面的研发支出也相应地聚焦于灌溉、水资源保护、水土流失和荒漠化等方面[2]。

此外，中国政府还充分认识到伙伴关系和协作的重要性，他们欢迎那些能够带来尖端的专业技术，并热心参与和帮助中国开发合适的解决方案，以应对食物保障问题的有识之士。

在努力实现食物保障方面，包括中国在内的各国政府并不是孤军奋战。政府会同来自全球的公共和私营部门的业界领先专家努力催化变革，达成既定目标。成功的关键在于投资研发和善用科学技术，以及鼓励机械化、向农民传授最佳实践，促进创新成果在基层转化为应用技术。

## 三、投资科技

科学与创新无疑是中国农业持续进步的关键。农业创新在中国可谓历史悠久，早在两千多年前，中国人就发明了改良型水泵和谷物加工技术。今天，中国再次依靠强大的技术创新

---

① 《中国日报》，2012-3-5。
② 陈志钢，张玉梅：*Agricultural R&D as an Engine of Productivity Growth: China.Foresight Project on Global food and Farming Futures*，英国科学办公室。

来提高自身的食物保障水平。

中国科学院发布的"2050科学发展路线图"呼吁在2020年将农业研发资金增加到1.5%，到2050年时争取达到2%。另一方面，对农业研发的私营投资正在飞速增长，但与发达国家相比依然偏低（中国目前私营农业研发投入占公共研发投资的22%，而在发达国家这一比例达到了50%）。

## 四、开发本地化解决方案

粮食安全是中国的当务之急。有鉴于此，目前政府对农业研发的投入有半数以上都集中在粮食作物方面。私营机构也把主要精力用于提高粮食产量，以养育子孙后代。

以杜邦为代表的一批公司也在投资于粮食相关领域的研发。杜邦公司承诺在全球范围内投入高达百亿美元的研发资金，致力于在2020年前推出4000种新产品，来满足各地民众在增强营养、可持续发展和安全性方面的需求[①]。同时，杜邦也着力让自身的技术更加适应中国的特定需求，只有本地化的科技才能对一个国家或社会产生强有力的影响。

为了应对中国市场特定的食品安全问题，杜邦BAX®全自动病原微生物快速检测系统专门开发了一项用于检测志贺菌的功能。这种细菌在中国是造成食物污染的三大元凶之一，但在其他国家却十分少见。志贺菌用传统培养工

艺很难检出，但杜邦BAX®检测系统拥有超一流的敏感性，在5毫升的样本中，只要存在一个细菌，用杜邦检测系统就可以检出。

开发本地化的解决方案还能带来更多的效益。杜邦在华销售收入的很大一部分来自在本地开发的产品。本地开发的产品可以在其他地区开辟新的市场。酸奶饮料在中国市场上十分畅销，但在国内一些地方冷链配送可能无法保证，杜邦公司非常关注这一供应链问题。于是，该公司开发了YO-MIX™酸奶菌种，即使在室温下也能防止产品后酸。一个额外的好处是，YO-MIX™在中国的成功还扩展到中东、非洲和世界其他地区，成为本地化产品带来全球性收益的一个范例。

中国对科学和新技术的开放态度，促成了国内外公司、机构之间数不胜数的协作。中国迅速增长的科技实力——其研发支出位列全球第二；材料科学和化学领域发表的论文数量居全球首位；专利数量居全球第三。这些都体现出中国对于运用科学解决挑战的承诺。

## 五、工业化与机械化

尽管中国人的饮食日益复杂多样，对农产品的需求相应增加，但是愿意留在乡下务农的人数却日渐减少。越来越多的小农户把农业收入看作城市务工收入的一个补充。劳动力的短缺意味着对农机设备需求的增长。为了提高农业生产效率，中国正致力于农业的产业化，以期提高生产力，再上一个新台阶。在这一进程

---

[①]《渴求变革的中国——发展中的中国食物保障战略食物保障白皮书》，http://foodsecurity.dupont.com/food-goals/。

中，机械化将发挥关键作用。据中国农业部介绍，中国已经设定了"到2020年实现70%机械化"的目标。

为了鼓励农机的使用，政府增加了对农民的补贴，由2008年的1.96亿美元增加到2012年的33亿美元。小麦和水稻等作物的机械化种植进展较快，但油料种子等作物的种植则不太容易实现机械化，因为没有专为这些作物设计的农机。另外，像玉米这类庄稼通常由小农户在小地块上栽种，不适合农机操作。小麦和水稻等作物的种植已有70%～80%实现了机械化。当农民采用现代化技术耕种，收入可能比进城务工还要高。

外国公司所起的一个重要作用，就是向农民展示可用的技术，比如，让他们了解实行机械化的可能。杜邦先锋良种公司认识到，尽管它所提供的种子帮助中国农民大幅增产，但低效的手工采收却造成了浪费。联合国粮农组织的一项调查结果显示，全球粮食作物每年损失或浪费的比例高达1/3。于是，该公司便与河北的一家收割机制造企业联手，向当地农民展示机械化收割的优势。

## 六、供参考的政策解决方案

三十多年来，中国在增加农业产量、提高食品标准和质量、开发新技术等方面取得了长足进步，以满足其不断增长的人口的营养需求。由政府主导的改革强力推进经济发展，加上农业科技和知识的革新与应用，共同促进了上述变革。其结果是，今天的中国已经成为世界上最大的农业生产国。据联合国粮农组织资料，中国饥饿和营养不良人口比率从1990年的21.4%降至2012年的11.5%[1]。以下是我们推荐的一些政策方案。

### （一）加强防伪和知识产权保护

作为一家科学公司，杜邦高度重视知识产权（IPR）。杜邦在中国专门成立了全国领导小组办公室来协调防伪工作，开展了一系列活动严厉打击侵犯知识产权，还进行了相关司法的改革和法律法规的修订，大大改善了知识产权所处的环境。中国所取得的这些成就已经受到创新者、科学家和整个国际社会的关注。尽管取得了一些进展，我们认为可以在某些方面进一步加强防伪工作。例如，商业机密保护、打击网络造假和农业产品的知识产权保护。

### （二）鼓励长期外商研发投资

我们希望中国继续开放跨国公司在中国的长期研发投资。集中精力确保对合作协议（即如合资企业等各种商业模式等）、研究协议和专利进行及时的审查，将继续促进中国经济的发展和繁荣。杜邦在中国的协作模型支持与本土中国企业在中国的创新，这将营造出中国正在努力实现的创新型经济文化。

### （三）减少对国外种子公司所有权的限制

我们期待与中国合作来解决中国和世界各

---

① 《2012年世界粮食不安全状况》，联合国粮农组织。

地的食物保障问题。怀着这个雄心勃勃的目标，我们希望中国可以考虑在不久的将来放宽合资种子公司中的外资所有权限制。我们正在努力工作以继续实现我们的承诺：分享技术，用我们的科技来支持中国农民，并不断追求加大对中国的投资。

### （四）加速农业人才培养，以确保健康的农业人才输送

现代农业需要能够使用技术进行机械种植和收割的现代人才。中国有相当水平的人才。关键需求是要吸引非传统人才进入中国的农业生产。随着农业的发展，这些新型领导人能快速掌握推动现代、高效、可持续化和全球农业系统的方法。

中国成为世界领先的粮食净出口国之一的进程将为世界其他国家提供重要经验教训。中国对发展本土农业的承诺为整个食物价值链创造了新的机遇，让我们可以期许一个激动人心的未来。对包括专利保护在内的创新投资的持续支持，将继续促进中国专业的农业产业的成长，激励下一代的中国科学家、企业家和农业专家。当我们展望未来，创新、技术和协作依旧是持续增长的支柱。

（本文由中国发展研究基金会授权刊发）

# 下一个十年的中国中产阶级
## ——他们的面貌及其制约因素

麦肯锡咨询公司

中产阶级的成长正在潜移默化地推动着中国的经济变革与社会转型。在这份报告中，我们将探讨中产阶级如何成为中国可持续增长的经济驱动力；同时也慎重指出，如果不着力提升中国年轻一代的能力，使之符合未来中产阶级的要求，这一幕也许并不会真的发生。

## 一、中国中产阶级的潜力

2000年，中产阶级仅占中国城市家庭的4%[①]；到2012年，这一比例已飙升至68%。今天，城市人口占到中国总人口的52%；到2022年，还将涌现1.7亿城市新居民，届时城市化比例可能攀升至63%。到2022年，中产阶级的数量将达到6.3亿——为城市家庭的76%和总人口的45%。中国正在快速成长为中产阶级国家。这股浪潮的核心是城市化，以及伴随而来的居民收入的水涨船高。

不断壮大的中产阶级主力军来自技能型白领，他们代表着更高的生产力，也赚取更高的薪水。这既体现在基础设施建设"硬"效益，也反映在教育和医疗保健条件改善的"软"效益。中国城市基础设施的迅猛发展众所周知，但政府对有利于释放中产阶级经济潜能的软性推动力的投资或许不太为人所知。以保险为

---

[①] 本报告将"中产阶级"定义为家庭可支配年收入在6万~22.9万元人民币之间的人士，以购买力平价法计算，这一范围处于巴西和意大利的平均收入之间。这一群体在生活必需品上的支出低于50%，同时，其消费行为相对其他阶层也独具特点。

题图为麦肯锡公司董事长、全球总裁鲍达民在"中国发展高层论坛2014"上发言。（摄影/张玉雷）

例：2005年基本医疗保险覆盖了近1.5亿中国人，如今95%的中国人享受着基本医疗保险。对于城市居民而言，自费比例已经从59%下降到35%。这表明中国政府已经意识到，中产阶级的发展质量与数量同等重要。

## 二、上层中产将成为新主流群体

我们将中国中产阶级划分为两大类：大众中产阶级——家庭年收入在6万～10.6万元人民币，相当于9000～1.6万美元，这个群体2012年占城市家庭的54%；上层中产阶级——家庭年收入在10.6万～22.9万元人民币，相当于1.6万～3.4万美元，这个群体2012年占城市家庭的14%，其消费额占城市居民消费总额的20%。也许到2020年，这个结构会大为不同，上层中产阶级将占到城市家庭的54%，其消费额占城市居民消费总额的56%，而大众中产阶级占比约为13%。不过，这一前景的前提条件是中产阶级家庭收入保持持续增长。

向上层中产阶级的华丽转身，将为企业带来更加成熟、更具吸引力的市场。相对于大众中产阶级，上层中产阶级消费者更愿意为优质产品支付溢价，对知名品牌更为信任，并且更愿意为非必需品及服务埋单。他们的视野也更加国际化，对国际品牌持开放态度，甚至充满渴望。

中国的上层中产阶级消费者正在日趋成熟。逛街购物已经不再是理想的全家活动，与10年前相比，他们花在休闲活动和旅游上的时间明显更多。2000～2012年，中国的酒店客房接待能力增长了4倍，自2010年以来，电影院的票房收入增长已超过30%，仅2013年一年就有超过1000家新电影院开业。

上层中产阶级是富裕一族，他们在购物方面也比大众中产阶级更为阔绰。将近60%的上层中产阶级消费者购买过数码相机，而在大众中产阶级中，这一比例仅为40%。与此类似的是51%的上层中产阶级购买过笔记本电脑，而在大众中产阶级中这一比例仅为32%。衣物柔软剂的购买情况也印证了同样的规律，56%的上层中产阶级购买过该产品，而大众中产阶级仅为36%。

这两个群体对产品吸引力的理解也大不相同。产品基本功能对大众中产阶级消费者具有吸引力，他们当中2/3的人将"耐用性"作为洗衣机的前五大购买因素之一。而上层中产阶级提到这一因素的人还不到一半。对于智能手机，62%的大众中产阶级把耐用性列入前五大考量因素，仅有36%的上层中产阶级消费者持相同看法。对于上层中产阶级消费者而言，产品在情感和社交方面的卖点正日趋重要，相比大众中产阶级，他们更有可能提到购买洗发水和手机背后的考量因素，比如"彰显我的品位"以及"让我感觉家人过上了更好的生活"。

相比普罗大众，不断壮大的中国上层中产阶级具有明显的外向型心态。他们更愿意选购洋品牌，洋食品和洋饮料受到34%的上层中产阶级青睐，比起普通市民要高10个百分点。

上层中产阶级更倾向于出国旅行——2012年，10%的城市中产阶级选择出国旅行，整个中国城市人口只有3%。这种国际视野的形成受多种因素的影响。上层中产阶级受教育程度更高，外语能力更强——34%的人拥有大学本科或以上学历，26%的人听得懂英语并且会说。他们也因此成为金融服务、专业服务以及旅游业等新兴高薪职业的宠儿。

互联网的广泛应用是国际化的另一个重要元素。上层中产阶级更愿意网购，用于网购的支出比例也更高。虽然中国市场的独特性仍会存在，但如果上层中产阶级形成新主流群体，我们应当预期它与国际成熟市场的相似性会越来越多。

## 三、变化中的地域分布

中产阶级的最大增长将会发生在哪里，企业需要对此有一个细致的了解。值得注意的是，情况正在发生变化。虽然城市一直是孕育中产阶级的摇篮，但未来在地域分布上将会趋于均衡。

2002年，40%的中国中产阶级居住在北京、上海、广州和深圳等人口超过1000万的一线超大城市。然而预计到2022年将降至16%，同时二三线城市的中产阶级比例将会提高。2002年，中国三线城市的中产阶级家庭仅占15%，2022年可望上升到31%。中产阶级家庭占比的大头从超大城市到中型城市的转移，也意味着从沿海大城市向内陆城市的迁移。2002

年，仅有13%的城市中产阶级居住在内陆省份，预计2022年将升至39%。

举两个小城市的例子说明这一变化。吉林省的蛟河是中国东北四线内陆城市，因其地处交通枢纽发展迅速。这里拥有丰富的自然资源（如中草药和食用菌类），是中国最重要的葡萄酒和米酒生产基地。2000年，蛟河7万户家庭中尚不足900户达到中产标准。预计2022年该市将有16万户家庭，其中约9万户（近60%）将跻身中产阶级。再如甘肃省武威市，同属四线内陆城市，其优势是位于金昌—武威经济开发区；拥有富饶的矿产资源（邻近的石墨烯和钛铁矿储量居全国之首），而且地处铁路和数条高速公路的交通要道。2000年，该市8.7万户家庭达到中产标准的不足900户。预计2022年，65万户家庭中约39万户家庭（60%）为中产阶级。

如今，地理位置的偏远与否对于塑造消费者的需求和购买行为越来越无足轻重。7年前中国高铁启用时，许多人称这只是形同虚设的基础设施建设，不可能实现满负荷使用。事实证明他们大错特错：高铁日均输送乘客已从2007年的25万人次激增到去年的130万人次。如今，沪宁线高铁列车每隔15分钟开出一班，商业和零售聚集带正在融合，中产阶级每日坐通勤火车上班和购物。目前高铁运营线路已达9000公里——按计划，未来数年内还将翻番。

另一个因素，网络零售"生来就是全国性"的。上海能买到的所有产品，武威也如此。实体零售店举步维艰，除了在三线城市建旗舰店之外可能不会有别的举动。某些细分市场，如B2C服装，2013年其在线销售几乎实现翻番，而整个2012年，网络零售飞速上位，一举成为主流渠道。在三线城市，互联网渠道贡献了2012年奢侈品销售的14%，而2010年还几乎为零。中国消费者花在网络社交媒体的时间已达到55%，而美国消费者为38%。新消费行为由此形成，如通过微信等社交媒体购物，或者逛商场只是为了娱乐休闲，而不是单纯地购物。

## 四、向第二代中产阶级消费者过渡

生于20世纪80年代中期的新一代中产阶级消费者正在崭露头角。他们的父母经历过长期的物资匮乏时期，消费心态比较保守。"第二代"（G2）生活环境较为优越。新兴的G2消费者的安全感更强，更愿意"活在当下"。由于严格的计划生育政策，他们大多也是家中的独生子女，对于工作的满足感和收入增长抱有极高的期望。

麦肯锡研究发现，G2消费者比父辈更加自信，更愿意支付溢价。事实上，他们认为昂贵的产品才是更好的产品。他们乐于尝试新的东西，渴望拥抱新科技。与父辈相比，他们忠诚于自己信赖的品牌，钟爱小众品牌。重要的是，他们比老一辈寻求更多的信息来源，更依赖互联网获取产品信息。这一代正成长为对中国经济举足轻重的消费者群体。到2020年，预计中国总消费额的35%将来自G2消费者，他们是购买休闲、个人服务、旅游和酒店服务的生力军。

## 五、繁荣的制约因素

中产阶级的繁荣需要薪水丰厚的工作保驾护航，尤其是受过高等教育的上层中产阶级，他们是拉动整体消费的主力。但有迹象表明，就业问题正日渐严峻。中国社科院称，2013年9月，有17.6%的应届大学毕业生处于无业状态。2013年，20～29岁年龄段的大学毕业生中，无业者占到12.5%[1]。大学自己也声称，仅有50%的学生在毕业前找到了工作。中国社科院/麦可思的调查表明，接近半数的毕业生感到自己被大材小用，工作不符合自身的潜力和期望。

我们对于国家劳动部门的统计分析表明，由于这种错位，过去10年来大学毕业生的年均实际工资涨幅仅为3%，而工人年均工资涨幅为11%。跨进中产阶级门槛的工作有之，而更上一层楼晋升上层中产阶级的工作则可能很缺乏。今天的劳动力市场可谓扑朔迷离。到2020年，中国可能将有超过1.15亿的大学毕业生。单单是就业问题，就可能实质性地压低新兴中产阶级的工资水平，削弱其整体购买力。

无独有偶。许多国家普遍存在大学毕业生失业或半失业危机，拉低了中产阶级的收入，削减了他们对于未来的信心。这些情况有些发端于2008年金融危机，有些则不是。发达国

---

[1] 中国就业情况统计。

家的长期趋势是以技术取代大学毕业生所向往的、薪水优厚的中产阶级工作（正是它支撑着在中国方兴未艾的生活方式）。放眼欧洲，年龄段在15～24岁的大学毕业生失业率超过17%，希腊高达50%，德国为4%。英国高等教育统计署2012年的记录显示，不仅10%的大学毕业生6个月后仍然没有找到工作，而且50%的人从事着不要求学位的工作，5%的人从事着仅要求高中学历的工作。然而同时，许多雇主仍然无法找到需要的人才。

无论是什么国家，当预测就业和工资情况时，必须将技术的影响纳入考量，中国也不例外。未来的中国将会积极利用技术取代劳动力，大学毕业生只有具备全新的技能，方能获得待遇优厚的工作。在制造业领域，10年来资本密度持续增加。2000～2012年，计算机数控（CNC）机械工具的国内产量增长了15倍，工业机器人市场同期骤增55倍。

技术的影响也渗透到了当今的服务业。未来5年内，当保险销售和银行服务转移到网上（现在，一家大型保险公司可能拥有超过50万名销售代理），当零售业进一步向网上发展，现有的工作岗位将有多少会消失？根据国际经验，30%～50%的保险销售可能转移到网上。已经有超过5%的零售业销售通过在线方式完成，服装和消费电子产品类的连锁企业正纷纷关掉门店。假如15%的零售转移到网上，意味着将失去多少零售业岗位？已有25%的机票和6%的火车票是在线销售。国际标杆表明，这一比例可能提升至50%，票务代理和旅游顾问

们不再有用武之地。国际标杆的数字对中国而言可能还太低，因为中国对线上解决方案的应用要快于世界任何一个国家，中国的在线零售份额已经高于美国。这些"正在消失"的工作有许多收入水平高于城市平均值（例如，上海的金融服务业收入水平为该市平均值的2.2倍[①]）。所以，消失的不仅有中产阶级的主要工作来源，还有很多高薪职位。

## 六、现在必须采取行动培育中产阶级

中国政府正大力发展教育和培训以满足现代经济的需要。国家的中长期教育改革和发展规划强调了发展职业教育的必要性，为社会转型奠定了基础。此外，政府需要采取一系列措施，包括转变大学毕业生的工作期望，加速改革学术机制来培养学生的技能。与此同时，大型用人单位也必须担起责任，在培养学生发展"适应未来"的技能方面投入。政府和用人企业举措的有效结合，有助于中国转向大学毕业生失业率较低的德国模式，进而推动中产阶级释放潜力，成为中国经济的引擎。

## 七、对政府的建议

政府扮演着十分关键的角色。下文将对部分重要举措进行详细阐述。

顺应潮流。取代人工的技术终将得到应用。中国有太多行业的竞争十分激烈，因此这

---

① 上海市政府统计数据，CEIC。

一趋势在所难免。无论是私营企业、跨国公司还是国有企业，都有其增长目标和市场份额目标，多数情况下，上市公司还设有盈利目标。如果技术能通过提高效率、降低成本、改善客户服务为公司带来竞争优势，企业必然会放眼全球寻找最佳实践，然后根据自身情况加以调整，再进行投资。中国政府的职责应当是支持这一转变，针对被裁员工开展大规模的再培训、再部署项目，而不是向企业发放补贴，让它保留不再需要的员工。

振兴中小企业。经济合作与发展组织的报告显示，全球所有新增的工作岗位中60%～70%来自中小企业（SME）。在欧盟范围内这一比例为85%。同样，中国未来新创造的工作岗位中，必然有很多来自中小企业。政府必须加快清除中小企业的发展障碍。世界银行2014年报告指出，在开设公司的便捷程度方面，中国在189个国家中位列158位——对于小规模创业者而言，便捷程度是最大的影响因素。中小企业所面临的第二大挑战在于获取资本。随着中国银行业越来越市场化，它们将寻求机会，更多地向中小企业发放贷款，但是首先需要锻炼新的风险评估技能。政府应当引导银行重点聚焦这方面的工作。尽管电子商务市场如阿里巴巴能通过营运资本贷款弥补不足部分，但银行也必须抓紧跟上。

为新角色培养新技能。麦肯锡全球研究院2013年根据中国国家统计局的数据进行了相关研究，预测未来十年里大学毕业生工作岗位增长最快的三个行业将是健康与社会服务、高端制造业（大学毕业生需要操作更加复杂的工厂设备）和教育，而不是金融服务。应当引导大学新生把握这些机会，课程设计也应特别围绕这些角色。

改变思维。2011年清华大学调查显示，2/3的大学毕业生把国有企业作为就业首选，仅有11%的人选择小企业。中国需要更多具备创业激情、立志成为成功企业家的顶尖人才。将来，国有企业几乎不会再增加所谓的终身制工作岗位。政府需树立小企业创业楷模并大力弘扬。

## 八、对公司的建议

公司有责任与政府携手合作，确保学生为迎接中产阶级未来的工作做好准备。例如：

尽早吸引新生代员工。当新技能的需求产生时，行业应与尚在高中学习的新生代建立联系。由行业牵头的项目能让中学阶段的青少年对特定职业产生认知。例如，南非的"Go for Gold"项目由20家工程和建筑公司发起，其宗旨是把年轻人吸引到工地。项目选拔尚在高中阶段的学生，为其提供数学、科学和生活技能的培训。英国的"Higher Apprenticeship"直接录取有才华的高中学生，在公司工作的同时取得与学位相当的资质。2013年，1.3万名学生参加了这一项目，较上年翻了一番。

打造专属人才后备军。中国石油天然气集团公司（中石油）早在1978年就创办了中国石油管道学院，这是一所培养中石油后备军的职业学校，同时也为其他公司提供一次性课程培训。该校每年录取5000名新生，从大学到普通职业教育在内的所有课程都与油气管道建设和服务相关。中国南车股份有限公司在2012年成立了一所高级职业学院，为本公司及客户员工提供培训，目标每年招收1000名学生。为期8～12周的短期技能培训旨在着重培养对相关职业影响至深的精选特殊技能，能卓有成效地培养和更新学员所需的能力。印度信息科技巨头Wipro每年招聘1.5万名工程技术员。约有30%的人不具备工程学位，公司通过为期12周的密集培训提升他们技能，达到有学位员工的程度。

分享投资。中小企业常常纠结于如何有效开展培训，这方面的不足让它们饱尝苦果。一种方式是大公司向中小企业开放其培训项目。

例如，韩国领先的电信企业SK为300家供应商提供了100多个技术和软技能培训项目。通过帮助供应商提升技能，SK在线下获得了更好的产品和服务。中国职业培训控股有限公司是一家成立于1995年的私营企业，依托与汽车行业近2000家公司的合作，每年在中国培训10万名学生。

一个规模壮大、成功自信的上层中产阶级，是确保中国未来经济成功的中流砥柱。虽然目前的经济势头正有力推动中国朝这一方向前进，但技术的颠覆性发展也有可能偏转方向。政府与企业必须并肩努力，充分认识到技术之于中国经济增长和工作岗位需求（及淘汰）的影响，对大学毕业生及职业培训迅速做出调整，培养中产阶级所需的技能，创造一个欣欣向荣的未来。

（本文由中国发展研究基金会授权刊发）

# 推动可持续消费，共创美丽中国

欧莱雅集团

中国正处于一个重要的临界点。

一方面是持续的经济发展要求和消费增长动力：未来十年，随着人均收入水平的提升和中国经济从投资拉动向消费拉动的转型，中国的消费经营迎来数量和质量的双重巨幅增长。消费整体规模快速扩大，消费结构持续升级。中国将有望在未来两到三年内超过日本，成为世界第二消费大国。到2020年，中产和富裕阶级人数将达到4.9亿，超过美国和日本消费者数量之和。

另一方面是有限的自然资源和生态环境的严峻约束：中国当前产生的生态足迹已经超过生态环境正常承载能力的1.4倍。如果中国的消费方式逐步向发达国家靠拢，并且达到类似的资源消耗水平，中国的生态足迹将比目前水平再提高2～4倍，这将给中国甚至全球的生态环境带来难以预计的压力。举例而言，如果中国人均资源消耗达到美国2008年的水平，中国将消耗整个地球生态承载能力的80%。更何况环境问题已经敲响了警钟：温室气体排放、空气污染、水污染等等。

变革迫在眉睫，其关键在于将经济和消费的高速增长本身与高资源消耗和对环境的负面影响分割，找到可持续发展的道路。

可持续消费正是为了实现这样的愿景，其关键特征是：

①睿智增长：经济增长不应以环境破坏为代价，在睿智增长的模式下，企业的环境足迹将有效控制和减少；

②合理使用：将产品使用和废弃物处理所造成的影响降至最低；

③创造积极的社会影响：消费地点、内容及方式均有助于确保和推动个人、社区及供应链的健康发展；

④优化选择范围：将不利于可持续发展的产品和服务挤出市场，为消费者提供可持续的

题图为欧莱雅集团董事长、首席执行官安巩（中）出席"中国发展高层论坛2014"。（摄影/张玉雷）

消费选择。

我们已经观察到一系列向可持续消费迈进的趋势，包括中国政府对于环保日趋增强的重视和投入，以及消费者对可持续发展和责任消费意识的萌生。然而，推动可持续消费从理念和意识，到真正转变发展模式以及落实到经济和社会主体的实践，还需要更加全面、深层次的创新。在这一过程中企业可以并且应该发挥至关重要的作用，政府公共政策也能够为加快和扩大这种变革提供推动力。本文将围绕这一主题提出一系列具体建议。

企业作为社会创新的引擎和市场经济活动的主体，是推动可持续消费的关键建设者。企业的可持续消费战略应该覆盖产品的整个生命周期：从产品的构想和设计开始，贯穿采购、生产、销售、消费者的使用和售后，乃至对社会更广泛的影响，最终实现对环境和社会最优的影响。企业可以四个维度构建可持续消费战略体系：

①可持续创新：在产品初始构想和开发环节，充分考虑和优化产品的环境和社会影响，将环保和社会责任理念融入产品设计中，提升产品的资源利用效率、效用和安全性。

②可持续生产：在生产运营和采购环节，尊重和保护环境，尽可能减少每个环节中的环境足迹。

可持续生活方式：帮助消费者，使他们有更多可持续产品的选择，拥有做出更"睿智"和"绿色"消费决策的信息和知识。

③可持续发展（员工、供应商和社区）：考虑企业的社会效应，与员工、供应商和更广大的社区一起行动。

④政府公共政策是推动快速及大规模的系统性变革的重要力量。政府的作用可以通过制定政策法规、激励措施、加强监管和开展公众教育多种途径来实现，对于释放企业创新力、引导市场资源配置，以及推动消费者行为转变的过程中均可发挥重要作用。

我们建议政府：

①明确可持续消费的监管部门并确保关键绩效考核指标到位；

②设立、实施和监管执行可持续消费的标准（在中央和地方层面）；

③制定可持续消费行为指引和可持续产品认证体系；

④邀请企业共同推广可持续消费；

⑤提升社会大众，尤其年轻一代的可持续消费意识；

⑥推进政府绿色采购；

⑦支持可持续发展研究及相关技术成果和管理经验的推广运用。

实现可持续消费的愿景需要一整套系统化的变革，需要通过众多企业参与其中、勇于创新、积极合作（与供应商、消费者、社会大众一起）来共同实现。与此同时，政府的公共政策也应发挥重要作用，帮助这一变革更加快速更加大规模地推进。所有的力量凝聚在一起推动可持续消费，实现美丽中国愿景。

## 一、快速增长的中国消费力量

消费增长已然可观并将继续增长，成为未来中国经济可持续增长的重要动力。

随着经济快速增长和人均收入不断提升，中国已经位居世界第三位消费大国。过去二十年，中国的人均名义消费额增加了10倍，一个出生在2009年的中国人一生的消费总额将是其祖父母的38倍[①]。

对于许多商品来说，中国已经成为世界最重要的消费市场，中国已成为全球汽车、个人奢侈品、家用电器和消费电子产品等的第一大市场。中国也是全球很多消费品类未来增长的重要来源，以婴儿配方奶粉为例，中国目前已占全球市场份额的33%，未来5年将贡献全球该品类市场规模增加额的56%[②]。

中国消费[③]的增长趋势将会进一步保持甚至扩大。在过去很长一段时间，中国经济增长主要依靠投资和出口拉动。GDP中投资占比高达47.8%，比十年前增长了十个百分点，而世界主要发达国家的平均水平为消费占GDP比重62%，投资仅占18%[④]。高投资拉动经济增长的方式难以长期持续，中国政府正致力于转变经济发展模式，使经济从投资拉动转向居民消费拉动。十八届三中全会制定的一系列改革方案

中的多项举措，尤其是与城镇化相关的举措，将实质性促进消费增长，包括：土地制度改革（城乡统一的建设用地）以使得农民获得更大的财产权益；户籍制度改革以带来可能高达2.8亿农民工转化为城镇人口并缩小城乡公共服务的差别；以及独生子女政策的放松以带来新增人口的消费。这些政策将从提升国民收入、提高城镇化程度、改革社会保障等方面刺激消费的进一步增长。

中国将有望在未来两到三年内超越日本，成为世界第二消费大国，其消费增长对世界及自身都有着重要的意义。根据预测，中国将贡献从当前到2020年全球消费净增长的21%。同时，消费将成为经济持续增长的重要动力，在2020年居民消费将占到国民生产总值的42%（比2012年提高6个百分点）[⑤]。

在消费总额快速增长的同时，中国的消费结构也发生明显的变化，主要体现在中产阶级和富裕消费者增多所带来的消费升级，使得消费模式逐步向富裕的发达经济体靠拢。

随着收入水平的提升，中国的中产阶级和富裕消费者[⑥]（简称MAC）正在经历前所未有的快速增长，数量从2005年仅占城镇居民人口的9%增长到2013年的37%，并预计将于2020年

---

① 波士顿咨询公司，《十万亿美元的战利品》（*The 10 Trillion Prize*），2012年9月。
② 欧睿全球市场信息数据库（Euromonitor），2014年2月。
③ 本报告中所有消费总量均指居民消费。
④ 此处世界发达国家水平为2012年美国、日本和欧盟五国（法国、德国、意大利、西班牙、英国）的简单平均水平，中国的当前水平为2012年比例。

⑤ EIU数据及波士顿咨询预测，2013年11月。
⑥ 中产阶级和富裕消费者的划分：中产阶级的家庭年均可支配收入为12000美元（75000元人民币）–20000美元（125000元人民币），富裕消费者的家庭年均可支配收入为至少20000美元（125000元人民币），平均值则高达40000美元（250000元人民币），以上皆为2010年美元实际价值。此定义基于中国的相对收入和购买力，若按购买力平价计算，中国富裕消费者20000美元的起点相当于最发达市场38000美元的家庭年均可支配收入。

进一步增长至59%。绝对人数将达到4.93亿，超过目前世界第一大和第二大消费国美国和日本的消费者数量之和[1]。

中产阶级和富裕消费者的增多带来消费结构的显著升级，消费模式向富裕的发达国家演进。首先，生活必需品所占消费比重降低，而出现更多的与生活方式相关品类甚至奢侈品类的消费。同时，在同一品类中也将出现消费升级的现象，以饮食结构改变为例，中国的卡路里摄取来源将更多地从谷物转为肉类，肉类2020年将比2010年多消耗1850亿份（1850万吨）[2]。

研究表明[3]，在许多品类中，消费支出增长与消费者收入增加并非线性关系，而往往在消费者跨入中产阶级和富裕阶层时出现消费爆发拐点。例如，统计表明消费者跨入中产阶级后在面部护肤类产品人均消费额平均跃升1.2倍，而进入富裕阶层后又会进一步跃升1倍。人均消费额跃升来自于从无到有（初次消费此类商品），从少到多（购买频率的增加），从低到高（购买高品质大品牌产品）。消费者在步入中产和富裕阶段之后，开始出现对于品质、生活方式和享受的追求，甚而对社会地位和身份认可的追求，不再只局限于实用性的产品品类。中国已经是全球个人奢侈品的第一大市场，尤其是年轻一代在消费主义的影响下，成为追求奢侈性消费的主体[4]。

未来十年，中国消费将迎来数量和质量的双重增长，消费整体规模不断提升，消费模式向富裕的发达国家靠拢，由此可能带来人均消耗资源的增加，对环境承载可能带来进一步的挑战。

## 二、可持续发展的挑战及变革的重要性

传统的高增长、高消耗、高污染的发展模式无法持续。

1. 生态资源：难以承受之重

中国以有限的自然资源支撑庞大的人口规模和高速的经济发展，对脆弱的生态体系业已造成沉重压力。如果资源消耗水平进一步扩大，将会对生态环境造成不可逆的影响。

中国生态足迹和生态承载力的研究[5]显示，中国当前产生的生态足迹已经超过正常承载能力1.4倍[6]，并且这一缺口自1970年代以来

---

[1] 本文中关于中国消费者结构的相关研究来于波士顿咨询亚洲消费者和消费者洞察中心（BCG's Center for Consumer and Customer Insight（CCCI）in Asia）数据库，2013。

[2] 本段中关于中国家庭消费品类结构变化的预测来自波士顿咨询公司，《十万亿美元的战利品》（The 10 Trillion Prize），2012年9月。

[3] 波士顿咨询亚洲消费者和消费者洞察中心（BCG's Center for Consumer and Customer Insight（CCCI）in China）数据库，2013。

[4] 波士顿咨询于2009年通过对2550名中国消费者调查发现，奢侈品消费者主体年龄在25～35岁之间，大大年轻于西方发达国家40岁以上的平均年龄。

[5] 本文中生态足迹相关数据更新至2008年，均来自于世界自然基金会和环境足迹网络组织，《中国生态足迹报告2012》，2012。

[6] 生态足迹概念是为了评估人类活动对于生态环境造成的影响，其评价方式是比较某地区人类耗用的自然资源与该地区环境本身的可再生承载能力。生态足迹的具体定义是对于某特定区域或人群提供其人类活动所需的食物、纤维、木材等自然资源，吸收其所产生的废弃物，以及建设生活工作的基础设施所要消耗的土地总面积，单位为全球公顷（gha）。生态承载能力衡量的是该特定区域的生态环境所够提供的材料和吸收废弃物的能力，单位亦换算为全球公顷（gha）。

由于工业化和城镇化进程一直在快速扩大，对生态环境的压力不断加剧。尽管中国的人均生态足迹（2.1全球公顷/人）低于全球平均水平（2.7全球公顷/人），然而由于人口众多和资源问题有限，中国目前的生态承载能力仅为人均0.87全球公顷。以水资源为例，中国只拥有全球7%的淡水资源却需供养全球21%的人口。

更为严峻的是，如果中国人口的消费方式逐步向发达国家靠拢，并且达到类似的资源消耗水平，中国的生态足迹将比目前水平再提高2～4倍，这对于中国甚至全球的生态环境将带来难以预计的压力。举例而言，如果中国的人均资源消耗达到美国2008年的水平，中国将消耗整个地球生态承载能力的80%。

2. 环境问题：敲响警钟

近年来，环境问题已经在中国敲响了警钟：温室气体排放、空气污染、水污染等等。改善环境质量迫在眉睫。

中国目前是全球第一大能源消耗国[1]，也是温室气体的第一大排放国。中国占全球年能源消耗量的20%（而GDP仅占全球10%，单位GDP能耗为全球平均水平的两倍），按照目前的能源使用模式和经济增长预期，未来10年中国还将占全球新增能源需求的40%[2]，如果能够有效提高能源使用效率，这一数字将有很大的下降空间。此外，由于大量依赖煤炭[3]，

中国每年产生的温室气体（主要为$CO_2$）排放量达到全球排放总量的24%。提升能源使用效率，增加清洁能源使用比例凸显重要性。

中国还面临严重的空气和水污染问题，由此产生了高额的社会和经济成本。尽管政府已经做出了一系列积极有效的污染控制和治理措施，使得主要污染指标在不断改进，然而污染情况依然不容乐观。根据国家环保部对中国74个主要城市的监测数据显示，2013年平均全年仍有45%的天气为空气污染天气。在水污染方面，根据水利部监测数据显示，2011年全国水功能区水质达标率仅为46%。在社会发展方面，由于空气污染和水污染造成了极大的国民健康损失：空气污染可能导致每年35万～50万人早逝[4]，而由于水污染造成的肝癌、胃癌和膀胱癌等疾病发病和致死率在饮用水质量保证较差的农村地区居高不下。在经济损失方面，据评估，2010年中国环境退化成本和生态三十损失高达1.5万亿元，占当年GDP的3.5%[5]。

当前是一个重要的临界点：走向可持续消费需要变革与创新。一方面是持续的经济发展要求和消费增长动力，另一方面是有限的自然资源和恶化的生态环境，变革迫在眉睫。其关键在于将经济和消费增长本身与高资源耗用和对环境的负面影响分离开来，找到良性可持续发展的道路。

---

[1] 中国的能源需求在过去三十年随GDP增长发生了巨大的提高，相关度高达97%。

[2] 国际能源机构（IEA），2013。

[3] 2010年中国一次能源需求中煤炭占比高达66%，世界平均水平为27%。

[4] 中华医学会会长、中国科学院陈竺院士，环保部环境规划院副院长兼总工王金南研究员等，"中国积极应对空气污染健康影响（China tackles the health effects of air pollution）"，《柳叶刀》杂志，2013年12月。

[5] 环境保护部环境规划院，《2010年中国环境经济核算报告》，2013年4月。

可持续消费正是为了实现这样的愿景，其关键是：

①睿智增长：经济增长不应以环境破坏为代价，在睿智增长的模式下，企业的整体环境足迹将得到有效的控制和减少；

②合理使用：将产品使用和废弃所造成的影响降至最低；

③创造积极的社会影响：我们的消费地点、内容及方式均有助于确保和推动个人、社区及供应链的健康发展；

④优化选择范围：将不利于可持续发展的产品和服务挤出市场，为消费者提供可持续的消费选择。

令人高兴的是，我们已经观察到一系列向可持续消费迈进的趋势：中国政府越来越重视可持续发展和环境保护，十八大提出建设"生态文明社会"，建设"美丽中国"，提倡节约资源和保护环境的空间格局、产业结构、生产方式和生活方式；"十二五"期间的全社会环保总投入可能高达3.4万亿元人民币；中国消费者的环保意识和责任消费意识都在逐步增强，2012年中国首份可持续消费研究报告提供了一系列相关消费者调研的结果①，可以从中观察

① 中国社会科学院和中国消费者协会2013年1月联合发布《中国可持续消费研究报告（2012）》。在该项目中，研究人员通过设计网络在线问卷的形式，调查了北京、上海、广州、沈阳、西安、成都6个主要城市3004位消费者的可持续消费现状，了解了消费者对可持续消费的认知及行为，构建了中国可持续消费综合指数。该报告的消费者调查研究显示：尽管消费者对"可持续消费"这一概念名词还比较陌生，然而超过七成的调查对象完全不赞同或者比较不赞同"消费是个人的事，与社会、环境关系不大"的观点，近90%的调查对象认为"消费者可以通过购买选择和消费行为让环境更加美好"。超过九成调查对象表示购买过节能电器，近八成调查对象表示更愿意购买有"环境标识"的产品。

到已经有相当一部分消费者非常关注或希望实践更加绿色和更加负责任的消费。

然而，推动可持续消费从理念和意识，到真正转变发展模式以及落实到经济和社会主体的实践，还需要更加全面、深层次的创新。

## 三、企业：推动可持续消费变革的关键力量

作为市场经济活动的主体，企业是价值创造的关键力量，也是社会创新的主要源泉。

企业在运营中应该充分考虑可持续消费——并不仅仅是从政府监管要求出发，更因为这符合企业长期竞争力建设的需要。随着全社会对于可持续问题的关注加强，来自社会舆论和消费者的监督更加严格，要求企业对于产品和生产过程对环境和社会的影响的信息更加透明，如果企业不能提供相关信息或者无法达标，将可能面临品牌形象受损甚至消费者的直接流失。此外，全球自然资源的紧缺和价格上涨促使企业从经济的角度必须更高效地利用资源，以在长期竞争中具备成本优势和避免原料供应短缺的风险。

我们认为企业的可持续消费战略应该覆盖产品的整个生命周期：从产品的构想和设计开始，贯穿采购、生产、销售，进而到消费者的使用和售后服务，乃至对社会更广泛的影响，最终实现对环境和社会影响的最优化。我们建议企业从四个维度构建可持续消费战略体系。

1. 可持续创新（研发）

可持续创新（研发），强调在产品初始构想和开发环节，充分考虑和优化产品的环境和社会影响，将环保和社会责任理念融入产品设计中，提升产品的资源利用效率、效用和安全性。具体建议包括：

①由设计开始，减少产品环境足迹；

②使用以可持续方式获得的可再生原料以及生态和环境友好型的材料，例如选择绿色化学材料，保护自然资源[①]；

③产品包装体现"尊重（Respect）、减少（Reduce）、可替代（Replace）"的可持续原则，不追求过度包装，使用绿色包装材料；

④产品设计充分考虑最优化社会影响：注重对顾客、员工和社区的效用（详见"4. 可持续发展"），例如跨国企业可以通过加强本地化研发，开发最适合于当地用户需求的产品。

2. 可持续生产

可持续生产，强调在生产运营和采购环节，尊重和保护环境，尽可能降低每个环节中的环境足迹。具体建议包括：

①降低能耗，减少碳排放：通过建筑节能（可参考绿色建筑节能认证[②]）、改良设备、优化生产工艺等一系列方式提高能源使用效率，使用清洁能源（如太阳能、风能等可再生能源，或天然气等更加清洁的能源），降低碳排放；

②节约水资源：通过增强员工节水意识、投资和应用新型节水设备和节水技术减少水耗；

③废弃物管理：减少产品全生命周期中的废弃物排放，实现100%回收和垃圾零填埋。例如，一家工厂通过"过滤花园"项目，将生产过程中产生的污泥转化为生态花园的肥料，从而有效实现固体废弃物的循环利用；

④责任采购：建设有责任感的供应链，在选择供应商时充分考虑环境和社会影响标准，与供应商达成遵守可持续性原则的协议。此外，可以通过社会责任采购来帮助社会弱势群体，例如一家企业选择与主要由残障人士组成的工厂合作，并帮助其成长为优良的供应商。

3. 可持续生活方式

可持续生活方式，关键在于帮助消费者，使他们获得更多可持续产品的选择，拥有做出更"睿智"和"绿色"消费决策的信息和知识。具体建议包括：

①向消费者宣传责任消费的理念与知识，提供丰富的产品信息以及判断产品是否符合绿色可持续原则的方法，培养消费者正确使用该产品的习惯；

②通过积极的市场营销和品牌影响力让绿色的产品不仅成为最"正确"的产品，同时也成为消费者最"想要"的产品，塑造消费者对绿色产品的信心和喜爱；

③在品牌宣传和消费者沟通中，倡导责任消费。通过与消费者互动，不断提升客户满意

---

① 举例：某化妆品牌在探索传统中药在中国消费者护肤功效的过程中，不使用野生珍贵中草药，而通过人工培植的方式，以保护自然界的生物多样性。

② LEED绿色建筑评估体系为建筑节能、节水、减少二氧化碳排放提供了一系列的措施建议和标准。

度，并广泛传播责任消费理念；

④加强与消费者的沟通，充分听取和尊重消费者的需求，例如通过搭建在线沟通平台的方式利于消费者便捷快速地反馈意见。

4. 可持续发展（与员工、供应商及社区分享增长）

可持续发展（员工、供应商及社区），关键在于考虑企业的社会效应，与员工、供应商和更广大的社区一起分享成功。具体建议包括：

①帮助员工成长和发展：为员工提供良好的经济、医疗保障，并为其提供良好的职业培训和发展机会，充分激发员工潜力；

②鼓励供应商和其他战略合作伙伴共同推进可持续发展：例如定期对战略合作伙伴的可持续发展水平进行评估，与合作伙伴分享自身的可持续性管理的有效方法和工具，帮助战略伙伴提升可持续发展的各项能力；

③促进社区发展：例如进行社区投资改善医疗、卫生、教育和生态环境，倡导包容性的商业模式[①]（Inclusive business model），为社会弱势群体提供就业和经济发展机会（参见社会责任采购）。

实现这一可持续消费战略，需要一系列从内而外的逐步转变。

首先是企业经营者的理念转变。正确认识可持续消费的理念，使其融入企业的道德标准，并帮助全体员工树立可持续消费的观念。

其次是企业的组织结构和管理流程的转

---

[①] 考虑低收入群体需求和利益的商业模式。

变。在企业的组织设置和流程设计中贯彻可持续消费的原则，使其融入经营战略、评估体系和具体流程中，成为日常管理和商业运营的思维和工作方式的一部分。

最后是企业参与和推动行业合作方式的转变。与同业者、供应商、投资者、消费者积极合作，使可持续性消费的原则融入整个供应链。

## 四、政府：变革进一步加速和扩大的推动者

政府部门是推动快速及大规模的系统性变革的重要力量。要实现向可持续消费更快速及更大规模的系统性转变，还需要政府部门发挥重要的"推手"作用。政府的作用可以通过制定政策法规、激励措施、加强监管和开展公众教育多种途径来实现。政府在释放企业创新力、引导市场资源配置，以及推动消费者行为转变的过程中均可发挥重要作用。

为了在中国推进可持续消费的健康、快速发展，我们建议政府部门采取下列举措：

①明确可持续消费的监管部门并确保关键绩效考核指标到位。在国家层面上需要建立或明确对可持续消费进行统筹监管的部门和机构，政府实现有机协调，统一发布可持续消费的政策体系和促进相关立法进程。在这些机构中，需要设立清晰的围绕可持续消费的关键绩效指标系统。

②设立、实施和监管执行可持续消费的标

准（在中央和地方层面）。中国需要制定可持续消费发展的整体计划和标准，包含明确的短期、中期和长期目标及任务，并进而在国家层面出台权威性的国家标准。在地方层面，需要有客观的评估体系和实施办法作为保障，例如通过相应的奖励和惩罚措施来确保相关标准的有效执行。

③邀请企业共同推广可持续消费。充分重视企业在推广可持续消费过程中可发挥的力量，建议通过邀请企业参与建议委员会等形式，吸收领先企业在可持续消费的成功实践经验并进行推广，听取企业对于推广可持续消费措施的建议和意见，同时调动更多企业参与推动可持续消费的宣传和落实。

④制定可持续消费行为指引，建设可持续产品认证体系。应由政府部门或行业协会制定清晰明确的可持续消费指导准则（例如：中国消费者协会制定和发布的《中国消费者可持续消费指引》1），以及建立权威的可持续产品认证体系。由此可倡导健康绿色的消费行为，提高消费者的识别和挑选能力，提升消费者对于可持续性产品的知识水平和信任程度。

⑤提升社会公众的可持续消费意识。通过多种媒体渠道与教育系统加大舆论宣传力度，积极推广和倡导可持续消费观念和可持续消费文化，宣传可持续消费方法。

⑥推进政府绿色采购。政府采购应充分考虑可持续发展的原则，优先采购可持续消费品和负责任企业的产品。通过政府可持续采购为可持续产品培育市场，为可持续产品的生产者与投资者提供激励。

⑦支持可持续发展研究及相关技术成果和管理经验的推广运用。为可持续消费的科学研究提供支持；并通过经济补贴、税收优惠等其他奖励制度，对采用可持续发展创新技术和管理办法的企业予以激励。

## 五、小结

我们相信在下一个十年、二十年，中国的经济还将快速发展，而不断增长的消费力量将成为推动中国经济乃至世界经济发展的一个重要引擎。然而，在增长的同时，我们也意识到消费与环境、与社会之间实现可持续发展的重要性和迫切性，需要探索一条实现可持续消费的道路。实现这一愿景需要系统化的变革，并没有一条捷径。它需要众多企业参与其中、勇于创新、积极合作（与供应商、与消费者、社会大众一起）来共同实现。与此同时，政府的公共政策也应发挥重要的作用帮助这一变革更加快速、大规模地推进。本文就企业在可持续消费战略和政府推动可持续消费发展的公共政策方面提出了一系列建议，衷心希望凝聚所有的力量，共同加速可持续消费的推广，实现美丽中国。

（本文由中国发展研究基金会授权刊发）

# 包容性与可持续发展：
# 城镇化以人为本

联合技术公司

## 一、城镇化：经济增长的最强大力量

人类历史上生活在城市的人口2010年首次达到全球人口的50%以上。到2050年，这一数字预计将达到75%。仅中国，就有3亿人口将在未来15年移入城市，几乎等于美国全部人口。2013年3月李克强总理指出，到那时，中国的城镇化水平将达到发达国家的水平，中国将有约10亿城市居民。李总理还说，因为城镇化和工业化是现代化的主要标志，"这条道路确实不可避免，我们别无选择。"

在上一代，中国成为人类历史上最不平凡且在全球范围内最具代表性的变革之一。中国的城镇化努力使亿万中国人脱贫，激发出数万亿美元的投资，形成日益庞大的中产阶级，并开始释放中国的内需。在过去20年，中国8.5%的GDP来源于基础设施建设，到2015年将建设70个新机场、4.3万公里新高速公路以及新增2.2万公里铁路。"城镇化提供的巨大潜力，"李克强说，"是中国经济增长的最强大和最持久的内生动力。"

但是，中国未来面临的挑战是巨大的。

中国要用20年的时间建设几乎相当于美国全部的城市和乡镇。这一发展的成本预计将达到160万亿美元，比美国GDP的10倍还多。1950年代1.6亿人口的美国所做的正是今天10多亿人口的中国正在进行的事业。中国的发展道路面临很多障碍，也为提高人民的幸福水平，同时保存中国丰富的传统和优秀文化提供历史机遇。

## 二、现实挑战：可持续增长与生活质量

中国人为引导增长和打造可持续未来而共同奋斗，但现代化来之不易，中国要付出代价。政府为太阳能、风能、石油、天然气和水力发电进行投资，中国仍然面临温室气体排放带来的挑战，大气污染影响中国很多地区。因为健康问题、土壤退化、污水处理和污染事故造成的损失占2010年GDP的3.5%。当然，这不仅仅是中国的问题。城市占全球的2%，是全球经济增长和生产力的主要来源，但是占全球能源消耗总量的60%~80%，二氧化碳排放的75%。中国发展智能化和可持续城市模式的成

功与否关乎整个世界的福祉。

一个特别有前景的改进领域是新城镇建设。目前，建筑占中国总能耗的33%，而政府计划到2015年将绿色建筑的建筑面积增加10亿多平方米。在递交给"重庆市市长国际经济顾问团会议第八届年会"的题为《展示全球领导力：重庆与共生城市》的2013年9月研究白皮书中，联合技术公司制定了一系列最佳做法，即使增长加速，也要保持平衡与可持续的城市环境：

①认识到可持续性是一项回报丰厚的投资。世界范围内绿色建筑活动不断增速，62个国家将近1/3的受访者表明他们的设计组合有60%以上与绿色建筑活动有关。中国一个酒店项目的实例，就是开利最近对上海国际金融中心暖通空调的升级改造，不仅能将冷站能耗降低40%，且每年节约120万美元。

②制定明确的"绿色目标"来促进行为改变和科技应用。中国的第十二个五年规划（2011～2015）要求到2015年末节能和减少碳排放分别达到16%和17%的目标，并且将非化石燃料在主要能耗中的比例增加到11.4%。这个规划还规定了一系列建筑节能政策和目标，其中包括改造现有建筑，安装住宅智能计量表，以及强化建筑规范与家电能效标准。中国发挥创新与设计的作用，并采用全球最佳做法，在环境目标上不断提高人们的预期，给人留下深刻印象。

③认识到高效流动性与运输是可持续城市的基本特征。快速城镇化需要在安全高效运送人员方面进行重大创新，特别是在城市中心的社区和交通枢纽，随着人口老龄化更是如此。中国的"垂直运输挑战"也是全球性的。今天，电梯每72小时的运输量相当于全球人口，而2012年全球电梯和扶梯市场总共为620亿美元。

中国以活力和热情对可持续增长的需要做出响应。住房和城乡建设部副部长仇保兴博士最近谈到，中国的绿色建筑施工项目总数从2008年的10个猛增到2012年的389个。

## 三、新挑战：以人为本

李克强在总结中国需要快速城镇化所面临的难题时说道："环境优美但贫穷，不好；富足，但居住环境恶劣，也不好。我们需要制定发展的新思路。"

这一新思路逐渐聚焦在中国人本身，以及他们在保障健康增长和可持续性中所发挥的重要作用。同样，中国面临的挑战是艰巨的。960万平方公里的疆域是几十个多元化民族的家园。在辽阔的国土上，中华文化的基石长期以来是乡村生活。城镇化重创这一伟大的国宝。2000年，中国有370万个村庄，2010年，仅剩260万个，每天消失300个村庄。当村民移居城镇后，他们失去社区感、传统和历史感。一个实例是天津郊区著名的木刻印刷中心，过去几年，那里有36个村庄消失。工匠师傅的知识不再集中在单一区域，不知道南县的木刻印刷传统是否能传给新一代。

中国的领导人认识到这些挑战，并深刻认识到制定新的城镇化模式的必要性，这种模式包容快速增长、可持续性、社会公平，保持人与土地的联系，并保护传统和文化。文化尤其珍贵，一个政府项目在全国发掘出约9700项"非物质文化遗产"，从歌舞到武术和礼仪。正如一位管理人员所说："如果我国走上繁荣之路而失去这些文化遗产，将是极大的遗憾。"

李克强分析了中国21世纪面临挑战的复杂性：工业化和城镇化是现代化的关键，因此是绕不过去的，但工业化和城镇化必须是可持续的，所以现在中国应该"推进以人为核心的城镇化"。

## 四、制定新的模式：以人为本、因地制宜

2013年5月在联合国教科文组织杭州国际大会上，讨论了这个不寻常的挑战，形成了《杭州宣言》，寻求将文化作为可持续发展政策的核心。该宣言广泛定义了人类进步，强调"民族与民族、人与自然之间的和谐，以及平等、尊严、福祉和可持续性"。宣言称，文化是创造性、知识、活力、创新和复兴的源泉。宣言建议，关于发展与可持续性，要采用以人为本和因地制宜的做法。

在关键结论中，该宣言认为，"没有普遍适用的单一发展模式，不同的文化视角将产生不同的发展道路。"具体建议包括对历史性城乡地区以及各自的传统知识和习俗进行保护。这可能影响城镇和建筑设计，包括生产和消费方式。本地居民的传统知识和技能应以科学和技术为依据，以便优化解决方案。

宣言还认为，人们离开他们的村庄后，即便提高了他们的生活水准，在新居住地保护和培育文化和传统将为他们带来稳定感，对未来的信心，以及经受苦难的能力。保证城市弱势群体的发言权和参与程度也保护社会组织结构，改善经济回报和提高城市的竞争力。文化在非常真实的意义上可以使社区及其环境保持"可持续性"。仇保兴副部长帮助定义这种"新型"城镇化模式，强调从大型集中的基础设施向较小、分散、高密度枢纽的搬迁可创造健康的"微循环"，并且通过更大地依靠地下开发来明智地使用开放空间。

社会学家丹尼尔·贝尔和阿福诺·德沙里在《城市精神》一书中写道，中国人对自己的城市进行了研究，以树立社区感、市民责任、城市规划和文化传统。同样，纽约人强调个人主义，巴黎人强调他们的艺术和文化，蒙特利尔人强调他们的语言传统。研究表明，北京居民看重爱国、包容、创新、厚德，而杭州人显然注重环境。强烈的市民精神还可以促进经济发展，贝尔和德沙里还指出，比如曲阜市因"孔子文化特区"的创立，被指定保护和纪念孔子故里及其多处历史寺庙和纪念堂，其中，有些被列为"联合国教科文组织世界文化遗产"。

## 五、最佳做法：文化作为可持续性的工具

利用文化作为可持续发展的重要工具刚刚在中国生根，是一种"新型"的城镇发展。但这里有些难以回答的问题，诸如全新的城镇居民如何才能参与可持续的经济增长，同时保护他们的历史和传统；如何实现更人性化的城镇格局，包括综合利用高密度区域的设想；较小的城市群落；减少汽车，增加人行交通。这些都须采用技术来优化特定地块的使用以确保社区的安全、稳定和方便。甚至可以寄望以娱乐和旅游的形式把传统和历史作为经济增长的来源。从许多方面来说，这种对文化的新关注试图以诸多方式移植和培育社区感，这对中国乡村生活至关重要，它将以某种方式丰富中国充满生机的新型城市。

一个多世纪以来，联合技术公司在中国开展业务，今天为支援中国"新型"城镇化提供三种"最佳做法"，强调以人为本、因地制宜的可持续发展做法。

### （一）为创建综合利用、高密度社区和低碳生态城市而奋斗

纽约市在美国所有社区中人均碳足迹最小，每年人均温室气体仅为7.1公吨，而全美平均为24.5公吨。（曼哈顿甚至更小，与瑞典人均大致相同。）原因是人口密度。缩短人们上班和娱乐的路程就能减排降耗。特别是纽约市，人车比在全美最低，不到25%的曼哈顿居民只有一辆车。

对城市的研究表明，城市枢纽增大一倍，资源需求仅增加85%，而经济活动人均增加15%。物理学家杰弗里·维斯特报告称，无论城市大小，这种"集聚效应"保持不变。以人为例，"仅仅把他们迁入两倍大的城市，"维斯特补充道，"无论是任何我们可以衡量的事情，他们都能多做15%。"

成都是中国西部的超大城市，正在建设一个样板城市中心，设计人口8万，所有居民工作与居住之间步行仅需15分钟。该项目具有宏大的可持续性目标，与同等大小的中国城市相比，能耗降低48%。然而，与可持续性一样重要，成都流动人口管理办公室被赋予明确的权力，帮助流动人口享受教育、医保和社会资源。

目前，中国有200个县级市计划建设低碳生态城，这一理念包括减排、环保和经济与社会可持续发展等。这意味着强调因地而异的高密度开发，这种开发要利用当地历史、文化和自然资源的优势。其中有些城市，例如重庆，涉及全新的施工建设。

其他城市，如淮南，要进行"生态重塑"。淮南采用了"工促农，城帮镇，镇助村，城乡互动"的集成理念。其发展工作范围从恢复和再次利用报废煤矿的荒地到煤层气的高科技利用、吸引新的清洁工业例如制药企业、以及保护和利用历史遗址。这包括保护公元383年著名淝水之战的战场遗址，以及主办知名的"中国豆腐文化节"，两者都为快速增

长的旅游收入做出贡献。淮南邀请许多相关人士加入其规划设计，其中包括淮南居民。一位观察家评论道："人们的习惯、行为和生活方式选择对生态城市发展有深刻影响。"淮南关注的关键之一是社会平等。

　　另一个经济优势下保护文化遗产的生态城市是广西壮族自治区首府南宁。开发工作集中在五象新区，面积175平方公里，包括居民住宅、行政管理、基础设施、娱乐游玩等区域。2012年有154个项目在建，还有通过采用大规模植树运动绿化城市的工作。对文化区域进行谨慎的保护，包括青秀山和扬美古镇，它们的特色是中国古代建筑。

　　同样为促进绿色发展，河北省保定市涞源县政府也在进行类似的工作，通过旅游业来加强当地经济，其特色是利用当地的风景区，例如白石山，是"房山世界地质公园"的组成部分。这为村民创造了向游客提供食宿的机会，并将涞源县27万人的未来与可持续资产联系起来，"这一资源不像其他资源，诸如矿产，会消耗殆尽"。

　　保护传统和历史的工作也在一些中国最古老、最大和最稠密的城市中进行。在北京天安门广场南面的大栅栏地区，当地政府选择改造古老的胡同，不是将之夷为平地而代之以模仿古老传统的新住宅和商铺。"重点是渴望保留老街坊及其人文活力，同时促其走向现代化。"这些"新"胡同的特色是具有设计工作室、画廊、店铺（不仅卖纪念品，还卖日用品）、餐馆和旅店等，是厚古怀旧式的高密度、综合利用。

　　中国—新加坡天津生态城，虽仍处于初始阶段，但要设计成为中国可持续发展的样板，能够按比例进行复制。该生态城正在建设，到2020年人口可达35万，居住在政府补贴的公用住房内，设计特点是可供各种收入的人们毗邻居住，相互来往。该城的所有建筑都将达到绿色建筑的国际标准。天津还注重公共交通，以满足老年人和行动不便人群的需要。该生态城的设计还尊重当地历史，保护古老的千年蓟运河和两座现有村庄，将通过适应性再利用或部分重建予以保护。

　　当然，可以预见到中国生态城将高密度增长，而培育强烈社区感非常重要，这就存在一系列挑战。

　　总起来说，高密度交通节点（现代城市交通系统的"握手"汇聚处）的压力将增加，与过去十多年可持续发展的压力增加如出一辙。未来全部旅行里程的64%在城市，到2050年市区的旅行里程预估将是现在的三倍。此外，经预测，中国的中位年龄将从2010年的34.6岁增加到2050年的46.3岁，这是14亿人口一个"12年"的上移趋势，城市规划人员应该采用有效的垂直运送解决方案予以应对。

　　可持续性、流动性、生活质量和文化：生态城市仍处于初始阶段，与此同时，它们的潜在影响却不可小视。如果中国成功地创建具有活力社区的高密度、综合利用、可持续发展城市，到2030年估计可以减少多达8亿吨二氧化碳排放，超过2011年德国的碳排放降低水平。

（二）绿色建筑是在中国"新型"城镇化中支持健康社区的不可或缺组成部分，别无替代

2013年5月联合技术公司与罗迪厄姆集团合作发布了一份研究报告，分析了到2030年美国建筑效能提高30%所产生的影响：使用现有技术和设计惯例实现这种改进是可能的，这将为美国家庭、企业和政府每年节约650亿美元的净投资成本，并且10年间的投资回报率（IRR）达28.6%。"就全球而言，"罗迪厄姆报告得出结论（对中国尤其重要），"在快速城镇化的新兴经济体，提高建筑效能将为节能建筑的设计和技术创造1.8万亿美元的市场。"

全球业主都正在认识到绿色建筑的经济价值，近一半的业主说绿色建筑可将建筑的价值提高6%以上，16%的业主说价值溢价达10%以上。

这一最佳做法的固有特点是不仅创建绿色建筑，而且创建绿色区域，从而规模化地优化资源消耗。例如，哥本哈根市对绿色基础设施进行了大量投资，是欧洲最具可持续性的城市。其特点包括区域集中供暖系统，以及无轿车交通的世界级基础设施。所有居民都居住在1/4英里公交范围之内。该市有241英里的环行线路。哥本哈根还采用节能住宅和商用建筑、可持续性能源网以及低排放交通系统来进行碳中和社区试验。

依赖可持续性、流动性和安防的高密度枢纽的另一个不同但有益的实例是全球性国际机场，中国新兴生态城市可以从中汲取大量经验教训。联合技术公司的开利为香港国际机场的新中央大厅提供暖通空调系统，其姊妹公司集宝则提供视频安防和门禁。香港国际机场由于其管理和降低碳排放而在过去两年将碳强度降低近14%，因此于2013年成为亚太地区首个被授予"机场碳认证'最佳'"证书的机场。

（三）鼓励中国继续试验并采用世界上可持续、具有文化活力城市的最佳做法

中国已经在高增长城市枢纽地区采用最佳做法，常常绕过陈旧的思路和技术。在这些同类最佳城市中，某些城市采纳智能技术和数据应用来推进可持续发展，降低成本，保障生活质量和支援社区。其他城市坚持自己确定的促进社区和文化的目标，另有城市发展公私合作关系。

韩国首尔附近的松岛市枢纽从开始设计就考虑智能技术。松岛在初始阶段就使用传感器监视能源利用和交通流量，甚至提醒乘客公交车到达时间。该城市为电动汽车设立充电站，还有再生水系统，避免使用清洁水冲马桶。所有餐厨垃圾直接从每家厨房通过地下管网被抽吸到垃圾处理中心，有些垃圾将最终用作能源。为促进社区和文化建设，松岛围绕着中央公园进行设计，让每个居民步行上班。

巴西里约热内卢在其发展中正在引入智能城市的内容。在与联合国国际儿童基金会（UNICEF）协调进行的项目中，儿童们利用释放携带数字相机的风筝对社区进行空中摄

影。这些图像被上传到中央数据库，并被用来识别与登革热相关的蚊子孳生地。全市范围的相机群和一个中央运作中心还可测量车祸和检测潜在水患，帮助政府将居民撤离危险地区。中央运作中心还主办论坛，让居民与政府直接沟通。里约试图使用最高科技解决方案来满足社区最基本的需要，涉及各阶层居民，与中国新型城镇化不谋而合。

最佳做法涉及制定目标，这些目标不仅与可持续性相关，还直接与社区和生活质量相关。纽约市的绿色建筑计划包括公房、较小的建筑、历史建筑和市政府建筑的节能计划，以及修订法规和遵纪守法。这些目标旨在改善空气质量，加强节水，减少垃圾。当然，城市还要制定目标，明确强调加强社区建设，例如半英里转乘范围内新房所占百分比，以及公园周围四分之一英里范围内纽约人所占百分比。

最后，在公私合作关系领域也正在制定最佳做法，旨在丰富社区。《杭州宣言》建议，"公私合作关系的巨大和未被利用的潜力可以在支援文化方面提供另一种可持续的合作模式。"里约已经创立了一系列合作关系来开发老港区和基础设施，私人投资有助于腾出公共资金来支援基本服务（例如学校）。加拿大温哥华市有35亿美元的公私合作资金，旨在改善交通基础设施。

## 六、展望未来

中国的领导层完全理解快速现代化的回报

和风险。政府对环境问题日益增长的不满做出回应，2005年将"发展第一"战略转为"可持续发展"战略，最终制定强有力的生态城市计划。人民"希望过和平安定的生活，有好的工作和可观的收入，"李克强说，"但是还要有蓝天碧水。"

中国领导人认识到社会平等、传统、历史和文化在建设新社区中的重要性，这些将保障建设真正的可持续城市。这一新型城镇化已经在一些地方（例如天津和成都），在超大城市（例如北京）开始实现。将人、地貌和建筑整合在一起的各种灵活设想在发生作用。很多设想围绕着高密度、综合利用的发展概念运转，这种发展是密集的，可步行的，是一种利用先进技术促进可持续性和社区感的城镇化形式。这种技术与传统的结合特别鼓舞人心。诺贝尔奖获得者、经济学家约瑟夫·斯蒂格里茨认为："中国的城镇化与美国的高科技发展是21世纪塑造世界的两个重要现象。"

风险是巨大的。卡内基国际和平基金会得出结论称，一个国家管理其城市的能力将决定其全球竞争力。有些人认为在中国悠久丰富的历史中，城镇化是最重要的发展趋势。随着三亿中国人口在未来二十年将移居城市，中国的新型城镇化为他们提供保证生活质量的机会，同时大幅度提高生活标准，并一直保留他们的文化精神。一位学者写道："文化形成了既定环境最稳定不变的特征。"并且是"决定可持续城市过程和内容的重要因素。"

（本文由中国发展研究基金会授权刊发）

# 可持续发展的城镇化：智慧基础设施是关键

西门子公司

中国正在高速城镇化，在过去的十几年内每年约有2000万～3000万人口迁入城市，而且预计还将继续。由于其各方面的巨大影响，如何实现可持续的城镇化就成为一个对中国乃至世界非常关键的问题。

根据最近发布的《中国城市可持续发展绿皮书——中国35个大中城市和长三角16个城市可持续发展评估》[1]称，目前中国城市的可持续发展水平还不容乐观：51个纳入评估的城市无论生态投入高低，其对应人类发展指数都低于有效的技术效率包络线——也就是说，目前的城市发展模式还不是最优的，还存在显著的效率赤字。

可持续发展的城镇化致力于在以下三个方面实现可持续发展：环境的兼容性、社会公平和经济繁荣（见图1）。根据这一理论，城市必须对它的输入（物资和能源）进行可持续管理（城市本身和支持城市发展的周围地区能够消化城市对物资和能源消耗产生的负面影响）。

---

① 该书由同济大学出版社2013年出版，诸大建、何芳、霍佳震主编。

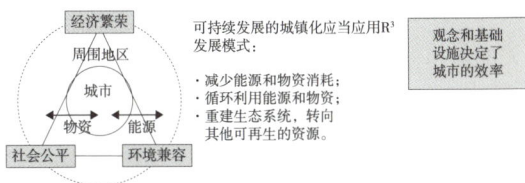

**图1　可持续发展的城市模型**

根据前人城市化的经验，可持续的城镇化应当应用R³发展模式：

减少消耗（Reduce）。这是降低物资和能源消耗最简单的途径，而提高效率是关键。

循环利用（Recycle）。通过循环，实现更少的物资和能源消耗，以及更少的废物处理影响。

重建生态系统（Rebuild）。这一步要求创新生态系统，采用新的物资和能源，而且最好是供应丰富且没有负面环境影响的资源。

应用R³发展模式需要一个城市更新它的建设和运营理念，而这需要通过更新基础设施来实现——在城市特定的生态环境下，城市基础设施的生产力决定了人口的密度、商业运营的效率和居住舒适的程度。因此，接下来我们将聚焦于如何提高城市基础设施的生产力。

国际经验显示，中国需要采用弯道超越策略，聚焦于智慧基础设施建设，跨越世界传统的城市化发展路径——这将帮助中国实现资源节约型和环境友好型的、更高效率的城市化，而减少对基础设施建设的需求。

## 一、国际发展趋势：城市3.0

伴随着工业化过程，与全球城市化进程相关的城市基础设施发展也经历了四个阶段（见图2）：

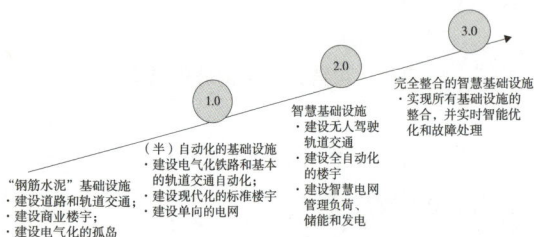

**图2 城市基础设施发展的四个阶段**

初始阶段——"钢筋水泥"基础设施：在这个初始阶段，城市致力于为最早的市民提供最基础的服务；

第一阶段——（半）自动化的基础设施：当城市变得更加受欢迎和拥挤的时候，城市开始产生提高基础设施效率的需求，因此诞生了基础设施自动化的观念；

第二阶段——智慧基础设施：此时，生产力、效率和舒适度成为决定一个城市竞争力的关键要素，更高级的基础设施智能化产生了，发达国家的大多数城市处于这个阶段；

第三阶段——完全整合的智慧基础设施：

未来，打破各基础设施之间的樊笼就成为提高已建成基础设施效率和产能的关键——采用最新的ICT技术整合整个城市的运营成为趋势。

然而，发达国家城市逐步发展的方式并不是可持续的，事实上，很多时候是高资源消耗和对环境不友好的，例如阶段0和1。因此，近些年来发达经济体的关注点转向了经济和社会发展与生态投入脱钩——换句话说，确保经济和社会发展不再依赖于生态资源上的投入。而这里的核心已经明确是：通过整合的智慧技术（即"城市3.0"）最大化地提高现有基础设施的产能和效率。

目前，城市3.0发展的关键趋势包括以下三个领域：

1. 交通

①整合的交通系统（例如整合交通平台IMP，Integrated Mobility Platform）实现所有交通工具之间的协同（地铁、有轨电车、公共汽车、私人汽车、步行道、停车点等）和交通信息集中到一个平台，并通过个人通讯工具实时指导每个人的交通行为。

②通过收费系统强化公共交通工具的使用，减少私人交通，减少拥堵。

③采用电动汽车技术减少噪音和排放，改善空气质量。

2. 能源

①采用智能电网或微网技术稳定电网，提高效率和平衡性。

②安装分布式发电和小型发电装置，采用可再生能源和利用电池替代柴油发电（备用电

源），提高灵活性和效率。

③试点城市基础设施的私有化，结合小型发电装置和智能电网设施。

3. 建筑

①安装区域供能系统（冷和热），提高效率和舒适度。

②开发结合基础设施、医疗设备和服务的相关技术和业务模式，辅助人们的生活（例如行动不便者、残疾人、老年人和其他舒适度需求人群）。

原则上，这些新的发展方向是为了减低个人的碳排放，同时提高效率和舒适度。

## 二、中国城镇化的关键挑战

根据城市基础设施发展阶段的定义，大多数中国城市目前还处在第一阶段，即城市1.0——重点聚焦于提高基本的基础设施，来满足人口流和商业流。与发达经济体相比较，中国的城镇化进程一方面是不平衡的，另一方面是超速的。

基于过去几十年城市化的经验，我们认为中国城镇化目前面临以下挑战：

①如何解决共同的在交通、能源、空气和水资源方面的日常挑战？普遍的交通拥堵、空气和噪声污染、能源和水资源短缺、高消耗和废物处理等共同现象（通常称"城市病"）说明，目前的方式很难持续，并为经济和社会的发展提供一个有效的环境。

进一步地，这些现象会不会随着城镇化的进程自动缓解（合理化过程），还是继续恶化？由于中国不均衡的发展和根据全球城市化趋势的经验，自愈很难出现。

②中国第二波的城镇化会不会落入"拉美中等收入陷阱"？中国第一波的城镇化主要集中于东部地区，它们城镇化的过程与工业化进程是息息相关的——也就是说，城镇化的进程与经济发展的进程大体上是一致的，或者说城镇化是经济发展的自然推动。然而，中国第二波的城镇化在某种程度上是与经济发展进程脱钩的，它更多地受到各级政府自上而下的积极推动和农村涌入城市的移民自下而上的被动推动。这样超前的城镇化可能引起严重的社会和经济问题，而这正是拉美问题的重要根源。

如何解决这个问题——避免超前城镇化导致的中等收入陷阱——是我们必须面对的问题。

③目前高速而大规模的"史无前例的城镇化"是否可持续？从常识上看，如果不采取措施，这必然会导致自然资源、人力资源、经济资源（如投资）和建设资源等方面的竞争——而这限于资源的稀缺，很难持续。

在如此高速的城镇化背景下，也非常难以采取"做中学"的模式——与其他国际同行相比，这是中国城市面对的一个极大挑战，因为没有足够的时间积累经验并创造城市发展的需求。

国际典型城市化的逐步演进法——先从"0"到"1"（从无到有），再从"1"到"2"（升级换代）——不符合中国发展的实际。这个过程成本太高，太依赖于资源，对环境不友好（先破坏再治理）。这是我们目前所积累的教训。

## 三、中国的新型城镇化：弯道超越

让我们再详细地分析一下以上的几个挑战：

①"城市病"。许多研究分析了中国城市问题的根源，结论认为人均基础设施的不足是主要原因。这虽然是无可争辩的事实而且中国城市也应该在基础设施上投入更多，但是这无论从技术上还是经济上都很难实现：由于巨大的人口压力，很难实现和发达经济体的基础设施密度相匹配。

因此，中国必须采用差异化的策略，以更低的基础设施密度实现更高的产能和效率。

②"中等收入陷阱"。超前城市化给城市管理者极大的压力：如何提供基础设施建设所需的资金，如何提供足够而合适的就业机会？

要回答这个问题，必须考虑几个因素：买得起（或者说能够融资）、繁荣（或者说充分就业）和差异化（或者说根据本地禀赋使得基础设施和商业需要之间相匹配）。

③"史无前例的城镇化"。全球范围内几乎没有完全一样的城市化经验可供中国借鉴，而且很难应用"做中学"的模式。

因此，必须采取谨慎措施，以最大程度防止可能的浪费和错误，特别是需要预留资源用于未来的发展。

有鉴于此，强烈建议采用最新的理念和技术支持中国的新型城镇化，同时必须根据中国情况量身定制。近来在城市化理念和技术上的进步使得这成为可能，实现从城市1.0到城市3.0的跨越式发展——关键可以总结为"弯道超越和创新"：

①"弯道超越"意味着中国城市作为后来者可以跨越城市发展的阶段，升级城市运营的理念和应用的技术解决方案。城市3.0——整合的智慧基础设施——是明确的发展趋势，中国城镇化应当抓住这个机会。

整合的智慧基础设施的目的是，通过提高单个基础设施领域的智能化程度和智能整合各类基础设施形成合力，从而提高城市运营的能力和效率。这意味着以更低的基础设施密度实现更高的生产力和效率。

这一理念和技术可以帮助中国城市解决城市病，并以更少的投资强度降低中等收入陷阱的风险。

②"创新"需要将这些理念和技术创造性地应用到中国具体的需要上。整合的智慧基础设施从本质上意味着更好的灵活性和兼容性，更能够适应新的需要并持续改进。这在很大程度上能够帮助解决由于缺乏经验导致的问题。通过创新，还可能产生新的城市发展模式和理念，这又将引领全球的趋势。

整合的智慧基础设施是中国可持续的城镇化不二的选择。为了推动该理念和技术的实施，建议采用以下步骤：

①启动全面研究，了解分析城市面临的挑

战和资源限制，得出生态兼容性的边界和自然资源禀赋基础数据。

②设计一个统领性的应用整合智慧基础设施的结构框架（在考虑了相关的限制和优势之后）。

③打造贯彻落实的路线图，确定每个阶段实施的重点与优先级。

我们坚信，如果采取正确的方法，中国新型城镇化将能够成为世界经济发展的动力，并引领未来全球城市化的趋势。

（本文由中国发展研究基金会授权刊发）

# 循证城镇化

日立公司

在推进"新型城镇化"过程中，采用分析"人"的活动的循证方式制定政策和计划，通过运营实践，实现以人为本的舒适、安全、安心的生活，是搞活城市经济的有效措施。

目前，中国正在推进"新型城镇化"这一伟大的、有挑战性的事业。本报告将根据中国城镇化的现状，从健康医疗、公共交通、能源等三个方面进行提案。

## 一、 总论

中国的"新型城镇化"是世界史无前例的宏大的挑战，是中国为进一步扩大内需实现可持续的发展而采取的有效措施。日立认为在推进"新型城镇化"过程中，采用分析"人"的活动的循证方式制定政策和计划，通过运营实践，实现以人为本的舒适、安全、安心的生活，是搞活城市经济的有效措施。

中国基于"十二五"规划推动"新型城镇化"，力求进一步扩大内需。日立认为，这是实现中国可持续发展的有效的措施，将会扎实地推进下去。

"新型城镇化"是将流入大城市的农村人口吸收到有规划地配置的"小城镇"的计划，与以下几个问题密切相关：①流动人口的规模非常大，②城镇化进展的速度非常快，③将城市分散，适度地控制各城市的规模，④"人的城镇化"即将农村户籍转移到城市。从以上几点来看，"新型城镇化"是世界上绝无仅有的宏大计划。日立认为，今后，城市基础设施将进一步完善，随着农民户籍向城市户籍的转移，公共服务将进一步扩充，不断增加的城市常住人口的就业机会将进一步增加。

为持续运营城市基础设施及提供公共服务，不仅建筑、设备等硬件重要，以人为本的视点也很重要。运营者除了遵循经验原则外，还需参考通过分析"人"的活动相关数据所得到的"证据"进行计划和运营，改善运营状况和做投资判断。在推进这一史无前例的城镇化的过程中，采用循证方式制定政策及计划，实时掌握实际情况，根据实际情况不断地修正计划、推进城市化，是很重要的。

虽然日本和中国的城市化在发展速度和城市的规模上有所不同，但在健康医疗、公共交通、能源等三个领域，日本城市化的经验及积累的知识可能对中国的"新型城镇化"有所参考。下面就此详细论述。

## 二、健康医疗

通过循证方式有效地预防慢性疾患，提高"人"的QoL并抑制医疗保险费的增加。

将医疗卫生信息平台积极地用于政府的"医疗改革"，通过医疗机构及医疗的整体高效化，削减医疗的社会成本。

### （一）健康医疗领域的现状

中国发表了"健康中国2020"，将"重点健康课题"、"重大疾病"、"健康危险因素"、"医疗水平的提高"作为优先课题，制定了具体的数值目标和行动计划，正在推进医疗制度改革。特别是在提高医疗水平方面，提出了农村地区的卫生服务普及率达到95%，国民基本医疗保险参加率达到100%，将医疗费的个人负担降低到全部费用的1/3以内，政府卫生支出占财政总支出的比例达到11%等目标，并在扎实地推动全民皆可享受基本医疗服务的工作。

因此，在以下的提案中，将介绍日本的案例，同时对进一步加快中国医疗制度改革的举措进行考察。

在许多发达国家，医疗费的增长速度超过了经济的增长速度。其主要原因有老年人口增加、生活习惯病增加、医疗技术尖端化等等。各国都正面临着削减医疗费的课题。

削减医疗费有多种方法，但大的趋势是从"治疗"向"预防"转变。例如，在日本，规定了对所有加入公共医疗保险者做体检预防生

活习惯病、以及保健指导以改善生活习惯的义务。需要老年护理的第一原因是脑中风，改善生活习惯与预防或推迟老年期护理直接相关。目前，这个措施已见效，上述检查受诊率越高的地区老年人的人均医疗费就越低。

同时，在中国，因生活习惯等引起的慢性疾患及其"后备军"的高血压症和肥胖症都在增加。今后，随着城市化和老龄化的急速进展，医疗费将以超过预想的速度上升，有可能会成为政府支出和国民生活的很大负担。

### （二）通过预防医疗提高QoL及抑制医疗费

作为中国医疗信息化示范城市之一的江苏省常州市，从2009年开始，以所有市民为对象，正在阶段性地推进由政府主导的EHR示范工程，构建市和医院之间共享的信息平台。此平台将把个人病历、健康诊断信息以及在社区"健康小屋"测定的个人健康数据与市政府有关部门及医院共享。

构建医疗卫生信息平台的城市，应将信息平台作为预防因生活习惯引起的慢性疾患的对策。使用信息平台积累大量的个人数据，通过数据的共享，以及对共享数据的分析、预测和结果验证等，可获得早期发现慢性疾病的"后备军"并弄清重病机理的证据。同时，根据证据提供适合个人的最佳生活习惯计划，可为提高"人"的QoL、抑制公共医疗费做贡献。

日立认为，在推进预防医疗过程中，大数据分析技术、安全技术、保健服务的实际知

识、基于检查制度的保健指导服务以及利用IT制定生活习惯病对策等是重要的知识和技术。

### （三）通过推动医疗协作实现区域医疗的高效化

削减医疗费的另一个措施，是有效利用有限的医疗资源。在中国，存在患者不愿意选择二级和一级医院而集中到具有高水平医疗设备及优秀医生的三级医院的倾向。构建国民能够放心选择与自己的病情相符的医院的机制，是当务之急。

例如，在常州市，市政府构建了医疗卫生信息平台并与其下属医院联网，可收集经营数据和医疗数据。另外，常州市正在构建区域内医疗联动的平台，实现医院之间共享个人诊疗信息及健康诊断信息等。

今后，将医疗卫生信息平台运用到各城市的区域医疗的提效中是很重要的。首先，分析下属医院的经营、评估医疗的质量及安全性，然后在各城市卫生局的领导下，改善各医院的经营的同时，分析区域的医疗联动情况，将三级到一级的各个医院分类为"高度急性期医院"、"慢性期医院"、"全科医院"等，明确其各自的职责。在此基础上，形成将"全科医院"作为初诊患者的接收医疗机构，基于病历健康管理数据并根据症状等为患者介绍"高度专业医疗医院"的机制，是很有效的。另外，同时构建在治疗结束后介绍"康复医院"及"全科医院"的逆向介绍机制。根据这样的机制，各医院只要确保与其职责相符的设备及

人才即可，患者也将随着疾病的内容和程度相应地均衡开来，这样就可以实现区域的医疗高效化。

为了推动区域的医疗高效化，须构建初级护理及预防医疗体制并进行宣传。另外，其实施需要积累、分析、加工庞大的数据及决策需要运用IT技术，同时也需要针对保险人（国家、企业）和医疗机构的咨询以及系统支持等经验。

这样，运用各城市正在构建的医疗卫生信息平台，在提高区域医疗的整体高效化的同时，通过基于循证实施高效的慢性疾病预防方案，可尽早地预防今后的医疗费用上涨的风险，不断提供高质量的医疗服务。

## 三、公共交通

掌握和引导宏观"客流"，可创造以公共交通为中心的多方面的新业务，扩大就业机会。

掌握和引导微观"客流"，可扩大区域的商业机会。

### （一）交通领域的现状

中国中部地区的集群经济中心城市——湖南省长沙市随着城市化的展开，预计其总人口将从现在的700万人增加到2020年的1000万人以上，市内的交通拥堵问题将日益加重。作为对策，长沙市已经开工建设地铁，计划到2020年建造6条地铁线路。另一方面，一条地铁线

路的造价总额超过100亿元，这对地方政府来说是一笔巨大投资，因此，今后将公共交通事业作为一项可持续的、具有收益性的服务进行运营，是很重要的。

## （二）公共交通的宏观"客流"的利用

"客流"是指将"人"从起点到终点的移动信息，及其性别、年龄、人与人的交集等信息由IT平台收集、积累并分析得到的结果，是关于"人"的移动模型，即证据。

通过横向地、且持续地掌握地铁及BRT的区域间移动等宏观"客流"，以及公共汽车和出租车等多种交通方式的情况，分析其过去多年的数据，可了解城市居民的居住、工作、学习及休息等不同目的的"人"的宏观移动模型。日本的私营铁路公司通过掌握和引导宏观"客流"，除公共交通（铁路＋公共汽车）业务外，还开展了房地产业务、流通业务、宾馆/休闲业务及IC卡业务等多方面业务，实现了长期稳定的高效益经营。日本几家具有代表性的私营铁路公司约45％的营业额来自流通业，约30％利润来自房地产业。这些私营铁路公司数十年来通过掌握人口动态，判断其新的投资方向。

战略性地配置居住地、商业地、公共设施等，引导更多的市民持续地利用公共交通，是从环境、社会、经济方面支撑城市的有效手段。近年来，公共交通措施所带来的社会效益，不仅体现在移动时间的缩短等直接效益上，而且还体现在将各种高水平人才集中到城市，由此带来的经济效应等间接效益上。此间接效应获得各界很高的评价。

## （三）利用公共交通的微观"客流"

交通枢纽的中心站及其周边是具有商业潜力的区域。在该区域，通过掌握乘客的年龄、性别、通过的时间带及途径等微观"客流"信息，以此模型为证据，变更空间结构，去除障碍物，实现舒适的公共交通移动。日本的TOD模式在车站等交通交接点处，计划性地使客流在区域内停留或者浏览，以此提高繁华度，刺激购买欲，提高销售额。

"客流"数据本身具有商业价值，可成为创生新业务的催化剂，因此，在日本"客流"数据已有市场，作为商品开始流通。

通过宏观地、微观地掌握和引导"客流"，可提高公共交通及相关产业的效益，创生新的业务，增加就业机会。

# 四、能源

实现最佳平衡多种分散型电源的能源供应，和"人"的能源需求的能源管理，削减长期运营成本。

通过循证方式，综合运用水、电、热等能源的基础设施，实现城市整体的能源最佳分配及能源最小损耗。

## （一）能源领域的现状

近年来，中国在能源基础设施建设方面

采用了可再生能源、分散型电源等多样化措施。另外，热能供应和废热的有效利用也在逐步扩大。在可再生能源利用方面，制定了至2020年实现一次能源（太阳光、地热等）比例为15%的目标。在地方城市中，如贵阳市、长沙市等利用热泵供应冷气和暖气。另外，深圳市也在计划实施引进燃气发动机等分散型电源。

### （二）今后的能源管理

随着新型城镇化的发展，预计未来地方城市对能源的需求会越来越大，可再生能源及分散型电源应用将迅速普及，需求倾向重叠，由此带来的电力供应不稳定、用电高峰等问题将日渐显著。以往电站根据电力需求控制发电量。而今后的智能城市，在满足人对舒适性要求的同时实现削峰填谷并维持供电稳定的方法将与过去的管理模式完全不同。"需求响应（Demand Response）"是考虑到需求方的同时追求供电稳定化的有效措施。

所谓"需求响应"是指通过设定能源使用费激励制度，向高峰时减少使用电力的"人"（需求方）支付代价等方式，使得"人"（需求方）能够积极地参与能源稳定供应的机制。为了实现这个机制，需要在实时掌握能源供应方和需求方信息的基础上，对供求关系进行分析后得到关于能源使用的数据，然后实现能源需求的控制。在日本，已经开始了"需求响应"的实证实验，其具体效果是削减了约15%的电力使用量。这样，通过提高能源的自律性

和减少高峰时段的电力需求，能够达到削减运营成本的目标。

### （三）水、电、热的能源综合运用

另外，水、电、热的能源供应方通过实时掌握"人"（需求方）的状况，分析供需数据的相关关系，以此得到的数据为循证，进行综合运用，也是有效的节能方法。所以，今后应推广通过能源的最佳分配、能源的通融及设备的最佳运行，使得能源损失达到最小化的"能源综合运用"模式。能源综合运用的目的在于，通过实时显示并掌握水、电、热等能源基础设施的使用情况，提高能源效率，向需求方提供最大限度的能源。

例如，在水、电、热等能源的各个领域中，当出现电力的需求超过供应量等紧急情况时，可利用水或者热等不同领域的能源补充电力不足，实现能源融通。并根据能源使用情况，通过停止水、热等能源基础设施的运行或者低负荷运行，实现削减基础设施/设备的电力能源消耗，从而确保面向社会的电力供应，将"人"的生活提升至更为舒适的状态。

这样，灵活应用能源及其他基础设施的循证，实现整体的高效运用，可以持续稳定地为地方提供能源。

### 五、结束语

以上就健康医疗、公共交通、能源等三个

领域，说明了开展循证运营的重要性。可以说，在各领域及城市整体运营中，实施循证的计划和运营，是实现城市可持续发展的有效措施。

（本文由中国发展研究基金会授权刊发）

---

"与世界对话，谋共同发展。"一年一度的中国发展高层论坛，已成为中国政府、国际企业界、学界和国际组织间交流沟通的重要平台。（摄影/张玉雷）

# 放宽市场准入，鼓励公平竞争

## ——李克强总理会见中国发展高层论坛2014年年会境外代表述评

特约撰稿　李慧莲

3月24日下午4点刚过，国务院总理李克强在人民大会堂东大厅会见了来华出席中国发展高层论坛2014年年会的境外代表并同他们座谈。来自世界500强企业负责人、国际著名大学和研究机构专家学者以及世界银行、经合组织负责人等70余人参加。在会见前的两天半时间里，参加会见的这些代表跟来自中国和世界各地的800多位政府官员、知名学者、著名企业家、国际机构负责人等围绕"全面深化改革的中国"这个主题，进行了30多场热烈、坦率而又深入的交流和研讨。

中国发展高层论坛由国务院发展研究中心主办，已连续成功举办14届，今年是第15届。一些程序化的安排是，论坛每年都在全国两会结束后的第一个周末举行，由分管国研中心的副总理出席开幕式并致辞，以总理会见境外代表作为最后一项议程。根据每年议程需要，一些政府重要部门如国家发改委、商务部、财政部、工信部、环保部以及央行等数位部长的正职或副职与会演讲，就当年国内主要领域的政府施政理念或具体措施进行阐述或解读。除了政府高级官员，其他参会演讲者均为国内外知名学者、全球跨国公司董事长或CEO等企业家、国际组织负责人等，凸显这一论坛在国内外的独特地位。随着时间的推移，发展论坛声誉日隆，对内对外的影响力与日俱增，是目前国内屈指可数的重要国际级论坛之一。

曾五次以副总理身份在发展论坛开幕式上致辞、第二次以总理身份在人民大会堂东大厅会见境外代表的李克强，以一句以轻松自然的开场白带动了现场气氛。李克强进屋落座后说："我听说今年年会开得很热闹，大家畅抒己见，对于中国经济和全面深化改革提了很多很好的意见和建议。"然后，李克强直奔会见主题。

会见由本次论坛外方主席，卡特彼勒公司董事长、首席执行官道格拉斯·欧博赫曼主持，澳大利亚力拓集团首席执行官威尔士、美国联邦快递公司董事会主席施伟德、美国杜邦公司董事长柯爱伦、法国欧莱雅集团董事长安巩、美国陶氏化学公司董事长利伟诚、法国道达尔集团董事会主席马哲睿等分别就创新驱动经济、物流业发展、知识产权保护、提高能效、外企在华投资经营环境等提问。李克强一一作答。这些话题是本届发展论坛上各方关注、研讨的焦点，能亲耳听到总理的相关见解，是所有参加会见人员的期待。总体看，跟去年第一次会见相比，李克强今年的会见回答更加直接、坦率，自信、从容，具有鲜明的李氏风格。

## 一、鼓励科技人员创新，加大对侵权行为的惩罚力度

今年的论坛主题是关于改革，跟改革关系密切的创新就成为本次论坛研讨中出现频率最高的词汇之一。第一个提问的力拓集团首席执行官山姆·威尔士很关心，下一步中国在鼓励创新方面会有什么做法。杜邦公司董事长、首席执行官柯爱伦在随后的提问中也表示很想了解，中国下一步会如何保护跨国公司对于先进技术进行投资和研发。

李克强说，本届发展论坛以"全面深化改革的中国"为主题恰逢其时。改革很重要的就是要发挥市场活力和创造力，激发经济内生动力，这都与创新密不可分。中国经济要实现转型升级，关键也要依靠创新。要完善体制机制，把国家自主创新示范区股权激励、科技成果处置权收益权改革等试点政策，扩大到更多科技园区和科技单位，充分调动科研人员创新创造的积极性。同时要更加重视知识产权保护，加强立法和执法，加大对侵权行为的惩罚力度，不让违法者的小利损害国家的大利。也希望一些国家取消不合理的对华高技术出口限制。

相较于去年初任总理几天后的那场会见，已有一年总理任职经历的李克强在这场会见中更加从容自信。他的回答不仅谈到了创新对中国内部的多重重要意义，也涉及到了外部环境，他希望"一些国家取消不合理的对华高技术出口限制"。这就使他的回答不仅具有答问的作用，还具有呼吁的意味，使参加会见的这些境外代表中来自"一些国家"的那些代表自能领会"捎话儿"的使命。

## 二、放宽市场准入，为服务业发展减负助力

能够分享中国经济发展的成果，应该说是所有积极参加发展论坛的外资企业的愿望，也正因如此，放宽市场准入几乎成为每年论坛上的必谈话题。当天，当联邦快递公司董事会主席、总裁、首席执行官施伟德从提高物流业效率角度提出，中国在降低物流成本方面下一步的打算时，李克强给出了明确的肯定信号。

李克强表示，中国未来调整经济结构，不光要发展先进制造业，还要大力发展服务业。服务业是就业最大容纳器，也有助于节能降耗。要通过扩大"营改增"范围，有序放宽准入，为服务业发展减负助力。促进健康、医疗、养老、金融、物流等服务业在公平竞争中得到发展，也让中国消费者在服务消费方面有更多选择。

针对当前中国物流成本高于世界发达国家

的现状，有多方面的信息表明，中国政府正在研究相关政策，以减少物流业的成本，特别是各地政府税收收费要降低，包括推进营业税改增值税的实施范围等。同时，要放宽市场准入，增强中国企业的竞争力。通过公开、公平的竞争，让所有的企业在中国市场上共同生存发展，不仅是外企进入中国市场的需要，更是国内企业发展壮大甚至走出去的需要。政府要做的，是给外企进入中国市场的机会，给国内企业走出去提供轻装前行的条件。

大力发展中国的服务业，是中国经济结构调整的需要，也是外企的机会。李克强透露的"要通过扩大'营改增'范围，有序放宽准入，促进健康、医疗、养老、金融、物流等服务业在公平竞争中得到发展，也让中国消费者在服务消费方面有更多选择"这句话，应该说传递出了强烈的市场信号，为中外企业展示了新的投资领域和投资机会。

## 三、改善投资环境，一视同仁对待所有企业

在会见中，道达尔集团董事会主席、首席执行官马哲睿提出他最关心的问题是：在能源领域，中国政府是否会做到，不管中国的外国的、国营的还是私营的企业，一律能够同等对待？

李克强回答得毫不犹豫。他说，中国政府要推进改革，不仅在能源领域，而是在各个领域都可以做到：只要是在中国境内注册的公司，不管是中国的还是外国的，是国有的还是私营的，都能一视同仁。

李克强指出，中国过去20多年一直是吸引外资最多的发展中国家。今年前两个月实际使用外资仍以两位数增长，表明中国有巨大市场和吸引力，投资环境不断得到改善。虽然中国目前有充裕的外汇储备，但我们仍欢迎外资企业来华投资兴业，带来先进的理念和技术。我们将通过建设好上海自贸试验区，积极探索准入前国民待遇和负面清单管理模式，健全事中事后监管体系，尽快形成可复制的经验，推广到更多地方乃至全国。我们正同美、欧开展投资协定谈判，这将有助于为双方企业提供更加公平良好的投资环境。

在回答中提及今年前两个月中国实际利用外资数量的高速增长、外汇储备的充裕，以及中国正同美、欧开展投资协定谈判等信息，李克强意在告诉在座人士，中国巨大市场的超强吸引力及广阔前景，以及欢迎外企来华投资兴业的主要目的是，中国需要他们带来先进的理念、先进的技术，更希望他们带来平等的竞争。信奉市场经济规律的人士们坚信，任何企业，若不在平等竞争的环境中发育是成长不起来的。而中国的消费者也有广泛选择产品的自主权。能够在这些方面提供条件，正是政府应尽的责任。

李克强对"所有企业一视同仁"的那番话应该是针对内外资企业都有"不平等竞争"的抱怨而说的。改革开放以来，尤其是近些年，不管是通过媒体公开报道还是一些企业私下吐

槽，这样的声音断断续续、时弱时强。一些民企甚至国企不公平的抱怨是：外企税收少一些，我们交得多一些。外企的抱怨是：不能与国内的企业公开竞争，在一些领域存在一些显性或隐性的限制等。与其让各种抱怨存在，不如建立一个公平的平台，让大家在平等条件下竞争。李克强引用去年在上海设立自由贸易试验区的例子，就是想告诉这些境外代表，中国正在这方面所做的各种积极探索和未来推广设想。

在会见中，跟李克强总理亲切、坦率的表态相呼应，与会外方代表在发言中也表现出坦诚、友好的姿态。他们表示，中国的发展对世界经济至关重要，他们对于中国政府坚定致力于全面深化改革表示赞赏，而且他们也相信，中国的投资环境会越来越好，将为中外企业发展提供更多机遇。跨国企业关心和支持中国的发展，愿同中方扩大合作，实现共同发展。这些话他们在发展论坛公开的研讨中基本都表述过，在这种不那么公开的场合中他们说得更直接。

（作者为《中国经济时报》副总编辑）

出席"中国发展高层论坛2014"年会的外方嘉宾在会场上提问。（摄影/包月阳）

# 《中国智库》征稿启事

为让决策者更多了解民间声音,让决策过程和内容为更多民众认可,在政府与理论界和民众之间搭建桥梁,中国发展出版社特策划推出具有杂志特点和思想库色彩的智库论丛——《中国智库》。

《中国智库》每两月出版一期,以主题文章与栏目相结合的形式,主要就理论、对策和战略问题进行探讨。刊物以经济和社会改革与发展问题为主体,兼顾文化、国家战略等领域。在传达学术观点和政策建议的同时,提供对现实问题的思考与批判。学术文章加评论与深度调查,构成理论与热点的结合,既体现智库文章的深度,也体现刊物的社会参与意识。

《中国智库》由来自国务院发展研究中心和其他研究机构、高校的知名专家学者们组成编委会。编委会将本着严肃、认真、公平、公正的原则对刊物内容进行编审,以保证刊物内容具有较高水准和全局性、战略性、权威性、前瞻性的视野。

《中国智库》的基本架构为:以主题文章为重点,以战略研究做主线,结合栏目化,形成特定读者与固定读者相结合的受众群体。

**具体栏目设置:**

1. 封面文章:以重大课题研究报告为主,配以相关文章,将重要观点表达透彻。

2. 战略:涉及国家发展战略的理论与建议。

3. 宏观:中长期视角的宏观经济观察与政策建议。

4. 世界与中国:世界经济与国别经济及其与中国的关系。

5. 制度与市场:制度建设与变革,政府与市场。

6. 中国评论:对中国热点问题进行评论,以进行批判性思索。

7. 事件:将热点新闻事件的背景、发生过程和结局进行全景式梳理和探索,向读者展示新闻事件背后的故事和对社会生活的深刻影响。

8. 公共政策:公共产品的制度安排与政策,如医疗、教育、人口、住房等理论探讨与政策建议。

9. 文化与社会：文化发展战略及其与经济社会发展的关系。

10. 前沿：标志性的科技与产业发展动态。

11. 全球智库：全球智库动向及著名智库运作介绍。

12. 理论经典：前沿理论简介，普及、传播和批判。

**投稿要求：**

1. 投稿形式：请以电子版形式投稿（cheerfulreading@sina.com）。

2. 稿件文字：封面主题2万～3万字，其他文章5000～15000字，评论专栏文章2000～3000字（以word字数为准）。

3. 稿件格式：参照学术论文标准格式，图表内容请规范化，引文请注明出处。

4. 稿酬：原创作品每千字200～400元（汉字，人民币）。每期《中国智库》出版后即付当期稿酬。

我们真诚欢迎上述相关领域的专家学者们踊跃投稿，对于您的鼎力支持，我们深表感谢，让我们共同打造国内一流刊物！

中国发展出版社《中国智库》编辑部